indayi

i

edition

Kinder, die unglücklich sind, sind nicht unglücklich gezeugt und geboren. Wir Eltern sind diejenige, die sie zum großen Teil zum Unglücklichsein programmiert haben, und das fängt, wie ich im Kapitel 1 zeige, schon in der Schwangerschaft an. Wir hypnotisieren unsere Kinder negativ.

Über den Autor

Dantse Dantse ist gebürtiger Kameruner und Vater von fünf Kindern. Als sechstes Kind einer großen Familie von über 30 Kindern kümmerte er sich, wie üblich in Afrika, schon früh um seine kleineren Geschwister und wurde dafür schon als Kind gezielt im Bereich Erziehung und Kinder- und Familienpsychologie ausgebildet. Dies zusammen mit seinen intensiven Coachingerfahrungen in Deutschland, wodurch er die europäischen Sichtweisen kennenlernte, macht ihn zu einem kompetenten, erfahrenen und vielseitigen Erziehungsexperten. Viele Familien und Kinder verdanken ihm ein entspannteres und glücklicheres Leben.

Dantse hat in Deutschland studiert und lebt seit über 25 Jahren in Darmstadt. Stress, Burnout, Spiritualität, Körper, Familie und Liebe – das sind nur einige wenige der Gebiete, auf denen sich der Coach und Autor in den letzten Jahren erfolgreich profilieren konnte.

Als unkonventioneller Autor schreibt er gerne Bücher, die seine interkulturellen Erfahrungen widerspiegeln. Er schreibt über alles, was Menschen betrifft, berührt und bewegt, unabhängig von kulturellem Hintergrund und Herkunft. Er schreibt über Werte und über Themen, die die Gesellschaft nicht gerne anspricht und am liebsten unter den Teppich kehrt, unter denen aber Millionen von Menschen leiden. Er schreibt Bücher, die das Ziel haben, etwas zu erklären, zu verändern und zu verbessern – seien es Ratgeber, Sachbücher, Romane oder Kinderbücher.

Sein unverwechselbarer Schreibstil, geprägt von seiner afrikanischen und französischen Muttersprache, ist sein Erkennungsmerkmal und wurde im Text erhalten und nur behutsam lektoriert.

Dantse Dantse

AUFSTAND DER KINDER

„Papa, Mama, jetzt rebelliere ich. So will ich nicht mehr. Lasst mich einfach Kind sein und raubt meine Energie nicht mehr!"

BAND 1:

So misslingt die Erziehung unserer Kinder garantiert.

So rauben wir unseren Kindern die lebensnotwendige Energie und werden aus Liebe zu Energievampiren.

Die Gründe, warum unsere Kinder immer schwächer, antriebsloser, ängstlicher, anfälliger, unfähiger und vor allem unglücklicher werden und wir auch.

Mit Beiträgen und Erfahrungsberichten von Kindern und Eltern.

Mit vielen Geschichten des Autors über seine eigene, sehr spannende Kindheit in einer Familie, in der der Vater mit drei Frauen mehr als 30 Kinder hatte und alle unter einem Dach lebten.

Besuch uns im Internet
www.indayi.de

indayi

i

edition

Bibliografische Information der Deutschen Nationalbibliothek:

Die Deutsche Nationalbibliothek verzeichnet diese Publikation in der Deutschen Nationalbibliografie; detaillierte bibliografische Daten sind im Internet über http://dnb.d-nb.de abrufbar.

2. Auflage Januar 2016
© indayi edition, Darmstadt
Umschlaggestaltung, Satz und Lektorat: Birgit Pretzsch
Foto (Umschlag): © fotolia.de, vitalinka

Printed in Germany
ISBN 978-3-946551-00-3

BAND 1

Die Gründe, warum unsere Kinder immer schwächer, antriebsloser, ängstlicher, anfälliger, unfähiger und vor allem unglücklicher werden und wir auch

- Glückliche Eltern erziehen glückliche Kinder

- Kindererziehung fängt mit Eltern-(Um)erziehung an

- Kinder brauchen kein Geld, sondern Liebe, Zeit und Gerechtigkeit

- Liebe dein Kind und lasse es frei

- Kinder brauchen nicht unsere Sentimentalität, sondern unsere Liebe

- Ein Kind ohne Glauben ist gefundenes Fressen für Psychologen und Esoteriker

- Eltern tragen die Hauptverantwortung dafür, wie glücklich oder unglücklich ihre Kinder morgen sein werden

- Der erste Kindergarten unserer Kinder ist die Familie

- Lieben wir zuerst uns selbst, dann können wir unsere Kinder lieben

- Wir gebären Kinder aber wir gebären ihre Herzen nicht

- Unsere Kinder sind weder unser Privateigentum noch unsere Aushängeschilder

- Überbehütung der Kinder bedeutet, diese von uns abhängig zu machen, wenn sie erwachsen sind

- Wir dürfen unsere Kinder nicht so erziehen, dass sie unsere „Prostituierten" werden

- Erbschaft kann schaden. Kinder sind nicht dazu geboren, unser Leben nach unserem Tod aufrechtzuerhalten und unsere Lasten zu tragen

- Eltern als Energievampire? Viele Eltern rauben auch aus Liebe die Energie ihrer Kinder

- Manche Erziehungsmethoden sind mit Körperverletzungen gleichzustellen

- Psychische Gewalt kann mehr zerstören als körperliche Gewalt. „Du Dummerchen" kann die Seele eines Kindes mehr zerstören als ein schwerer Klaps

- Eltern sind die ersten Psychologen, Trainer, Ärzte, Coachs, Lehrer der Kinder,

- Anfälligkeit für Burnout, Depressionen und psychische Krisen im Erwachsenenalter findet oft ihren Ursprung in der Kindheit; dort vermasseln Eltern die Zukunft der Kinder

Inhaltsverzeichnis

DANKSAGUNG

Ich bedanke mich bei vielen Familien, Eltern und Kindern (auch Erwachsene sind jemandes Kinder) für ihre Beiträge, Mails, hunderte von Gesprächen. Mit manchen war ich fast vier Jahre in Kontakt. Sie haben mir geholfen dieses Buch zu schreiben. Ohne ihre Erzählungen und praktischen Erfahrungen würde es dem Buch an einigen Informationen fehlen. Ich bedanke mich sehr bei Eltern, die sich für dieses Buch Coachen ließen, meine Tipps und Tricks testeten und mir somit detaillierte, wichtige Informationen gaben.

Ich bedanke mich ganz herzlich bei den fünf Lehrerinnen und Erzieherinnen aus Darmstadt, die mir viele wertvolle Informationen über Kinder in der Schule und im Kindergarten gaben.

Ich bedanke mich ganz besonders bei dir, „dem Besten", wie ich dich zu nennen pflege: der Kinderpsychologe mit dem ich über fast ein Jahr stundenlange, manchmal heftige Diskussionen hatte. Dein Input hat mir sehr geholfen und unsere Streitereien haben uns beide vorwärts gebracht. LG.

Ich bedanke mich vom Herzen bei den vier Müttern, die seit fast drei Jahren intensiv mitgemacht haben, als ich erproben wollte, welchen Einfluss die Einstellung der Eltern zu Krankheiten (wie sie damit umgehen, wenn Kinder krank sind) auf die spätere Gesundheit der Kinder bis im Erwachsenen Alter hat. **Man kann Kinder so erziehen,**

dass sie prädisponiert sind, öfter oder seltener krank zu sein.

Ich bedanke mich bei allen Müttern meiner Kinder und bei meinen fünf Kindern selbst für ihre ständige Inspiration, ihre Offenheit und ihr Verständnis.

Ich bedanke mich bei meinem jüngeren Bruder aus Hamburg, der weise R. Für mich ein Genie, wenn er detailliert beschreibt, wie Eltern ihre Kinder missbrauchen, um ihre eigene Schwäche zu kompensieren. Viele Punkte in diesem Buch tragen seine Unterschrift.

Ich bedanke mich zuletzt bei meiner Mutter und meinem verstorbenen Vater, die mir ermöglicht haben, dass ich soweit komme und schreiben darf. Ohne das, was sie mir gegeben haben (Glaube, Selbstvertrauen, Selbstbewusstsein, Selbstliebe) und auch ohne ihre Fehler, hätte ich die vielen Schwierigkeiten in meinem Leben nicht gemeistert – und die habe in ausreichender Zahl gehabt und manche hätten mich wirklich umbringen können. An meine Mutter einen ganz besonders großen Dank dafür, wie sie, als ich mich mit meiner Kindheit und ihrem Erziehungsstil auseinandersetzte, zu ihren Fehler stand und ihre Verfehlungen anerkannte. Sie machte nicht zu, sie verteidigte sich nicht. Somit half sie mir, mich zu entfalten, noch glücklicher zu sein und sie noch mehr zu schätzen. Das führte dazu, dass ich schnell erkannte, was in meiner Kindheit nicht gut war, und dies deswegen meinen Kindern nicht weiter gab.

Anmerkung: Alle Namen und Orte wurden geändert.

Vorwort

Viele Bücher beschäftigen sich mit Kindererziehung. Es wird viel darüber geschrieben und es werden viele Tipps gegeben, wie wir unsere Kinder zum Glücklichsein erziehen können und das ist gut so. Aber die Rolle und die Verantwortung der Eltern werden nicht intensiv genug berücksichtigt. Wir Eltern aber sind die ersten Verantwortlichen für das Glück unserer Kinder. Glückliche Eltern erziehen glückliche Kinder, aber unglückliche Eltern auch unglückliche Kinder. Glückliche Eltern wurden von ihren Eltern glücklich erzogen, oder sie haben sich selbst zum Glücklichsein umerzogen.

Ich glaube, bevor man darüber redet, wie man Kinder glücklich erziehen kann, sollte man zuerst genau wissen, was Kinder unglücklich macht, bzw. warum und wodurch Kinder unglücklich sind. Es ist hilfreich, die Fehler, die Eltern oft unbewusst und unbeabsichtigt bei der Erziehung machen, zu erkennen, um diese besser zu beseitigen und zu korrigieren.

Zwar wird in vielen Büchern darüber geschrieben, aber ich finde die Erklärungen nicht tiefgründig genug. Deswegen ist dieses Buch angebracht, in dem ich versuche das Thema, warum unsere Kinder immer unglücklicher werden, intensiver als bisher zu analysieren.

Wir nennen uns die intelligentesten und fortschrittlichsten Menschen, die die Welt bis jetzt kennt. Wir haben studiert. Wir haben über Menschen und deren Verhalten und Seelen geforscht. Wir können auf dem Mond landen. Wir führen Kriege, in denen wir Millionen von Menschen töten. Wir vergleichen uns sogar mit Gott. Wir sagen, dass wir in der Lage sind Menschen „herzustellen", aber wir schaffen es nicht das Einfachste, was das kleinste Tier der Welt schafft, zu erreichen? Nämlich unsere Kinder glücklich zu erziehen. **Kann man sich intelligent nennen und sein Kind unglücklich erziehen?** Meiner Meinung nach nicht! Und müssten wir Eltern uns dafür verantworten bzw. dafür haften, dass wir unsere Kinder unglücklich gemacht haben, würden wir uns bewusster mit dem Thema auseinandersetzen.

Die Frage, ob wir Eltern mithaften müssen für die Schäden, die wir unseren Kindern zugefügt haben oder zufügen, ist berechtigt. Ist es nicht Körperverletzung, wenn Eltern kleine Kinder von 2, 3, 4, 5, 6, 7, 8 Jahren den ganz Tag alleine vor den Fernseher, das Internet, den Computer setzten? Gewaltszenen aller Art, sexuelle Bilder, technische Effekte, womit das junge, noch nicht voll entwickelte Gehirn nicht mithalten kann: ist das alles, was die Kinder absorbieren nicht für die Seele gleichzusetzen mit schweren Körperverletzungen durch Schlägen, Missbrauch Misshandlung usw.? Ist es nicht Gewalt an Kindern und ähnlich als würde man die Kinder mit scharfen Waffen und Munitionen ausstatten, wenn Eltern kleinen Kindern Smartphone, Tablet, PC und Co. mit vollem Internetzugang geben, mit dem sie ungeschützt im Internet alle Inhalte (Porno, Gewalt, Blutsszenen usw.) konsumieren können? Wie kann ein Kind dabei den Lustschrei einer Frau beim Sex, die ihr Gesicht verzieht und vielleicht sogar weint, weil sie glücklich ist, als etwas Gutes erkennen? Wie kann dieses Kind Szenen verkraften, in denen es sieht, wie Menschen sich bekämpfen, sich schlimm verletzen, wie jemanden das Herz herausgenommen wird? Ist das nicht ein Verbrechen mit Vorsatz an Kindern? (Lies, wie ein 16-jähriger schreibt, wie er anfing sich vorzustellen Menschenfleisch zu essen. Er sah schon mit neun im Internet sexuelle Kannibalismusszenen – zwar als Spiel, aber sie beeinflussten seine Fantasiewelt negativ. Seine Eltern hatten ihm einen Laptop mit Internetzugang geschenkt als er acht war. Immer frühmorgens bevor er zur Schule ging, als seine Eltern noch schliefen, war er schon unterwegs im Internet. Mehr dazu im Erfahrungsbericht von Nick).

Sollte Kindern nicht das Recht eingeräumt werden, ihre Eltern wegen schwerer Verfehlungen in der Erziehung anzuklagen, damit sie sich zum Beispiel an Therapiekosten beteiligen? Es ist vielleicht nur eine Frage der Zeit, bis diese Möglichkeit kommt. Zwar regelt das Gesetzt die Erziehung zu Hause nicht, aber es könnte bewirken, dass Eltern aus Angst ernsthaft sensibilisiert werden und sich mehr bemühen, ihre Kinder glücklich zu machen. Gesetz und Strafe können helfen. Zum Beispiel ist die körperliche Gewalt an Kindern stark zurückgegangen seit diese verboten wurde. Die Rechte von Kindern sollte man noch mehr stärken.

Der Titel „Aufstand der Kinder" klingt kämpferisch, zeigt aber auch den Ernst der Situation, denn wenn wir unsere Kinder weiter so erziehen, werden wir Morgen nur unfähige Erwachsene haben.

Kindererziehung bleibt für mich nicht bei den Kindern stehen, sondern schließt auch die Erwachsenen ein, die auch im weitesten Sinn weiter Kinder sind. Wir sind weiter Söhne und Töchter unserer Eltern. Deswegen benutze ich das Wort Kind in manchen Fällen allgemeiner.

Ich bin kein studierter Kinderpsychologe oder Pädagoge, dennoch bin ich es als Vater von fünf Kindern und als ältester Sohn einer afrikanischen Großfamilie. In Afrika erziehen die Ältesten die Kleineren, und so musste ich das auch tun. Die Eltern übertragen diese Rolle sehr früh an die Ältesten und davor werden sie jahrelang darauf vorbereitet, denn der beste und erste Psychologe der Kinder sind doch die Eltern. Weiter Informationen über meine Kindheit in Afrika findest du im folgenden Kapitel „Über mich".

Schon sehr früh wurde mir beigebracht, wie Eltern die Zukunft ihrer Kinder lenken können.

Kindererziehung fängt mit Elternerziehung an, schon ab dem Moment, wenn die Frau schwanger ist. Stress in der Schwangerschaft erhöht das Risiko für Depressionen und andere seelische Störungen bei Kindern.

Eine gelungene Erziehung erkennt man, wenn das Kind erwachsen ist und sein Leben selbständig ohne Hilfe der Eltern glücklich meistert. Einen gesunden Baum erkennt man an seinen Früchten.

Seelische Störungen, Burnout, innere Instabilität und Leere, Unglücklichsein, Sorgen, Ängste, Minderwertigkeitsgefühle werden durch die Erziehung in der Kindheit entweder begünstigt oder unterbunden.

Ob Kinder glückliche, starke, selbstbewusste, fröhlich und erfolgreiche Menschen werden, hängt im Wesentlichen davon ab, wie die Erziehung der Eltern war, was sie erlebt haben, wie ihre jetzige seelische Situation ist und was sie den Kindern weitergeben.

Nur wer glücklich ist und sich liebt, kann auch Liebe geben und glückliche Kinder erziehen, indem er das Glücklichsein vorlebt und nicht nur darüber spricht.

Kann man von der Erziehung eines Kindes reden, ohne auch von der Erziehung der Eltern zu reden? Ich glaube, bei der Erziehung eines Kindes muss man immer eine Generation zurückgehen, in die Generation der Eltern. Dort liegt die Wiege einer glücklichen und erfolgreichen Erziehung.

Ich weiß, dass Kinder, auch wenn sie schlimmste Erfahrungen mit ihren Eltern gemacht haben, trotzdem immer versuchen ihre Eltern zu verteidigen, ihre Missetaten zu erklären, zu rechtfertigen. Ich kenne sogar eine Frau, die von ihrem Vater missbraucht wurde, und noch versuchte, den Vater zu verstehen. Sie versuchte alles zu tun, damit man ihren Vater nicht als Verbrecher abstempelt. Ich weiß, dass viele Menschen ungern zurück in die Vergangenheit schauen möchten, besonders, wenn sie das subjektive Gefühl haben, dass diese Vergangenheit nicht immer so schön war.

Die Gesellschaft sieht solches Zurückblicken nicht gern, da man uns gelehrt hat, dass wir als erwachsene Menschen Meister unseres Schicksals sind – so schützen wir uns als Eltern und tragen unsere Schuld nicht – dementsprechend trägt auch jeder die Verantwortung für seine Handlungen, sein Verhalten und sein Benehmen selber. Das stimmt einerseits auch, weil wir die Konsequenzen unserer Handlungen an unserem eigenen Leib erfahren. Das stimmt andererseits aber auch nicht. Man trennt uns einfach von einem wichtigen Teil von uns, dem Teil, der uns stark geprägt hat, der Teil, ohne den wir gar nicht das hätten werden können, was wir sind: unsere Kindheit. Wir sind nur zu stolz und arrogant, um zu akzeptieren, dass wir nicht die volle Kontrolle über uns selbst haben, dass andere Menschen – unsere Eltern – einen Teil Kontrolle über uns haben. Es ist bei manchen sehr offensichtlich, bei anderen kaum bemerkbar, aber dieser Einfluss besteht, egal, wie alt man ist. Und auch als Kinder haben wir einen Einfluss auf unsere Eltern. Je nachdem wie die Beziehung ist oder war – positiv oder negativ – ist der gegenseitige Einfluss auch positiv oder negativ.

Diese „fatale Liaison", diese schicksalhafte Verbindung mit unserer Vergangenheit – wie die Schildkröte, die hunderte von Kilometern zurückschwimmt, um ihre Eier genau da zu legen, wo sie selbst geboren wurde – ist auch wichtig für die Entwicklung der Menschen. Das zu wissen und anzuerkennen ist ein enormer Schritt, um unsere eigenen Kinder glücklich zu erziehen. Uns bewusst zu machen: was unser Kind Morgen sein wird – glücklich oder unglücklich – hängt zum großen Teil von uns ab, und glückliche Kinder machen uns wiederum auch glücklich! Ja, wenn wir uns das bewusst machen, würde es schon dazu führen, dass wir uns noch mehr bemühen, unseren Kindern eine gelungene Erziehung zu geben, eine Erziehung voller Liebe, Gerechtigkeit, Respekt, Einsicht, Zuwendungen, Zeit und Verständnis.

Papa, Mama, jetzt rebelliere ich! Lasst mich einfach Kind sein! ist eher ein Appell an uns Eltern, Väter und Mütter, nicht an unsere Kinder weiterzugeben, was wir in unserer Kindheit nicht schön fanden. Leider gelingt es uns, aus verschiedenen Gründen, nicht immer, uns offensiv und selbstbewusst mit unserer eigene Kindheit auseinander zu setzen. Und dann erziehen wir unsere Kinder egoistisch. Das heißt, dass wir oft das tun, was zuerst für uns als Eltern besser passt und wir gehen dann davon aus, dass es auch den Kindern passen sollte und müsste. Wir fragen uns oft nicht „was ist für das Kind gut?" Etwas kann für uns Eltern nicht passen, aber für das Kind genau das Richtige sein. Oder umgekehrt. Wir hören oft Eltern sagen „…ich kann mit diesem Erziehungsstil nichts anfangen" oder … das passt mir nicht usw." Es geht immer um uns Eltern. Es geht häufig nicht darum, ob es für die Kinder gut ist oder nicht, sondern ob es für die Eltern gut ist oder nicht, ob sie damit leben können oder nicht. Und wie können Eltern sich dann später von ihren Handlungen distanzieren und die Kinder verantwortlich machen, wenn diese wegen der Dinge, die sie von ihren Eltern aufgesaugt haben, weil diese sie gut fanden, sich kaputt machen und zum Psychologen müssen?

Wir Eltern setzen wir uns nicht mit der Erziehung durch unsere Eltern auseinander, auch wenn wir sichtlich Tonnen von Defiziten haben, die auch durch zahlreiche Therapien nicht weggehen. Wir stellen die Erziehung unserer eigenen Eltern nicht in Frage, obwohl wir leiden. Automatisch werden diese Defizite der nächsten Generation (unseren Kindern) übergeben. Das ist Energievampirismus. Wir haben kein Recht, unseren Kindern den Müll unserer Familien weiterzugeben. Sie haben das nicht verdient. Unsere Kinder sind nicht dazu da, unsere eigenen Schwierigkeiten zu lösen.

Ich habe fast vier Jahre gebraucht, um dieses Buch zu schreiben. Der Titel war für mich schon klar, aber ich wollte so viele Informationen wie möglich sammeln. Ich wollte die Ergebnisse meiner aktiven Betreuung freiwilliger Familien abwarten. Ich wollte, dass das Buch sehr praxisnah ist.

Dieses Buch ist nicht „die Wahrheit". Es sind nur meine Erfahrungen:

1- Als Vater mehrerer Kinder mit verschiedenen Müttern verschiedener Kulturen, das heißt, verschiedener sozialen Richtungen und Realitäten.

2- Als ältesten Sohn einer großen Familien mit über 200 Geschwistern, Neffen und Nichten, Cousins und Cousinen.

3- Durch praktische Erfahrungen mit unterschiedlichen Kulturen: der Afrikanischen – ich bin Afrikaner und Christ; der Europäischen – vier meiner Kinder sind Afro-Deutsch, ich lebe und arbeite seit 24 Jahren in Deutschland; und der Arabischen – meine Schwester hat einen Mann dieser Kultur geheiratet und sie haben drei Kinder, die ich auch miterziehe – so setzte ich mich auch mit der islamischen Erziehung auseinander.

4- Durch das Coaching, dem Beraten von Kindern und Eltern in Deutschland.

5- Durch die Mitwirkung an zahlreichen Studien, Recherchen, Umfragen, Gesprächen, Beiträgen von Eltern, Kindern, Lehrerinnen , Erzieherinnen , Kinderärzten und Kinderpsychologen.

Die Hälfte meines Lebens habe ich in Deutschland, in Europa, verbracht. Ich hatte das Glück, unterschiedliche kulturelle Gesellschaften sehr nah und intensiv zu kennen und Menschen unterschiedlicher Kulturen zu betreuen. Wenn es um Kinder geht, habe ich in allen Kulturen die gleiche und einzige Erkenntnis gehabt: Ein Kind braucht nur Liebe, Zeit, Respekt und Gerechtigkeit. Die Liebe dabei ist das Wichtigste und in der Liebe steckt bereits alles, was nötig ist.

Am Anfang wollte ich nur ein einziges Buch schreiben, in dem die Gründe, warum unsere Kinder unglücklicher werden, sowie Tipps, Tricks und Geheimnisse für eine liebvolle Erziehung gemeinsam beschrieben würden. Aber nun habe ich mich, auch auf Anraten von Freunden und Eltern, die von meiner Idee informiert und begeistert waren, doch entschieden, zwei Bücher zu veröffentlichen, sonst wäre das Buch zu dick, zu voluminös geworden, mit zu vielen wertvollen Informationen auf einmal. Die einen oder anderen Vorschläge wären zu kurz gekommen oder untergegangen. Ich persönlich bevorzuge auch kurz gehaltene Ratgeberbücher, da man daraus schneller mehr lernen kann und weil das Gelesene länger hängen bleibt.

Ich wünsche mir, dass die Leser sich Zeit nehmen für **Band 1: Die Gründe warum unsere Kinder immer unglücklicher werden und woher das kommt**. Dass sie ihn lesen und verstehen, was ich meine, bevor sie **Band 2: Tipps, Tricks und Geheimnisse für eine liebevolle Erziehung von Kindern und Erwachsenen, mit praktischen, anwendbaren Fallbeispielen mit sofortigen positiven Ergebnissen, auch bei harten Fällen** ebenfalls lesen. So kann ich in jedem Band das Thema sehr ausführlich beschreiben und jeden Band mit Beiträgen von Eltern über ihre eigenen Erfahrungen bereichern.

Ich möchte mit diesen Büchern weitere Lösungsansätze, neue und andere Möglichkeiten aufzeigen, damit wir Eltern unseren Horizont erweitern und am Ende selbst über unsere Art der Erziehung bestimmen, um uns und unsere Kinder erfolgreich zum Glücklichsein zu erziehen.

Man kann leicht tolle Ratschläge geben, aber die Realität kennen immer nur die Eltern vor Ort, die meistens ihr Bestes geben, damit es ihren Kindern besser geht, auch wenn es nicht immer so klappt wie sie wollen. Manche schaffen es einfacher, weil sie die Chance hatten eine glückliche Kindheit zu erleben, oder die Fähigkeit haben sich das Glücklichsein beizubringen, andere schaffen es weniger oder kaum, weil sie das Pech hatten „unter einem schlechten Stern" geboren zu sein, oder die Kraft nicht hatten sich umzuerziehen. Aber etwas hat mir große Freude gemacht in allen Gesprächen, die ich geführt habe: das Ziel der allermeisten Eltern ist es, ihre Kinder glücklich zu sehen. Sie wollen es, aber wir können noch mehr tun und es geht genau um diese Mehr.

Dieses Buch soll auf keinen Fall so gelesen werden, als sei es das Buch von einem, der alles besser weiß, alles im Griff hat und alles super toll macht. Es ist das Buch von einem, der vielleicht auch nicht immer alles so geschafft hat, wie er es hier darstellt. Ich bin kein Experte, bzw. als Vater bin ich nur einer von vielen Experten. Kein Ratgeberbuch der Welt kann die Eltern ersetzen.

Wir denken manchmal, wir machen alles perfekt und sind die besten Ratgeber für andere Menschen. Aber irgendwann kommen doch Situationen, in denen man sieht, dass man den besten und richtigen Weg nicht kennt. Wir erkennen unsere Grenze und es wird uns bewusst, dass jeder das tut, was er kann. Aber auch dafür lohnt es sich, sich zu bemühen.

Kein Buch der Welt, kein Kindertherapeut, kein Coach, kein Psychologe kennt unsere Kinder besser als wir selbst. Kein anderer Mensch ist Experte für die Erziehung unserer Kinder, denn die wahren Experten sind die Eltern selbst.

Dieses Buch ist wie eine Plauderei unter Eltern, eine Art Austausch von Ideen und Erfahrungen.

Denn sich austauschen kann sehr helfen – na dann, tauschen wir uns aus!

Über mich

Mein Wissen beruht auf praktischen, langjährigen und direkten Erfahrungen:

- seit 22 Jahren als Vater und Erzieher von mehreren Kindern verschiedener Frauen aus verschiedenen Kulturkreisen, der afrikanischen und europäischen bzw. deutschen Kultur, die ich seit über 22 Jahren jeden Tag erlebe. Die Mütter meiner Kinder kommen selbst ebenfalls aus Familien mit sehr unterschiedlichen Strukturen und Bildungsniveaus. Das macht für mich als Vater die Erziehung jedes Kindes anders und spannend, aber auch herausfordernd.

- Als ältester Bruder einer afrikanischen „Truppe" von acht Kinder meiner Mutter (und über 20 Kindern meines Vater, der drei Frauen hatten), für die ich nach unserer Kultur sehr früh die Funktion eines Erziehers (hier Vater und Mutter) übernehmen musste. Dafür musste ich ständig geschult werden. Das war eine echte Erziehungsschule mit viel Theorie, aber vor allem sehr praktischer und pragmatischer Wissensvermittlung, mit vielen Prüfungen, die mir persönlich halfen und mir auch halfen, die Vertretung meiner Eltern erfolgreich zu übernehmen. Das Beste dabei war, dass die ältesten Kinder geschlechtsneutral ausgebildet wurden. Das heißt, wir wurden ausgebildete, gleichzeitig die Funktion von Papa und Mama übernehmen zu können. Ich bin also Papa und Mama seit ich 12 Jahre alt war. Verantwortung und Wissen wurden immer nach und nach vermittelt, so dass es nach unserer Kultur altersgerecht war und so habe ich es als Kind auch empfunden. Heute freue ich mich sehr, diese Erfahrungen gemacht zu haben, die meine jüngeren Geschwister „leider" nicht in so einem Maß kennen. Aus diesen Erfahrungen habe ich sehr viel gelernt und viel Wissen gesammelt, das man kaum aus Büchern lernen kann.

- Als Coach und Berater habe ich viele Menschen – Frauen, Männer, Paare, Kinder – unterschiedlicher Kontinente, Kulturen, sozialer und beruflicher Kreise betreut. Dabei habe ich zum Beispiel gelernt, dass wir als Erwachsene trotzdem noch die Kinder unserer Eltern sind. Egal wie gefestigt, wie erfolgreich die Menschen sind, sie sind doch im Grunde immer noch sehr mit ihrer Kindheit verbunden und mit dem, was ihren Eltern passierte oder noch passiert.

Ich kann also sagen, dass ich als praktischer „*Kinder und Familien-psychologe*" tätig bin, seit ich Kind war und dies nun seit über 36 Jahren erfolgreich ausübe.

Ich bringe Erfahrungen aus zwei unterschiedlichen Kulturen mit, die ich vereinen musste, um meinen Kindern das Bestmögliche zu geben. Dieses Wissen und diese Erfahrungen haben die Menschen, die meinen Rat suchten, immer als eine große Bereicherung empfunden.

Meine afrikanisch-inspirierten Tipps und Tricks helfen Eltern, auch noch so harte Nüsse weichzukochen, und das alles mit Liebe, Geduld, Konsequenz und Gerechtigkeit. Dafür ist es sehr wichtig sich selbst zu kennen, zu lieben und sich zum Glücklichsein zu erziehen.

Kurze Einleitung zu Band 1:

Warum können manche Kinder bestimmte Krisensituationen besser verarbeiten als andere? Warum sind manche Kinder glücklich und anderen nicht?

Warum können manche Eltern bestimmte Krisensituationen besser verarbeiten als andere? Warum sind manche Eltern glücklich und andere nicht?

Warum werden Kinder immer unglücklicher?

Der erste Grund sind wir Eltern selbst.

Die glückliche Erziehung der Kinder fängt mit der glücklichen (Um)Erziehung der Eltern an.

Eltern, die unglücklich sind, können schwerlich ihre Kinder glücklich machen. Eltern, die von ihren eigenen Eltern nicht glücklich erzogen wurden, können nicht ohne weiteres ihren eigenen Kindern glückliche Gefühle weitervermitteln.

Nur wer von seinem eigenen Elternhaus früh gelernt hat glücklich zu sein, kann dies auch erfolgreich seinen Kindern beibringen. Wer das nicht erleben konnte, muss sich um/neu/anders-erziehen, sich von seiner unglücklichen Kindheit distanzieren, um dann seine Kinder glücklich zu erziehen.

Unsere Kindheit beeinflusst unsere Handlungen und Gewohnheiten massiv – ob wir es wollen oder nicht. Nur wem das bewusst ist, kann aktiv und gezielt davon profitieren.

Auf jeden Fall ist bei der Kindererziehung eine kritische Betrachtung der eigenen Kindheit sehr wichtig, da der Mensch bekanntlich das in der Familie gelernte Muster unbewusst weitergibt. Das ist das erste Geheimnis glücklicher und erfolgreicher Erziehung von Kindern, damit sie es als Erwachsene einfacher haben und bei Schwierigkeit nicht kaputtgehen.

Wir Eltern sind die ersten Psychologen, Lehrer, Coachs unserer Kinder!

Wir tragen eine große Verantwortung dafür, dass unsere Kinder morgen glücklich, stark und selbstbewusst sind.

Minderwertigkeitskomplexe, niedriges Selbstwertgefühl und mangelnde Selbstliebe haben ihr Wurzeln in der Kindheit.

Wir können als Eltern das Leben unserer Kindern bewusst entscheidend erleichtern oder auch verkomplizieren und ihnen ihre Energie ständig rauben. Wir können Energievampire sein. Das bedeutet, dass wir unseren Kindern die Kraft nehmen, sie unsicher machen, Ängste in sie implantieren und Minderwertigkeitskomplexe fördern, die Vorboten seelischer Krankheiten.

Energievampire sind, anders als allgemein angenommen, nicht nur Menschen, die uns bewusst oder unbewusst schaden wollen, sondern es können auch Menschen sein, die uns übertrieben Gutes tun wollen.

Wir werden gemeinsam viele Punkte angehen und wir werden sehen, wie wir Eltern oft die Energie unsere Kinder rauben, ohne es zu wollen und ihnen das wegnehmen, was sie brauchen, um Kraft zu haben. Unsere „selbstlose" Art ist nicht unbedingt das, was unseren Kindern gut tut, sondern was uns gut tut, uns allein.

Wir programmieren und Konditionieren unsere Kinder unbeabsichtigt oder beabsichtigt zum Unglücklichsein. Wir hypnotisieren sie negativ.

Viele Bereiche gehen so ineinander über ,dass es vorkommen kann, dass gleiche Themen in mehreren Bereichen angesprochen werden, dies geschieht mit Absicht, damit ich ausführlich über die Gründe, die dazu führen, dass unsere Kinder unglücklich sind, schreiben kann.

Wie schon gesagt, tauschen wir uns jetzt aus.

Die Erziehung eines Kindes fängt mit der Erziehung der Eltern an

Man kann nicht über eine glückliche Erziehung von Kinder sprechen, ohne die Situation der Eltern miteinzubeziehen.

Ich fange mit diesem Punkt an, weil wir Eltern die wichtigsten Personen für unsere Kinder sind. Wir entscheiden maßgeblich darüber, ob unsere Kinder es einfacher haben werden oder nicht. Die Wiege eines glücklichen oder unglücklichen Lebens liegt in unseren Händen.

Keine ehrliche Auseinandersetzung der Eltern mit der eigenen Kindheit, keine Selbstreflektion des eigenen Lebens

Unvollständige oder gar keine Auseinandersetzung mit eigener Kindheit ist ein Grund, warum wir Eltern unsere Kinder nicht gut erziehen. Wir Eltern mögen uns nicht so gerne sagen lassen, dass wir auch Fehler machen. Noch weniger, dass man glaubt, wir wären überfordert.

Eltern als Kinder und Erwachsen, Analyse der eigenen Kindheit

Was wir Eltern in unserer eigenen Kindheit erfahren haben, beeinflusst die Erziehung unserer Kinder, da wir dazu tendieren, weiterzugeben, was wir selbst erfahren haben, ob gut oder schlecht.

Eltern, die Gewalt erfahren haben, neigen dazu, ihre Kinder auch mit Gewalt zu erziehen. Zum Beispiel zeigen Studien, dass viele Menschen, die als Kind missbraucht wurde, später ihre eigenen Kinder missbrauchen. Umgekehrt trifft das auch zu: Eltern, die als Kind liebe- und respektvoll erzogen wurden tendieren dazu, ihre Kinder mit Liebe und Respekt zu erziehen.

Wir glauben, dass wir uns, weil wir erwachsen sind und über uns selbstbestimmen können, automatisch von unserer Kindheit und von unseren Eltern abgenabelt haben. Bewusst mag das zutreffen bzw. fühlt es sich für uns so an, aber unbewusst sind wir doch sehr mit den Erlebnissen und Erfahrungen unserer Kindheit und der Zeit des Heranwachsens verbunden und an sie gebunden.

Unsere Kindheit spielt eine große Rolle bei der Art, wie wir selbst unsere Kinder erziehen. Deswegen ist es sehr wichtig zu filtern, was wir weitergeben wollen und was nicht. Das geht nur, wenn wir es ohne Wenn und Aber schaffen, uns mit unserer Kindheit auseinanderzusetzen. Wir tun es leider aus verschiedenen Gründen nicht.

Es gibt überall Tipps und Tricks, es wird von Geheimnissen von glücklichen Kindern erzählt, aber man vergisst dabei, dass alles bei den Eltern selbst anfängt. Es wird so getan, als ob die Kinder eine spontane Generation sind, ohne Vorgeschichte.

Nein, ob Kinder glücklich werden bzw. glücklich erzogen werden hängt auch stark von der Kindheit der Eltern, ihren Erlebnissen und ihrer momentanen seelischen und körperlichen Verfassung ab.

> **Nur wer sich selbst liebt, glücklich ist und das auch auslebt, kann seine Kinder glücklich erziehen und Liebe geben, indem er Glücklichsein vorlebt und nicht nur darüber spricht.**

Die Eltern müssen knallhart ihre Kindheit unter die Lupe nehmen und den Mut haben, einiges in Frage zu stellen

Aber viele Eltern stellen sich sehr selten in Frage. Sie stellen ihre Erziehungsmodelle selten in Frage und schaffen es nicht oder trauen sich nicht, sich mit ihrer eigenen Kindheit, das heißt es mit ihrer Vergangenheit, auseinanderzusetzen.

Es ist sehr wichtig, sich mit seiner eigenen Kindheit auseinanderzusetzen ohne den Eltern Vorwürfe zu machen. Aber manche Dinge müssen raus und aufgeräumt werden, bevor es weitergehen kann. Nur so können wir uns entwickeln und uns entfalten.

Was war schön, worüber habe ich mich gefreut und was war nicht schön? Was will ich meinen Kindern nicht weitergeben? Das sind einige der Fragen, die wir uns als Eltern stellen sollten, bevor wir unsere Kinder erziehen.

Ich habe vier Typen von Eltern ermitteln. Ja, nur vier Typen, um die Sache zu vereinfachen. Es könnten noch mehr sein, aber die relevanten Aspekte, die uns helfen, Dinge zu

verstehen, kann man meiner Meinung nach in vier Katego-
rien aufteilen:

Typ 1: Eltern, die undistanziert und unreflektiert ihren
Kindern weitergeben, was sie in ihrer Kindheit mitbekommen und gelernt haben. Sie waren nicht ganz zufrieden mit
ihrer Kindheit oder gar nicht zufrieden, aber sie setzen sich
aus verschiedenen Gründen nicht mit ihrer Kindheit auseinander. Sie haben Angst, ihre Eltern zu verletzen. Sie denken, dass sich auseinandersetzen und die Kindheit sortieren
eine Ablehnung der Eltern ist, dass es die Eltern in Fragen
stellt. Sie geben ihren Kindern unreflektiert fast 100% das
weiter, was sie als Kind erlebt und erfahren haben.

War zum Beispiel der Vater dominant, wird der Sohn auch
sehr dominant sein. War die Mutter die dominante, wird
die Frau in ihrer Beziehung auch das tun, was ihre Mama
getan hat.

Typ 2: Eltern, denen schon bewusst ist, dass sie keine schöne Kindheit hatten, die sie auch bewusst ablehnen. Sie distanzieren sich scharf von ihrer eigenen Erziehung als Kind
und sind entschieden, alles anders zu machen, ihre Kinder
anders zu erziehen. Oft sind sie auch sehr unreflektiert und
radikal. Sie geben dem Kind einfach das Gegenteil von
dem, was sie in ihrer Kindheit erlebten. Sie werfen ihren Eltern alles Mögliche vor und sind der Meinung, ihre Kindheit war nichts wert.

Typ 3: Eltern, die abwiegen und empathisch sind. Sie haben
eine schöne oder weniger schöne Kindheit gehabt, aber es
gibt Punkte, die sie aus Erwachsenensicht gerne anders gehabt hätten. Sie setzen sich fair mir ihrer eigenen Kindheit

auseinander und geben weiter, was sie damals gut fanden und auch heute als Erwachsene noch gut finden. Sie distanzieren sich von dem, was nicht gut war und machen niemandem Vorwürfe.

Typ 4: Eltern, die in keine Kategorie passen. Sie machen sich überhaupt gar keine Sorgen und wissen gar nicht, dass ihre eigene Kindheit einen Einfluss auf sie hat.

Die Auseinandersetzung mit der eigenen Kindheit hat Sinn. Das habe ich an eigenem Leib erfahren.

In meiner Erziehung in Afrika waren Schläge eine erfolgreiche Erziehungsmethode. Es ging darum, die Kinder dazu zu bringen respektvoll zu sein, sich an Regeln zu halten, das zu tun, was von ihnen erwartet wurde usw. Ja, am Ende haben wir alles das tatsächlich getan, aber die Schläge taten sehr weh und waren nicht gut für mich, auch wenn die Eltern dadurch bekamen, was sie wollten.

Als ich selbst Vater wurde, habe ich nachgedacht, wie ich als Vater meinen Sohn erziehen möchte. Ich schrieb alles auf, was mir in meiner Kindheit gefallen hatte und was nicht.

Beim Thema Schlagen musste ich wirklich sehr hart mit mir hin und her kämpfen. So hartnäckig war die Programmierung in meinem Kopf, dass Schläge dazu da sind, das Kind gut zu erziehen. Warum sollte ich auf dieses nützliche Mittel verzichten? Als ich bei anderen Paaren sah, wie frech, respektlos, egoistisch ihre Kinder waren, als ich sah, wie manche ihre Eltern beschimpften oder sogar schlugen und die Macht über ihre Eltern hatten, gewann die Erziehungsart meiner Eltern nochmal an Gewicht.

„Seht ihr, wenn ihr die Kinder so erzieht, ohne ihnen an den Ohren zu ziehen, werden sie immer ungezogen bleiben", warf ich einem deutschen Paar vor.

„Wir stehen nicht auf Schläge als Erziehungsmethode, das wäre Gewalt und außerdem ist es gesetzlich verboten", sagte das Paar.

„Und ihr glaubt, dass das, was ihr mit euren Kindern tut keine Gewalt ist? Für mich ist es schlimmer als körperliche Gewalt. Ihr bestraft eure Kinder mit Worten und übt psychischen Druck auf sie aus, mit Liebesentzug, Hausverbot, Fernsehverbot, Redeverbot, oder noch schlimmer: mit diesen langen Gesprächen mit den Kindern, damit sie ihre Fehler und ihre Schuld einsehen. Ihr redet mit Kindern über Dinge, die sie, wegen ihres Alters noch gar nicht verstehen können. Ihr bittet kleine Kinder darum, Versprechen abzugeben, wenn man doch weiß, dass sie es Morgen wieder tun werden. Ihr werdet dann wieder kommen und reden und den Kindern erzählen, dass sie das Versprechen gebrochen haben. Das finde ich schlimm, schon so früh Kindern Schuldgefühle zu geben (ich bin schlecht, ich habe mein Versprechen nicht angehalten). Ich glaube, dass diese Methode den Kindern später seelisch mehr schadet, als meine Schläge", so ungefähr argumentierte ich.

Ich war entschieden, die Erziehungsmethoden meiner Eltern fortzuführen und das tat ich auch einmal. Ich gab meinem Sohn einen kleinen Klaps. Es war wirklich eher so ein festes Drücken auf den Po, als ein Klaps. Ich glaube mein

Sohn war erschrocken und weinte. In diesem Moment erinnerte ich mich an meine eigenen Schmerzen als Kind, und auf der Stelle entschied ich mich, so etwas nie wieder zu tun. Ich würde weder die lasche, europäische Methode benutzen, noch diese harte, afrikanische, aber ich würde auf meinen guten Werten bestehen, die ich meinem Sohn vermitteln möchte.

Ich musste deswegen eine andere Methode suchen, die Gewalt jeglicher Art ausschloss, einen Weg ohne Gewalt, mit dem ich am Ende das gleiche Ziel erreichte.

Ich entschied mich einfach, das Schlechte an den Erziehungsmethoden meiner Eltern meinen Kindern nicht weiterzugeben.

Hätte ich mich nicht mit meiner Kindheit auseinandergesetzt, hätte ich das nicht gesehen, weil meine Kindheit eigentlich super war, aber wie man weiß, der Teufel liegt in den Details. Ich tat dies auch ohne meine Eltern in Frage zu stellen.

Ein anderes Bespiel ist die Strenge. Unsere Mütter waren sehr streng, unser Vater weniger. Meine Mütter waren verbal sehr aktiv und auch mal hart, aber mein Vater war verbal sehr sanft, dennoch hatten wir mehr Respekt vor ihm, als vor den Personen von denen mehr Drohungen kamen. Das war der Beweis dafür, dass vieles Schimpfen mit den Kindern und ständiges auf sie Einhämmern nicht unbedingt das ergibt, was man erwartet.

Diese Kindheitsanalyse brachte mich dazu, zu beschließen niemals ein falsches Wort, ein Schimpfwort, ein Fluchwort an meine Kinder zu richten und diese auch in ihrer Anwesenheit nie zu benutzen. Wie wir wissen, Worte können schlimmer sein als Schläge, weil sie sich in unserem Unterbewusstsein festkleben und unsere Handlung tiefer unbewusst prägen.

Das Schlimme kommt nicht erst wenn man es sieht. Es fängt schon im Fundament an. Aber leider versuchen wir Menschen oft, nur das, was wir sehen wegzuwischen, anstatt ans Fundament zu gehen.

„Burn-in" ist der gesäte Schimmel im Fundament und „Burn-out" ist nur das was herauskommt.

Ein Auszug aus meinem Roman „Blackout" verdeutlicht noch besser, was ich beschreiben möchte. Es ist ein Gespräch zwischen einem Mann, der Probleme hat und seinem Therapeuten.

Coach Camara: Herr Walker, wissen Sie, unser Leben ist doch sehr geprägt von unseren Erlebnissen in der Kindheit. Ich weiß, dass wir durch neue Theorien versuchen, die Rolle der Kindheit zu minimieren. Wir tun das, weil wir keine Verantwortung für das Scheitern übernehmen wollen. Das Scheitern, sei es als Eltern oder als Kind. Wir schämen uns, als Eltern zu sehen, dass unsere Erziehungsmethode nicht die richtige war, und dass wir es vermasselt haben, dass wir versagt haben und es anders hätten machen müssen und wir schämen uns als Kind, dass nun erwachsen geworden ist, dass unser Leben doch von unserer Kindheit, einer fremden Macht, beeinflusst wird. Es steht doch in allen Büchern, dass jeder sein Schicksal in seinen eigenen Händen hält und jeder sein eigener Meister und der Schmied seines eigenen Glückes ist. Alle, die das anders sehen und anderes behaupten, werden Versa-

ger genannt. Sie würden ihre Kindheit nur als Entschuldigung nutzen, um ihre Unfähigkeit zu erklären. Somit schneiden wir uns als erwachsenes Kind von unserer Kindheit ab, anstatt uns auf natürliche und gesunde Weise abzunabeln. Aber wir vergessen, dass die Trennung nur auf der rationalen Ebene stattfindet, dass alles was uns regiert, in der irrationalen und unbewussten Ebene stattfindet und dort steht unsere Kindheit ganz brav bereit. Wir schneiden uns von unserer Kindheit ab und sind dennoch nicht abgenabelt. Diese Art unsere Kindheit zu betrachten, entlastet die Eltern. Wir versuchen die Trennung unserer Handlung und unseres Verhaltens von unserer Kindheit im Erwachsenenalter zu verteidigen, und deswegen geben wir unsere Erfahrungen an unsere Kinder weiter und so vererbt sich die Sünde von Generation zu Generation und wird fast genetisch. Das ist ein Fehler, sowohl für die Kinder, als auch für die Eltern. Wir als Eltern können so unser Gewissen einigermaßen beruhigen. Wir schieben die Verantwortung auf andere: Lehrer, Schule, Erzieherin, Kita, Sport, den Partner, die Gesellschaft, den unfähigen Psychologe, usw. Wir selbst wollen uns nicht in Frage stellen und wenn es wirklich nicht mehr geht, schicken wir das Kind zur Therapie und nun sind wir die Sache endgültig los. Nun ist es der Therapeut, der seine Arbeit nicht richtig macht, falls dem Kind nicht geholfen wird. Wir als Eltern denken nicht daran, uns an diese Therapie anzuschließen. Wir sehen uns nicht mehr als Teil des Problems. Aber das ist leider der Grund, warum vielen Menschen nicht langfristig geholfen werden kann, weil ein Puzzleteil fehlt in der ganzen Therapie: die Eltern. Es reicht nicht, die Kindheit zu durchforschen und die Eltern zu schönen. Wir als Eltern schieben gern Verantwortungen ab. Wenn das Kind in der Schule schlecht ist, dann ist der Lehrer schuld. Wenn es an Gewicht zunimmt, dann ist das Essen in der Schule oder gar die ganze Le-

bensmittelindustrie, die Limonade, Cola, zuckerreiches Fertiges-
sen schuld. Wenn es in der Kita durch sein Verhalten ständig negativ auffällt, dann sind die Erzieherinnen schuld, wenn es beim
Sport nicht durchhält, dann ist der Trainer schuld, wenn es
Schwierigkeiten mit anderen Kindern hat oder kaum Freunde,
dann sind die anderen Kinder schuld, sie sind neidisch. Dabei
fragen wir uns nicht, ob wir uns Zeit nehmen, um die Hausaufgaben des Kindes zu kontrollieren, uns mit dem Kind zu bewegen,
selbst und frisch zu kochen, mit den Kindern zu spielen, anstatt
nur Spiele zu kaufen usw.

Johnny: Warum tun Eltern das denn? Warum können sie nicht
einsichtig sein und ihre Fehler sehen?

Coach Camara: Ich habe es doch gerade erklärt, Herr Walker.
Sie tun es unbewusst, weil sie alle immer denken, sie lieben ihre
Kinder und würden ihnen niemals etwas Unschönes antun. Sie
sind der festen Überzeugung, dass sie dem Kind nur Gutes wollen und nur Gutes tun. Wenn etwas Ungutes auftaucht, dann
kann es nicht von ihnen kommen. Sie schieben es gern am Ende
auf die Kinder, damit sie sich selbst nicht in Frage stellen müssen.

Johnny: Und wir Kinder, warum erkennen wir das nicht, um
den Eltern unsere Forderungen zu stellen?

Coach Camara: Nicht alles was wir als Erwachsene tun und
sind ist unserer Kindheit zu verdanken oder zu verschulden. Sie
müssen mich nicht falsch verstehen. Ich sage auch nicht, dass unsere Kindheit uns voll und 100% steuert, sondern dass sie uns
beeinflusst. Und man kann jeden Einfluss auch beenden. Ich
glaube, die Kinder tendieren dazu, die Eltern zu verteidigen und
zu rechtfertigen. Dieses Verhalten ist intensiver je mehr das Kind
von den Eltern abhängig ist, besonders finanziell. Die Eltern sagen uns doch die ganze Zeit, dass sie uns liebhaben, sie nennen

uns Schatz, Liebling und schenken uns so viel, usw. Sie werden von vielen Kindern, von vielen Menschen folgende Sätze über ihre Eltern hören „sie meinen doch nur gut. Sie wollen mir nur helfen". Darum geht es gar nicht. Aber die Kinder tun alles, um die Eltern nicht zu belasten. Sie belasten lieber sich selbst. Vor den Eltern schauspielern sie. Vor den Eltern verhalten sie sich so, als ob die Welt golden wäre. Sie kaschieren ihr Leiden. Es ist eine subtile, unbewusste Manipulation der Eltern, die die Kinder dazu bringt sich so zu verhalten. Viele Eltern lassen die Kinder nicht los und irgendwann lassen die Kinder die Eltern nicht mehr los. Es ist nicht gut und befreit das Kind nicht, wenn die Eltern diese emotionale Kind-Elternabhängigkeit nicht irgendwann abbrechen. Die Kinder müssen ihre eigenen Erfahrungen machen. Sie müssen lernen zu leiden. Sie müssen versuchen, den Berg allein zu erklimmen. Die meisten Eltern intervenieren zu viel und zu früh und zu falscher Zeit. Dadurch machen sie sich unersetzbar und binden so das Kind. Das Kind entfaltet sich nicht und glaubt am Ende, dass es ohne die Eltern nichts schaffen kann. Egal, ob es gut gemeint ist oder nicht, finde ich diese Art egoistisch und machtgesteuert. Die Eltern versuchen, auch von weitem die Zügel in der Hand zu halten und so mischen sie sich ins Leben ihres Kindes ein. Wenn das Kind sich dann querstellt, kommen die Vorwürfe, das Kind wäre nicht dankbar. Die Eltern müssen einfach diese afrikanische Weisheit akzeptieren: „Du gebärst ein Kind, aber du gebärst sein Herz nicht. Lass das Kind ziehen. Mach das Kind nicht von dir abhängig. Löse nicht dein Problem, indem du das Kind schwach machst und schwach hälst. Das Kind gehört dir nicht. Du bist nicht sein Leben und es ist nicht dein Leben und auch nicht dein Lebensinhalt."

Er machte eine Pause und fuhr fort:

Coach Camara: *Haben Sie sich gefragt, warum die meisten Kinder nicht mehr haben und oder mehr schaffen als ihre Eltern? Warum sind die Eltern erfolgreicher als die Kinder? Es sollte normalerweise anders sein. Überlegen Sie ein bisschen. Haben die Kinder der Gründer von Mercedes, BMW, Grundig, Ford, Porsche, die Kinder großer Menschen, wie Helmut Kohl, Thatcher, Francois Mitterrand, Michael Jackson, Elvis Presley, usw. etwas Großes auf die Beine gestellt? Ein Produkt mit einem Namen, der bleiben wird, wie ihre Väter es taten? Ich habe diese großen Namen absichtlich gewählt, damit Sie schnell und besser verstehen können was ich meine. Nun übertragen Sie diese Beispiele auf andere, nicht so große Menschen. Sie werden sehen, dass es fast überall so ist.*

Johnny: *Lassen Sie mich überlegen. Ja, das stimmt eigentlich. Ich bin doch das beste Beispiel. Ich und mein Vater. Warum ist es so und warum war mein Vater erfolgreicher als Opa?*

Coach Camara: *Es ist so, weil die Eltern über ihre Kinder Macht behalten wollen. Es passiert unbewusst. Kinder, die erfolgreicher sind als ihre Eltern, wie dein Papa und Opa, sind Kinder, die bestimmte gesellschaftliche und familiäre Strukturen abgelehnt und damit gebrochen haben. Sie haben damit Schluss gemacht und eigene Regeln aufgestellt. Es sind Kinder, die rebelliert haben oder Kinder, die aus Familien stammen, in denen man bewusst die Kinder so erzieht, dass sie wie Vögel frei fliegen und ihre eigenes Ding machen und nicht dableiben, um auf das Erbe der Eltern zu warten und später dieses zu verwalten. Das ist manchmal eine sehr subtile Sache. Sie werden Eltern sehen, die vor den Kindern stehen und über ihr Vermögen reden, und sie lassen das Kind schon früh wissen, dass sie so hart im Leben kämpfen damit das Kind es später einfacher hat, und wenn es nett*

ist, wird es diese materiellen Sachen später bekommen. Sie hypnotisieren das Kind, dass nun schon weiß, wenn die Eltern nicht
mehr da sind, gehören mir das Haus, das Geld usw. Unbewusst
sieht dieses Kind nicht mehr die Notwendigkeit, mehr zu tun als
das Nötigste. Somit unterstellt es sich den Eltern, die automatisch Macht über es haben. In Afrika musstest du früher als
Mann spätestens mit 17 das Haus der Eltern verlassen und weg-
ziehen. Manche sahen ihre Eltern und Kinder nie mehr, aber sie
waren trotzdem durch diese magische Liebe liiert. Die Eltern waren zufrieden und stolz darauf, dass sie dem Kind alles das gegeben hatten, womit es alleine erfolgreich sein Leben meistern kann.

Johnny: *Aber es ist nicht bei allen Familien so, oder?*

Coach Camara: *Oh nein! Das wäre schlimm! Nein, es ist ganz
klar nicht bei allen Familien so. Sie werden sehen, dass Menschen, die gesunde Erfolge haben, denen es ganz gut geht und die
glücklich sind, die mehr geschafft haben als die Eltern, ein ganz
klares Verhältnis und eine klare Grenze zu ihren Eltern haben
und auch umgekehrt. Das sind Familien, in denen Probleme nicht
unter den Tisch gekehrt werden, damit Frieden mit allen Mittel
herrscht, sondern Familien, die Auseinandersetzungen nicht
scheuen. Sie habe sich nichts vorzuwerfen und gehen offen mit
Differenzen und Auseinandersetzungen um. Deswegen können
sie auch harte Meinungsverschiedenheiten durchdiskutieren und
zur Not auch, falls keine befriedigende Lösung für alle gefunden
wird, eine Zeitlang Abstand voneinander nehmen, ohne Angst zu
haben, dass die Familie zerstört wird. Das ist sehr gesund und
sehr wichtig für die Entfaltung jedes einzelnen Mitglieds der
Gruppe. Das sind Familien, in denen die Eltern die Kinder losgelassen haben. Wenn solche Eltern das Ergebnis ihrer Arbeit sehen, sind sie zufrieden. Sie wissen, dass sie keine Leichen im Kel-*

ler haben und haben eine entspannte Beziehung zu ihren Kindern. Liebe allein reicht nicht, um ein Kind von psychischen Beschwerden fernzuhalten. Man muss miteinander ehrlich sein.

Johnny: Wie sieht dieses Ergebnis aus?

Coach Camara: Man erkennt einen guten und gesunden Baum an seinen Früchten und umgekehrt. Das heißt, diese Eltern sehen stolz, wie sich ihre Kinder ohne ihr Zutun, bzw. nur mit marginaler Hilfe, durch das Leben schlagen. Die Kinder sind selbstständig und eigenständig. Sie sind sich der Liebe der Eltern sicher und deswegen brauchen sie sie (Eltern) gar nicht so unbedingt in der Nähe. Sie sind einfach glücklich und seelisch gesund. Das allein ist der Maßstab, ob die Arbeit als Eltern erfolgreich war oder nicht. Ob sie wirklich den Kindern das mitgegeben haben, was sie brauchen, um sich nun allein, mit ihren eigenen Mitteln, in diesem harten Leben durchzusetzen und glücklich zu sein. Ja, glücklich zu sein. Das ist alles, was zählt. Ein glückliches Kind ist sich der Liebe seiner Eltern sicher und braucht deswegen als Erwachsener die Eltern als Versorger kaum noch.

Johnny: Ich habe den Eindruck, Herr Camara, dass Sie von mir reden.

Coach Camara: Hören Sie auf mich ständig zu unterbrechen. Ich war noch nicht fertig mit den glücklichen Kindern. Ja, glückliche Kinder sind frei von der anhänglichen, kindischen Eltern-Kind-Beziehung und sind stark in der neuen Form der Beziehung Eltern-Erwachsener. Aus dem Kind wird nun Sohn oder Tochter, aus den Eltern werden Vater und Mutter und nicht mehr Papa und Mama. Die Eltern müssen dafür sorgen, dass dieser Beziehungswechsel von der alten Form zur neuen Form reibungslos vorgeht. Die Eltern sollten die Kinder sehr sorgfältig loslassen, nicht zu früh und nicht zu spät, und am Ende sollte man das

Kind freigeben, wie unsere Mitlebewesen, die anderen Tiere, es tun. Das Kind gehört den Eltern nicht, auch wenn sie es geboren haben. Wie ich schon oben erwähnt habe, du gebärst das Kind aber du gebärst sein Herz nicht. Deswegen ist es sehr wichtig, sein Herz nicht zu beherrschen oder zu versuchen, es zu beherrschen. Man sollte die Kinder als Eltern nicht zu früh oder zu spät allein der Verlassenheit der Welt und der Natur ausliefern und hoffen, dass irgendwie alles gut sein wird. Was einen Mensch stark macht ist nicht nur, was er bekommt, sondern auch was er gibt. Einem Kind muss beigebracht werden, auch zu geben. Kinder, die immer nur bekommen und nicht geben, werden abhängig und unglücklich. Die Eltern sollten mit Geben sehr vorsichtig sein. Materielle Geschenke und besonders Geld machen abhängig, wenn es zu viele sind. Wärme, Liebe, Gerechtigkeit, Ehrlichkeit und Zuneigung hingegen machen frei.

Johnny: Es kling logisch. Bei uns lief es andersherum. Ich glaube, meine Eltern haben unbewusst eine Erziehungsart gewählt, die dazu geführt hat, dass sie mein Herz beherrschten.

Coach Camara: *Nämlich? Ich meine welche Art von Erziehung haben Ihre Eltern gewählt?*

Johnny: Wenn ich heute nachdenke, sage ich mir, dass wir gar nicht richtig losgelassen wurden. Sehen Sie, wie ich in meinem Alter noch sauer auf meinen Vater war, weil er mir kein Haus kaufen wollte? Ich ein Rechtsanwalt. Wir mussten schon sehr früh entscheiden, was wir tun wollen und was nicht. Aber ich frage mich heute, wie kann ein Kind denn schon wissen, was es will und was nicht? Und ist, was es will, auch das, was gut für es ist? Ich gebe Ihnen ein Beispiel: ich will immer Cola trinken und Gummibärchen und Fastfood essen; und, weil ich selbst bestimmen darf, was ich will oder was ich nicht will, und weil sie mir schmecken, kaufe ich mir die auch in Mengen. Wird die Sache dadurch gesünder, weil ich selbst entschieden habe? Wird es mir dadurch gut gehen, weil ich alleine entscheiden konnte? Werde ich, ich weiß nicht von wem, dafür mit schönen Zähnen und toller Figur belohnt? Ich verstehe sehr gut, was Sie meinen, Herr Camara. Ich verstehe es sehr gut. In diesem Beispiel wäre es doch lebenswichtig und besser gewesen, dass die Eltern ihre Autorität benutzten, um mir beizubringen und notfalls zu verbieten diese Sache unvorsichtig zu essen, weil sie ungesund sind. Nun da ich erwachsen bin und Probleme habe, springen sie ein, um mich mit Geld zu unterstützen, damit ich meine kaputten Zähne reparieren und Diätprodukte kaufen kann, damit ich wieder die Figur bekomme, die ich gehabt hätte, wenn sie mir nicht so früh die Macht übergeben. Das ist echt absurd.

Coach Camara: Ihr Beispiel verdeutlicht ganz gut was ich meine.

Johnny: Sie stellten uns zu früh auf uns selbst und hofften, dass wir diese Früchte aus diesem gesunden Baume werden. Leider kam alles anders. Je älter wir wurden desto abhängiger waren wir von unseren Eltern. Wir wurden abhängig und immer abhängiger und am Ende blieben wir für unsere Eltern doch nur ihre Kinder. Sie machten unabsichtlich, ich glaube sogar aus Liebe, viele Fehler. Sie ließen uns kaum eine Chance, richtig erwachsen zu sein. Sie wollten uns nur beschützen, aber in einem Alter, in dem wir uns selbst schützen sollten. Als sie uns hätten schützen sollen – mit neun, zehn oder elf, mit 14 oder 15 – ließen sie uns aber frei. Eine verrückte Welt. Es war ein Fehler 21, 25 oder 30 so viel und immer weiter zu unterstützen.

Coach Camara: Ich glaube nicht, dass das, was Sie Fehler nennen, nur aus reiner Liebe begangen wurde. Da ist auch ein *schlechtes Gewissen oder ein Schuldgefühl, das Eltern aber nicht zugeben möchten oder zugeben können und deswegen machen sie alles nur noch schlimmer. Sie bevorzugen es, dieses seelisches Betäubungsmittel anzuwenden: zu viel Fürsorge, zu viel Schutz, zu viel Geborgenheit, zu viel materielle Hilfe, zu viel Beistand. Das ist eine Art Wiedergutmachung. Manche tun das bewusst, aber die Mehrheit tut es unbewusst. Es geschieht einfach. Aber diese Art Wiedergutmachung generiert noch viel schlimmeren Schaden in den Kindern. Es entsteht auf jeden Fall ein Teufelskreis zwischen den Kindern, den Hilfsempfängern oder Bedürftigen und den Eltern, den Helfern. Das wiederum stärkt die Position und Kompetenz der Eltern, die für die Kinder nun unersetzlich sind.*

Johnny: *Genau, Herr Camara. Genau das taten sie mit uns. Ich und meine Schwester waren schon so alt, lebten aber immer noch zu Hause, obwohl alle unsere Freunde schon alleine in WGs und Studentenwohnheimen wohnten. Wir hingen immer noch an Papa und Mama. Herr Camara, nun sehe ich alles: lassen Sie mich Ihnen die Situation erklären, wie sie war. Ich kann die Situation ganz gut beschreiben. Ich sehe alles vor meinen Augen: Wir volljährigen Kinder waren die Hilfsbedürftigen und zogen alle Register, um die fehlende Aufmerksamkeit der Kindheit nun doch noch zu erhalten. Wir wurden wieder Kinder. Wir wollten das haben, was wir als Kind hätten haben müssen: Zeit, Aufmerksamkeit, Schutz. In unserem Blick und in unseren Handlung stand: „wir sind so hilflos, wir brauchen Hilfe. Wir schaffen es nicht allein. Bitte helft uns, ohne euch sind wir verloren." Die Eltern kamen dann sofort als Helfer und ihre Handlung verstand unser Unbewusstsein so „ja, Kinder lasst uns nur machen, ihr armen Kinder, es geht euch so schlecht nicht wahr? Ihr schafft das nicht, gell? Es ist zu viel für euch, wir helfen euch doch. Wir sind doch da für euch. Wir haben euch lieb, ihr habt liebe Eltern, die euch nicht al-*

*lein im Tisch lassen." Sie packten zu und halfen und erwarteten
nichts von uns. Wir wiederum fühlten uns in unserer Haltung
bestätigt und zogen noch mehr Register, um noch mehr Hilfe zu
bekommen. So blieben wir Kinder in erwachsenem Körper. Jetzt
verstehe ich die Zusammenhänge.*

Coach Camara: *So bestätigten Ihre Eltern Ihre Schwächen und
fühlten sich dadurch wiederum gleichzeitig kompetent und stark,
erteilten noch mehr Ratschläge, waren noch präsenter. Sie als
Kind ließen sie es zu, weil Sie sich sagten, die Eltern sind lieb und
wollen doch nur helfen. Aber so vertuschten Ihre Eltern auch ihre
eigene Fehler und Schwächen. Den Eltern und Kindern ist es
nicht bewusst, was schief läuft. Sie werden sogar irritiert, gar
wütend, wenn man eine Bemerkung in diese Richtung macht.*

Johnny: *Wir bekamen wirklich alles, was wir wollten. Aber das
machte uns immer unselbständiger und uneigenständiger. Wir
wurden immer leerer und meine Schwester suchte schon sehr früh
esoterische und psychologische Hilfe. Ich glaube mit ein bisschen
Selbstkritik hätten die Eltern uns helfen können. Jetzt sah es mein
Vater ein und wollte mir helfen. Das tat er neulich, als er es ablehnte, mir das blöde Haus zu kaufen. Dieses Haus hätte mich
wieder gefangen gehalten. Wegen des Hauses wäre ich sicher diese verdammte Ehe nicht losgeworden. Das ist die einzige gute
große Tat, die mein Vater, meine Familie für mich getan hat, die
nicht mit Geld zu tun hatte. Die strikte Ablehnung mir zu helfen,
hat auf einmal alles in Bewegung gesetzt und ich möchte nun erwachsen sein. Ich will die Hilfe meines Vaters nicht mehr. Ich habe alles, was ich brauche, um allein im Leben durchzukommen*

Coach Camara: *Sehen Sie, was ich gemeint habe? Allein hätten
Sie diesen Sprung nicht geschafft. Ihr Vater, der eine große Rolle
in Ihrer Kindheit gespielt hatte, noch lebt und der Ihre Familie re-*

*präsentierte, war das fehlende Puzzleteil. Er hat Sie befreit. Er hat Ihnen die Freiheit gegeben und Sie in die Freiheit geschickt. Er hat Sie losgelassen, jetzt werden Sie erwachsen. Viele glauben vielleicht, dass es einen Vorwurf bedeutet, die Eltern in die Verantwortung zu ziehen. Nein! Schauen Sie bei Ihnen. Haben Sie Ihrem Vater Vorwürfe gemacht? Nein. Es gab keine Vorwürfe. Es gab nur Einsichtigkeit und den Willen, dass es jedem gut geht. Ihr Vater liebt Sie jetzt. Ich meine die Art von Liebe, die befreit und stark macht. Vorher hat er Sie auch geliebt. Es war aber keine Liebe in diesem Sinn. Geld zahlen, Geschenke geben, usw. ist eine Liebe für sich selbst, für denjenigen der gibt. Das ist eine reine auf sich bezogene Liebe. In diesem Moment, wo er gibt fühlt er sich wohl. Er sieht sich als Wohltäter und genießt es, dass das Kind ihn auch so sieht. Das ist eine narzisstische Liebe. Er fragt nicht, ob das, was er tut, dem Kind tiefgreifend hilft und es nach vorne bringt. Er stellt sich diese Frage nicht. Er sieht nur, dass das Kind in diesem Moment glücklich ist und er wieder der gute Mensch ist, der das Kind gerettet hat und ihm Freude gemacht hat. Das nenne ich nicht Liebe. Liebe nenne ich (das klingt vielleicht sehr afrikanisch) Liebe ist, wenn man mir durch Liebe zeigt, wie ich alleine das bekommen kann, was mir gut tut. **Liebe ist für mich, wenn ich die Person, die mich liebt, nicht mehr brauche, um zu leben.** Ich freue mich, dass es sie gibt. Liebe macht glücklich, gibt Energie, eröffnet und erweitert den Horizont und die Möglichkeiten. Liebe lässt mich wachsen und gibt mir ein Gefühl von Sicherheit. Liebe macht nicht abhängig. Liebe verkettet nicht, sie ketten nicht an. Sie löst Ketten. Liebe macht frei und gibt Freiheit. Es gibt keine Liebe da wo Menschen unglücklich sind, wo Menschen zweifeln, wo Menschen nicht an sich selbst glauben. Wahre und echte Liebe gibt Zuversicht, Glück, Freude, ein Gefühl der Sicherheit, Vertrauen. Wenn alles* das in einem Kind fehlt, sollten sich die Eltern intensiv mit sich selbst auseinandersetzen.

Johnny: Leider tun das viele Eltern nicht. Ich frage mich, warum. Meinen Sie, dass Geschenke und Geben im Allgemeinen schädlich sind?

Coach Camara: Geschenke und Geben sind im Allgemeinen gut. Das ist auch eine Art, Zuneigung zu zeigen. Man will dem anderen zeigen, wie wichtig er ist. Das ist doch toll und niemand kann dagegen sein. Aber alles muss im Rahmen bleiben. Ja, viele Eltern übertreiben und sie lösen alles nur noch mit Geschenken und Geld. Beim kleinsten Husten des Kindes ist schon der Sirup da. Je weniger das Kind psychisch stabil ist, desto mehr geben sie. Sie wollen sich nicht mit der Kindheit ihrer Kinder auseinandersetzen, weil es eine Auseinandersetzung mit sich selbst und ihrer eigenen Kindheit und ihren Eltern bedeuten würde. Manche tun es aus reiner Bequemlichkeit und Faulheit nicht.

Wir reden hier von Liebe und von der Beziehung zwischen Eltern und Kindern, ich spreche hier nicht von Geschenken und Geben in einem normalen Rahmen. Das schadet nicht. Freude haben ist gesund. Ich spreche von Geschenken und dem Geben in überproportionalem Rahmen. Auf jeden Fall müssen Eltern sehr vorsichtig damit umgehen. Sie müssen ihren Kindern in schwierigen seelischen Krisen nicht nur materiell helfen. Sie müssen sich zur Verfügung stellen, um den Kindern zu helfen. Eine gemeinsame Therapie ist in vielen Fällen ein Muss, wenn man dem Kind helfen will. Leider, leider….

Johnny: Das heißt viele Eltern sind Versager. Sie haben versagt, ich habe versagt als Vater? Wir haben versagt?

Coach Camara: *Die Eltern miteinzubeziehen beim Lösen bestimmter psychischer Probleme ist enorm wichtig für Kinder und Eltern. Erst wenn wir uns stur dagegen stellen, oder es nicht sehen wollen, obwohl wir jeden Tag sehen, wie es unseren Kindern geht, ja, erst dann sind wir meiner Meinung nach Versager. Wir sind es nicht von vorneherein. Wir hatten nur das Gute tun wollen, das trifft zumindest auf die Mehrheit zu. Es gibt allerdings auch Eltern, die nur aus reiner Bequemlichkeit sich ihrer Verantwortung entziehen, indem sie die Kinder sehr schnell sich allein überlassen. Um dem dann einen Sinn zu geben, meinen Sie, dass sie den Kindern früh Verantwortung und Selbständigkeit beibringen möchten. Ja, aber BEIBRINGEN bedeutet nicht Interessenlosigkeit. Sie ziehen es vor, auf der Couch zu liegen, Fernseher zu schauen, auszugehen, mit dem neuen Freund zusammen zu sein, anstatt auf die Kinder aufzupassen. Und nennen das dann Verantwortung beibringen....*

Ja, für die Mehrheit der Eltern, ist es keine bewusste Entscheidung. Sie wollen wirklich etwas Gutes tun, nur das Beste für die Kinder. Sie wissen nicht, dass es so kommen wird. Dass unsere Kinder durch unsere Erziehungsart schwach, labil, innerlich instabil, ängstlich (beste Weg zum Burnout) usw. werden. Wir wollen ganz bestimmt das Gegenteil erreichen. Nun da wir sehen, dass es leider anders angeschlagen hat, jetzt können wir nicht mehr sagen wir wussten es nicht.

Die Behauptung, dass die Kindheit egal sei, hat eine große Wirkung auf uns, aber, und das ist erfreulich, wir können, wenn uns die Falschheit dieser Aussage bewusst wird, diesen Einfluss zum Guten beeinflussen und alles ändern.

Johnny: *Das ist wohl wahr. Leider erst wenn man so gelitten hat und Mist gebaut hat, wie ich. Ich hoffe, mein Vater verzeiht mir.*

Coach Camara: Er hat Ihnen schon verziehen. Sie sehen bzw. Sie spüren es noch nicht, weil Sie ihm und vor allem sich selbst noch nicht verziehen haben.

> **Nur wer von seinem eigenen Elternhaus gelernt hat glücklich zu sein, kann dies erfolgreich seinen Kindern beibringen und seine eigenen Kinder glücklich erziehen. Wer das nicht hatte oder immer noch nicht hat, muss sich umerziehen und lernen, sich von seiner unglücklichen Kindheit zu distanzieren.**

Meine eigene Erfahrung ist ein Beispiel dafür, wie alte Kindheitsgewohnheiten weitergegeben werden.

Ich erinnere mich immer noch daran, wie mein Vater – obwohl er als Politiker in der Aufbauphase Kameruns nach der Befreiung und dem Sieg über Frankreich mehr als 16 Stunden am Tag arbeitete – doch immer Zeit fand, uns mehr als 20 Kindern wertvolle Geschichten zu erzählen, Lieder zu singen, mit uns zu spielen, usw. Ja, das hat meine Kindheit geprägt.

Als ich dann selber Vater war, habe ich das gleiche mit meinen Kindern gemacht, weil es mir gut getan hatte.

Obwohl ich sehr beschäftigt bin, tue ich alles, um bei meinen Kinder präsent zu sein, ihnen Geschichte zu erzählen, zu spielen, usw. genauso, wie mein Vater es damals mit mir gemacht hat. Wir geben weiter, was wir in unserer Kindheit mitbekommen haben. Deswegen müssen wir sehr selektiv sein, das bedeutet, wir müssen unsere Kindheit unter die Lupe nehmen ohne die Eltern zu verdammen, wenn wir paar Fehler darin finden.

Schlechte oder Keine Abnabelung von den eigenen Eltern; Eltern, die sich nicht von ihren eigenen Eltern befreit haben, erziehen ihre Kinder zum Unglücklichsein

Wir wissen nun, wie wir im ersten Kapitel gelesen haben, dass die Kindheit und die Erziehungsart eines Menschen sein Leben tiefgreifend beeinflussen. Irgendwann müssen wir uns dann entscheiden, unseren eigenen Weg zu gehen, wenn wir erwachsen werden oder es bereits sind. Dieses Kapitel ist dem vorherigen sehr ähnlich, aber es ist nicht dasselbe. Zwar ist eine Auseinandersetzung mit der eigenen Kindheit und den eigenen Eltern ein Bestandteil der Abnabelung, aber die Abnabelung ist ein Ergebnis, eine Entscheidung, dass man nun erwachsen ist, seinen eigenen Weg genommen hat. Man ist nun Sohn oder Tochter und nicht mehr Kind; Papa und Mama werden nun Vater und Mutter.

Es ist zwingend notwendig für Menschen, die Eltern werden wollen, sich von ihren eigenen Eltern abzulösen, bevor sie Kinder bekommen. Eltern, die immer noch Kinder ihrer eigenen Eltern sind, erziehen zum großen Teil ihre Kinder schlecht. Sie erziehen ihre Kinder gar nicht. Sie übergeben ihren Kindern nur das, was sie von ihrem eigenen Elternhaus mitgenommen haben.

Man bemerkt zum Beispiel, dass Eltern, die sehr früh eine psychologische Therapie in ihrer Kindheit brauchten und die sich von ihren Eltern nicht abgenabelt haben, dazu tendieren, ihre Kinder auch so zu erziehen, dass sie früh zu einem Therapeuten gehen.

Wenn Eltern sich nicht von ihren eigenen Eltern abgenabelt haben, verhalten sie sich auch kindisch gegenüber ihren Kindern und verlieren somit den Respekt der Kinder. Die Kinder respektieren die Großeltern viel mehr als Papa und Mama. Die Eltern haben kaum wirkliche Macht über die Kinder und sind unfähig sich durchzusetzen.

Kinder sehen, merken und fühlen sehr viel. Sie bekommen fast alles mit, auch wenn sie nicht viel darüber reden. Wenn Eltern sich vor ihren eigenen Eltern wie Kinder verhalten, wenn sie sich, wie Kinder, von den eigenen Eltern bemitleiden lassen, sich wie Kinder helfen lassen, vor ihren Eltern jammern, wie ihre eigenen Kinder sich ihnen gegenüber verhalten, bekommen dies die eigenen Kinder mit und werden so unbewusst konditioniert zu sehen, dass Mama und Papa es nicht schaffen können. Es entstehen in ihren Köpfen falsche Bilder, die sie unglücklich machen. Sie verlieren den Respekt und hören kaum noch auf ihre Eltern.

Eltern, die sich nicht abgenabelt haben sind gefangen in der Erziehung ihrer eigenen Eltern und sind nicht frei genug, um ihre eigenen Kinder so zu erziehen, dass sie frei werden. Da Kinder Freiheit wollen, bleibt ihnen oft als einziger Weg die Rebellion und die Ablehnung der Eltern als Autoritätsinstanzen. Denn sie sehen in ihren Eltern gleichwertige Kinder, keine Erwachsenen. Nun, da sie ihre eigenen Eltern auch als Kinder betrachten, beginnt der Machtkampf zwischen ihnen. Entweder die Kinder gewinnen und werden richtige Nervmonster, richtig schlimme Diktatoren (sind stur, hören nicht zu, schreien die Eltern an, beschimpfen sie, schlagen zu, zerstören, usw.), oder die Eltern, die auch noch Kinder sind, lassen sich nicht besiegen, aber siegen auch nicht, denn gewinnen ist unmöglich, da sie selbst noch Kinder ihrer Eltern sind. Die Konsequenz ist, dass sie gewalttätig werden, sie schlagen die Kinder, misshandeln sie mit Worten, bestrafen sie auf unfaire und übertriebene Weise, mit Hausarrest, Zimmerarrest, Liebesentzug, stundenlangem Schweigen, was die Kinder psychisch kaputt macht.

Eltern, die in ihrer Kindheit negative Formulierungen gelernt haben und so negativ programmiert wurden, tendieren dazu, das Gleiche mit ihren Kindern zu tun

Was wir in unserer Kindheit erleben, prägt uns lebenslang. In Kapitel „Negative Programmierungen" habe ich noch ausführlicher beschrieben, wie dies funktioniert.

Uns ist es oft nicht bewusst, wie sehr wir den Kindern schaden mit kleinen Flüchen, Warnungen, Jammereien, Schimpfereien und Beschwerden.

Haben wir Eltern, die bei jeder Kleinigkeit, bei der kleinsten Aufgabe und Schwierigkeiten sich ärgern, fluchen und schimpfen, dann werden wir dazu tendieren, das Gleiche zu tun, uns genauso zu verhalten.

Eltern, die zum Beispiel in ihren Kindern Schuldgefühle wecken mit Aussagen wie *„Ihr macht mich fertig, ich bin am Ende meiner Nerven mit euch, habt ihr kein Mitleid mit eurer Mutter/Eltern, ich werde wegen euch krank, das ist nicht gut, was ihr mit mir tut, das ist grausam für mich, ich kann nicht mehr, wie soll ich es nur mit euch ertragen?"* um etwas zu erreichen, haben dies oft von ihren eigenen Eltern unbewusst gelernt. Die Konsequenzen daraus sind, dass diese Aussagen in den Kindern zu noch mehr Barrikaden führen und sie noch härter werden, was ihnen nicht gut tut. Sie fühlen sich schlecht, böse, unfähig, grausam. Dabei sind oft die Eltern, mit ihrem inkonsequenten Erziehungsstil Schuld, wenn die Kinder ihnen nicht gehorchen oder sie nicht respektieren. Aber da wir uns weigern, uns mit unserer Kindheit auseinanderzusetzen, vermitteln wird den schuldlosen Kindern, dass sie keine gute Kinder sind. Am Ende wird das zur Autosuggestion in der Psyche der Kinder *(ich bin schlecht zu Mama/zu Papa, ich bin kein gutes Kind, ich bin böse, ich bin unfähig, ich kann immer nur wehtun, ich bin wertlos usw.)* Die Konsequenzen sind gravierend für die Kinder: sie werden dann wirklich zu schlimmen Kindern, ihr Selbstwertgefühl leidet darunter, es fehlt ihnen Selbstvertrauen, sie haben Angst, wagen nichts, haben ständig Schuldgefühle und Hass gegen sich selbst, zweifeln an sich, haben Motivationsprobleme, und sie leiden unter Antriebslosigkeit, sowie Minderwertigkeitskomplexen und weiteren psychosomatischen Beschwerden (Bulimie, Anorexie, Selbstverletzungen, Schmerzen usw.), wie die Eltern häufig auch. Und das Schlimmste ist, dass die Kinder mit ihren Kindern wieder so weitermachen werden, so wird der Familienfluch von Generation zur Generation weitergegeben. In diesem Fall machen nicht die Kinder uns krank, sondern unsere eigenen Eltern, die wir aus irgendwelchen Gründen immer liebevoll in Schutz nehmen und dafür im Kauf nehmen, unsere eigenen Kinder unglücklich zu machen.

Wenn unsere Eltern uns mit Worten aus Liebe schwach machen, werden wir genauso dazu tendieren, mit den gleichen Worten uns selbst und unsere Kinder schwach zu machen. Das passiert nicht aus Bosheit. Alles läuft unbewusst ab, deswegen ist eine Abnabelung sehr wichtig, damit Menschen wirklich vollkommen bei sich stehen können und die Lasten und den Müll der anderen (der Eltern) nicht mittragen müssen. Eine Auseinandersetzung mit unserer Kindheit (was nicht zwangsläufig bedeutet den Eltern Vorwürfe zu machen) bringt uns dazu, nur das Beste davon mitzunehmen und den Müll dort zu lassen, wo er hingehört.

Stress in der Schwangerschaft erhöht das Risiko für Depressionen in der Kindheit

Es ist schon lange bekannt, dass das Baby durch schlechte Ernährung der Mutter, durch Krankheiten der Mutter, durch Medikamente und andere äußerliche Dinge beeinflusst, sogar geschädigt werden kann.

Dass Medikamente in der Schwangerschaft ein Risikofaktor für Depression bei Kindern sind, zeigt auch das Ergebnis mit Betamethason. Ca. 10% der Schwangeren bekommen in Deutschland dieses Medikament, wenn eine Frühgeburt droht. Diese Spritze für die Lungenreifung senkt die Frühchen Sterblichkeit um 31%. In Tierstudien wurde allerdings nachgewiesen, dass diese Stresshormone im späteren Leben Bluthochdruck, Herzkrankheiten und Diabetes begünstigen. Untersuchungen an Menschen zeigten ein höheres Risiko für Depressionen und andere psychische Auffälligkeiten. Die Kinder können sogar dadurch einen geringeren Intelligenzquotienten haben.

Bei Betamethason kann man sich diese Wirkungen vorstellen, weil es ein Medikament ist. Aber es ist den Menschen immer noch nicht bewusst, dass unsere psychische Verfassung ebenfalls einen direkten Einfluss auf das ungeborene Kind haben kann.

In der afrikanischen Kultur wird vermittelt, dass man schon vor der Zeugung an das Glück des Kindes denken sollte. Spätestens wenn die Frau schwanger ist, fängt die aktive Erziehung des Kindes an. Ungeborene Kinder bekommen schon mit, wie wir uns selbst behandeln und mit uns umgehen.

In vielen afrikanische Gesellschaften (leider nur noch in den Dörfern) glauben die Menschen, dass eine Erziehung, die dazu führen soll, dass ein Kind glücklich ist, wird und es bleibt, schon längst vor der Zeugung begonnen haben muss. In manchen afrikanischen Traditionen wurden sogar glückbringende Rituale durchgeführt, bevor die Eltern auf die Suche nach dem Baby gingen. Es wurden Tage vorher körperliche und spirituelle Reinigungen durchgeführt, damit das Kind in bester Umgebung gezeugt wird. Nach dem Beischlaf und während der ganzen Schwangerschaft wurde die Mutter bestens behandelt. Deswegen sehnen sich viele Frauen in diesen Gesellschaften nach der Zeit vor und während der Schwangerschaft, als sie wie Göttinnen auf Erden behandelt wurden.

Streit und alle Probleme mussten warten, bis die Frau das Baby auf die Welt gebracht hatte. So schützte man die Frau vor Stress in der Schwangerschaft und dadurch auch das Baby.

Neue wissenschaftliche Untersuchungen scheinen diese afrikanische Weisheit zu bestätigen. Es ist nun Fakt, dass Stress und andere seelische Probleme eine größere Rolle bei der Entstehung – nicht nur psychischer – Krankheiten bei Kindern spielen und dies bereits anfängt, wenn das Baby noch in dem Bauch der Mutter ist.

Grund genug, schon in der Schwangerschaftsphase gesund mit sich selbst umzugehen, nicht nur körperlich, sondern auch mit der Psyche.

Stress, Druck und seelische Probleme hinterlassen Spuren im Gehirn des Ungeborenen. Diese afrikanische, nicht wissenschaftlich bewiesene Behauptung wurde nun von Forschern der Hans-Berger-Klinik für Neurologie am Universitätsklinikum Jena bestätigt. Viele andere wissenschaftliche Studien hatten diese Tendenz bereits angedeutet.

Zwar kommt der Stress der Mutter nicht eins zu eins bei Fötus an, aber immerhin schaffen 10% das Baby zu erreichen, genug, um einen großen Einfluss auf das Baby im Bauch zu haben.

„Diese Kinder werden bereits im Mutterleib darauf programmiert, Zeit ihres Lebens mehr Stresshormone auszuschütten" wie die Zeitung *Der Spiegel* Dr. Schwab, Leiter der Jenaer Forschungsgruppe zitiert. Diese Kinder können später Probleme mit der Konzentration und Aufmerksamkeit haben und haben ein erhöhtes Risiko unter Depressionen, Burnout usw. zu leiden.

Überforderung, Druck, Stress, Depression

Studien weltweit zeigen, dass viele Eltern schon kurz nach der Geburt ihrer Kinder überfordert sind.

Druck, Stress finanzielle Not, Frustration, Arbeitslosigkeit der Eltern sind oft Ursache einer schlechten Erziehung. Dies führt dann dazu, dass wir selbst – und logischerweise unsere Kinder – unglücklich sind.

Unsere Gesellschaft wird immer mehr zu einer Leistungsgesellschaft auf allen Ebenen. Der Mensch ist eine Maschine, die einfach nur funktionieren muss. Er muss alles schaffen können und überall der Beste sein.

Ein richtiger Mann soll nicht nur ein guter Ehemann, ein super Vater und im Bett ein Hengst sein, nein, er soll gleichzeitig Ingenieur oder Arzt sein wie Nick, zu Hause ein guter Handwerker sein wie Andreas, natürlich ein Haus bauen wie Markus es getan hat, das Auto reparieren wie Luca – das muss doch jeder Mann können – gut kochen wie David, das ist doch modern, Fußball mit den Kindern spielen wie Florian, das gehört selbstverständlich dazu und, und, und. Er muss außerdem bei all dem perfekt sein.

Die perfekte Frau soll nicht nur das Kind austragen und auf die Welt bringen, sie soll nicht nur gute eine Mutter sein wie Nina, eine starke Haus- und Ehefrau wie Lisa, eine super Nanny wie Emma, nein sie muss daneben noch den Haushalt sauber führen wie Sarah es tut, leckeres Essen servieren wie bei Lea und dabei acht Stunden am Tag beruflich aktiv sein wie Jennifer. Wir brauchen Kinder, aber schätzen die Menschen nicht, die sie uns schenken, ohne die unser System nicht möglich wäre. Am besten gebärt die Frau beim Schraubendrehen, ja, sie soll ruhig gebären, aber dabei gleichzeitig ihre Bürotätigkeit fortsetzen. Das ist das Bild der modernen, selbstbewussten Frau.

Überall wird dem modernen Menschen Druck gemacht, durch Bilder, Leitsprüche, Slogans, Werbung mit dem Übermenschen, der alles gleichzeitig tut, alles kann und dabei immer fröhlich und glücklich ist.

Die Gesellschaft muss produzieren und der moderne Mensch ist ein Kettenglied in dieser Produktion, deswegen wird solche Werbung von der Industrie und der Politik mit Milliarden finanziert.

Wenn du es nicht schaffst, dann liegt es nicht am System, nein, nein, es liegt an dir, an deiner Unfähigkeit. DU BIST EIN **VERSAGER!**

Das Wort **versagen** verfolgt den modernen Menschen hartnäckig, wie die Biene den Honig.

Wir sind zwar moderne Menschen, aber Ängste, Zweifel und Unsicherheiten belasten unseren Alltag. Wir haben Angst, unseren Job zu verlieren. Wir haben Angst, nicht gut genug zu sein. Überall lauern nur Drohungen: Wenn du dies oder das nicht schaffst, dann bist du deinen Job los. Wenn du nicht so bist wie Brat Pitt, ist der Partner weg.

Der moderne Mensch soll keine Schwäche zeigen, er lebt in ständigem Stress, um all den Erwartungen, Anforderungen und den eigenen Ansprüchen gewachsen zu sein.

Da aber die Erziehung diesen schnellen Veränderungen nicht gefolgt ist, die Eltern und Großeltern ihm nicht das nötige Werkzeug mitgegeben haben, fehlt dem sogenannten modernen Menschen eine innere Basis (seelisch und spirituell), um diesem Druck stand zu halten. Er sieht seine Grenze. Er kann nicht mehr. Er ist überfordert, er ist gefallen. Er schafft nichts mehr und er ist unglücklich.

Die Kinder müssen alles ertragen können. Die Eltern müssen Alleskönner sein, Vollzeit arbeiten, aber Betreuungsangebote werden abgeschafft.

Arbeitslosigkeit und Armut drohen und verunsichern die Eltern, die ständig kämpfen müssen, damit es ihren Kindern an nichts fehlt und sie sich nicht ausgeschlossen fühlen. Dieser Kampf ist zermürbend und belastet die Eltern körperlich und psychisch.

Der moderne Mensch hat Stress, Druck, er ist seelisch instabil und ist deswegen nicht in der Lage seinen eigenen Kindern das Glück beizubringen, denn er ist selbst unglücklich.

Ich habe auch festgestellt, dass viele überforderte Eltern überzogene Ansprüche an sich und an die Kinder haben. Sehr junge Eltern oder Eltern die selbst eigentlich noch

Kinder sind, sind schneller überfordert. Sie sind nicht in der Lage kleinste Schwierigkeiten zu meistern. Alles wird ihnen zu schnell zu viel, und der tägliche Umgang mit den Kindern wird für sie zu einem Stressakt.

Manche überforderte Eltern entwickeln sogar etwas wie Hass auf ihre eigenen Kinder und können ihre Kinder gar nicht lieben. Manchen stoßen ihre Kinder ab oder ermorden sie.

> **Auslösende Ursache für Gewalt in der Familie, Gewalt an Frauen und Gewalt an Kindern, ist auch die Überforderung der Eltern.**

Überforderung und Stress kann auch durch Mangel an Unterstützung entstehen. Überforderte Eltern schlagen schnell zu. Viele vernachlässigen und misshandeln ihre Kinder.

Die Kinder überforderter Eltern sind selbst überfordert, haben Stress, haben Angst, sind verhaltensauffällig, seelisch instabil, frech, tanzen ihren Eltern auf der Nase herum.

Geringes Selbstwertgefühl, mangelndes Selbstbewusstsein und Selbstvertrauen, mangelndes Durchsetzungsvermögen, Unsicherheit der Eltern, Komplexe (wie Minderwertigkeitskomplexe)

Ein negatives Selbstwertgefühl ist die Ursache vieler seelischer Probleme.

Haben wir wenig Selbstbewusstsein und Selbstvertrauen, werden wir dazu tendieren unsere Kinder auch so zu erziehen, dass die wenig Selbstvertrauen entwickeln.

Ohne Selbstvertrauen ist es schwierig ein erfülltes Leben zu führen.

Eltern mit wenig Selbstbewusstsein und mit Minderwertigkeitskomplexen haben eine geringe Selbstachtung vor sich selbst. Die Auswirkungen sind: **Angst** (Angst vor Kritik, vor Entscheidungen, vor dem Versagen, vor Erfolg, vor Ablehnung, Angst, nicht gut zu sein, Angst, seine wahren Gefühle zu zeigen, Verlustangst usw.) und weitere **seelische Störungen**, wie Depressionen, Antriebslosigkeit, Faulheit, Hoffnungslosigkeit, Lustlosigkeit, Essstörungen, Sexualprobleme, Selbstmitleid, Selbsthass, Eifersucht, Zwangsgedanken, Frustration. Auch körperliche Beschwerden können auftreten. Man ist unzufrieden und unglücklich mit seinem Leben und mit der Gesellschaft.

Andere Eltern werden gerade wegen ihrer Schwächen unsicher und deshalb gewalttätig gegenüber ihren Kindern.

Manchen Eltern schaffen es nicht mehr, soziale Kontakte zu erhalten, zu pflegen oder zu knüpfen und leben so mit ihren Kindern sehr zurückgezogen. Zu Hause herrschen nur schlechte Stimmungen und schlechte Laune.

Die Kinder können sich nicht auf Kontinuität und Stabilität verlassen. Heute ist so, morgen ist so. Stimmungen und Gefühle können von einer Minute zur anderen umschwenken.

Eltern mit solchen Eigenschaften beleidigen oft ihre eigenen Kinder, sind sehr kritisch mit ihnen oder fordern viel von ihnen, vielleicht weil sie wollen, dass die Kinder anders werden als sie selbst. Da sie sehr negativ über sich selbst denken, drücken sie sich auch negativ aus, ihre Körpersprache und Ausstrahlung sind dementsprechend negativ und sehen fast alles, was ihre Kinder sind und tun als negativ an. Sie haben ständig etwas an ihren Kindern auszusetzen.

Ihre „Du-Botschaften" an die Kinder (du bist fett, du siehst heute scheiße aus, du schaffst es nie, sei froh, dass du jemand, auch wenn er ein Arsch ist, hast, sonst wärst du allein…) entsprechen ihren „Ich-Botschaften" zu sich selbst: einfach negativ.

Da sie wenig stolz auf sich selbst sind, haben sie Schwierigkeiten, stolz auf ihre Kinder zu sein und motivieren ihre Kinder kaum – oder sie übermotivieren sie.

Sie haben wenig oder kaum Durchsetzungsvermögen und lassen die Kinder tun, was sie wollen oder bringen die Kinder nur mit Gewalt dazu, das tun, was sie von ihnen erwarten. Sie sind entweder zu lasch oder zu hart.

Diese Zustände belasten die Kinder emotional stark, da sie sich ständig mit den Schwächen ihrer Eltern auseinandersetzen müssen und sich leider oft selbst als das Problem, oder als die Ursache sehen und sich deswegen verurteilen. Ständig.

Manche Kinder übernehmen sogar Aufgaben, denen sie nicht gewachsen sind, zum Beispiel indem sie als Seelsorger auftreten, um ihren Eltern zu helfen. Sie verlieren Energie, damit ihre Eltern diese aufsaugen können. So profitieren die Eltern wieder von ihren Kindern, ohne ihnen etwas im Gegenzug zu geben. Ein klarer Fall von **Energievampirismus.**

Es geht manchmal so weit, dass die Kinder sich für und mit ihren Eltern schämen. Sie finden in den Eltern keine Vorbilder.

Wir ahnen, welche Konsequenzen alles das für Kinder haben wird. Die Kinder werden auch unglücklich sein, entweder sie übernehmen die Eigenschaften ihrer Eltern, oder gehen in das andere Extrem und werden geradezu aggressiv selbstsicher, um den Eindruck zu erwecken, sie wären stark.

Ein weiterer erwähnenswerter Aspekt sind ausländische Eltern, die sich, wegen ihrer Herkunft aus mehreren Gründen minderwertig fühlen. Diese Eltern erziehen ihre Kinder so, dass sie sich entweder sehr anpassen und heimlicher werden als die Heimlichen, weil sie hoffen, dass sie so akzeptiert werden, oder sie erziehen ihre Kinder sehr zurückgezogen, so dass die Kinder eine Aversion gegen die Gesellschaft entwickeln. Im einen wie im anderen Fall schadet dieses Verhalten den Kindern, sie bekommen Probleme, glücklich und zufrieden in der Gesellschaft zu leben.

Eltern mit Komplexen und geringem Selbstwertgefühl schaden ihren Kindern sehr und zerstören ihr Selbstvertrauen.

Unglückliche Eltern erziehen unglückliche Kinder: Schlechte Partnerschaft, Trennung, Arbeitslosigkeit und finanzielle Not

Die ersten Erfahrungen, die unsere Kinder machen finden in der Familie statt und kommen von den Eltern.

Wir hypnotisieren unsere Kinder ständig und mit unseren Handlungen, Worten, mit unserer Ausstrahlung, unserem Verhalten usw. programmieren wir unsere Kinder. So übernehmen sie viel von uns ohne es wollen, zu wünschen oder auch zu brauchen.

> **Wenn wir Eltern unglücklich sind, erziehen wir auch unsere Kinder unbeabsichtigt zum Unglücklichsein.**

Wenn wir unzufrieden, negativ und unglücklich sind, setzen wir negative Gefühle frei und diese Gefühle bestimmen unsere Handlungen, die dann auch negative Auswirkungen haben. So leben unsere Kinder unsere Gefühle mit, übernehmen sie und lassen sich so zum Unglücklichsein programmieren.

Unglückliche Eltern sind kein positives Vorbild für Kinder. Es ist für unsere Kinder ein großer Unterschied, ob wir glücklich oder unglücklich und unzufrieden sind. Machen wir dazu einen kleinen Test mit Babys:

Schon Kleinkindern (Baby ca. 6 Monate alt) reagieren auf unsere Stimmungen. Beobachten wir genau, was ihre erste Reaktion ist, wenn sie uns sehen und wir mit ihnen reden. Sie schauen uns genau ins Gesicht und direkt in die Augen. Sie brauchen manchmal einige Sekunden und entweder lachen sie dann mit, weinen oder bleiben neutral. Kinder sind sehr feinfühlig (vielleicht sogar mehr als Erwachsene, die immer stärker aus Erfahrung und Wissen reagieren, als aus Instinkt). Sie sehen uns an und analysieren unseren Gefühlzustand. Sie lesen in uns. Sind unsere Absichten gut und lächeln wir sie glücklich an, werden die meistens Babys nach einigen Sekunden mitlächeln. Sind wir aber unglücklich oder traurig oder schauen wir sie böse an, werden sie Angst haben und weinen. Schauen wir sie neutral an, schauen sie neutral zurück. Diese Beobachtung hilft uns, zu erkennen, wie wir die Psyche unserer Kinder beeinflussen können. Und jeder Einfluss ist eine Programmierung.

Wenn wir ständig unglücklich sind und dies auch ausstrahlen, pflanzen wir die Angst in die Psyche des Kindes und schaden so seiner Entwicklung.

Auch eine instabile Ehe kann bei Kindern seelische und psychosomatische Beschwerden hervorbringen: Migräne,

Herzklopfen, Bauchkrämpfe, unerklärliche Schmerzen, Essstörungen. Die Kinder sind unruhig und leben in ständiger Angst, vielleicht weil sie befürchten, dass sich die Eltern trennen. Diese ständige Angst verursacht Stress und der Stress wiederum provoziert weitere Beschwerden, die die Kinder behindern glücklich zu sein.

Es ist wissenschaftlich bewiesen, dass instabile Ehen und gravierende Ehestreitigkeiten Schlafstörung bei kleinen Kindern verursachen können. Wenn diese Störungen andauern, können sie bei den betroffenen Kindern zu Unaufmerksamkeit, Unruhe, Verhaltensstörungen und -auffälligkeiten und zu Schwierigkeiten in der Schule führen.

Scheidung und Trennung belasten die Kinder so oder so. Wenn die Trennung auch noch unschön ist, wenn die Eltern sich zerfressen, hassen, gar nicht mehr miteinander kommunizieren, ist das für die Kinder sehr schlimm und sehr schmerzhaft. Die Art und Weise, wie man sich trennt, kann das Leid des Kindes mildern oder verschlimmern. Unglückliche Trennungen schwächen die Kinder und machen sie sehr unglücklich. Manche Schmerzen bleiben ein Leben lang bei den Kindern.

Arbeitslosigkeit und finanzielle Not sind eine große Belastung für Familien. Wenn wir Eltern nicht mehr in der Lage sind, das Notwendigste für unsere Familie zu tun, den Kindern das zu geben, was sie brauchen, vielleicht sogar die Miete nicht mehr zahlen können, haben wir keinen Stolz mehr, sind wir frustriert, unzufrieden, unser Selbstbewusstsein und unser Selbstwertgefühl leiden darunter und wir sind unglücklich. Alles das macht die Kinder auch unglücklich.

So wie es stimmt, dass glückliche Eltern glückliche Kinder erziehen, stimmt auch, dass unglückliche Eltern unglückliche Kinder erziehen.

Gewalt (auch sexuelle Gewalt), Drogen und Alkohol

Eltern, die Gewalt erlebt haben, haben Schwierigkeiten ihre Kinder glücklich zu erziehen.

Gewalt stumpft uns ab oder verändert unsere Gefühle.

Wenn wir Gewalt in unserem Leben erfahren, werden wir entweder gefühlskalt oder übersensibel.

Wenn wir Gewalt erlitten und diese nicht verarbeitet haben, uns damit nicht intensiv auseinandergesetzt haben, werden wir unbewusst dazu tendieren, mit unseren Kindern das zu tun, was man mit uns getan hat (oder nicht getan hat).

So ist es nicht selten, dass Menschen, die missbraucht oder misshandelt wurden, ihre eigenen Kinder ebenfalls missbrauchen, vergewaltigen, schlagen, misshandeln.

Die Angst und der Terror setzen sich in der Familie fest. Die Kinder werden seelisch und körperlich misshandelt, sie sind traumatisiert, manchen werden gewalttätig, manche verlassen die Schule, laufen von zu Hause weg und landen auf der Straße und in der Kriminalität.

Wenn wir Eltern ständig Drogen nehmen und davon abhängig sind, können wir nicht mehr den normalen Alltag der Kinder verfolgen, da unser Realitätsbild der Weltgeschehnisse von den Drogen und dem Alkohol eingefärbt und verändert ist. Wir können nicht alles so wahrnehmen, wie es wirklich ist und viele Eltern werden aggressiv, gewalttätig, beleidigend, rasten schnell aus und schlagen zu, vernachlässigen die Kinder, verlieren ihren Job, haben finanzielle Schwierigkeiten und versinken dadurch noch mehr in den Problemen. Sie werden so auch ein Problem für die Kinder. Die Kinder leiden seelisch enorm darunter und obwohl sie alles das hassen, was die Eltern tun, fangen manche auch an wie sie zu saufen, zu rauchen, zu beleidigen, zu schlagen.

Eltern, die Gewalt-, Drogen-, oder Alkoholprobleme haben machen ihre Kinder unglücklich.

Eine Mutter ohne Weiblichkeit ist eine Gefahr für die Kinder

Die heutige Definition der Weiblichkeit verhindert, dass Frauen in Kontakt mit sich selbst sind, das bedeutet sich zu kennen, seinen Körper und seine Bedürfnisse zu erforschen, sich so zu akzeptieren, wie man ist und somit Frieden mit sich selbst zu schließen. Das bedeutet glücklich und zufrieden sein, einfach eine Frau zu sein.

Besonders in der westlichen Welt wurde Weiblichkeit gleichgestellt mit Kinder gebären und Mutter sein, mit Kinder erziehen und Hausfrau sein, mit kochen, putzen, mit Aufopferung für den Mann und damit, alles zu tun, was der Mann erwartet oder sogar nicht erwartet, damit, brav und am besten sexuell prüde zu sein, nicht zu zeigen, dass Sex Spaß macht usw. Gleichzeitig wurde Männlichkeit mit Blumen geschmückt und als etwas Besonderes dargestellt.

Die Bewegung zur Entfaltung und Befreiung der Frau unterschied nicht zwischen gut und schlecht in dieser Definition und was hauptsächlich in den Köpfen der Menschen hängenblieb, war, dass eine moderne Frau eine Frau ist, die nicht weiblich ist. Das bedeutet, Frauen, die Männereigenschaften hatten, wurden als das neue Ideal der neuen Frau dargestellt. Viele Frauen vermieden somit mehr und mehr, Frau zu sein, sie wollten nicht mehr sie selbst sein, sie hassten nun ihre Sexualität, ihre Körper, ihre Art, ihr Aussehen. Sie entfernten sich von allem, was „weiblich" schien oder mit Weiblichkeit zu tun hatte und somit eben auch von sich selbst. Druck und Unzufriedenheit entstehen. Man ist unglücklich. Am Ende fragt man sich manchmal, ob man Frau oder Mann ist. Mit diesem Durcheinander ist es schwierig, den Kindern ein stabiles Selbstwertgefühl zu vermitteln, denn man hat es selbst nicht. Wenn man sich nicht selbst liebt, ist es fast unmöglich anderen Liebe zu geben.

Sexuelle Frustration

Sexuelle Frustration in der Ehe kann die gesamte Harmonie und den Frieden in der Familie gefährden.

Sex gehört zum Leben und zu einer Partnerschaft. Wenn er fehlt, dann muss er woanders ausgelebt werden, sonst werden natürliche Vorgänge und Elemente, die für das Gleichgewicht zwischen Seele und Körper unabdingbar sind, in einem Menschen fehlen.

Sex ist nicht nur eine lustgebende Handlung, er ist auch einen Weg, um Energie zu erneuern, Stress abzubauen, sich wohlzufühlen, Druck abzubauen usw.

Manche psychosomatischen Beschwerden entstehen nur durch Sexmangel. Das kann sogar zu noch viel schlimmeren Störungen und Krankheiten führen.

Sexuelle Frustration kann auch zu Eheproblemen führen, zur Frustration bis hin zu Gewalt und Perversität, wie Missbrauch oder Vergewaltigung.

Wenn wir wissen, dass die sexuelle Energie eine sehr kraftvolle Energie ist, die unseren Körper und unsere Seele in Gefangenschaft nehmen kann, dann können wir schnell verstehen, wie ein unterdrücken dieser Energie auf unser Verhalten wirkt. Ein zufriedenes und entspanntes Sexleben in der Ehe besänftigt auch die Eltern. Die Energie fließt, sie sind ausgeglichen. Wenn die Eltern aber ein unzufriedenes und unbefriedigtes Sexleben haben, sind sie auch unausgeglichen, unausgelastet. Das kann zu Anspannungen führen mit Aggressivität, Beleidigungen, Verletzungen, seelischen und körperlichen Beschwerden und am Ende sind es die Kinder, die darunter leiden.

Sex in der Ehe hilft Anspannungen zu beseitigen, nach dem Motto, was den Menschen gezeugt hat, kann den Menschen auch retten (Sex) bzw. was dem Menschen das Leben gegeben hat, kann dem Mensch nicht schaden.

Unfreiwilliger Sexmangel erzeugt Druck in uns, wir sind unzufrieden und gereizt, die Bereitschaft zu Streit und Gewalt ist viel höher, er kann Anspannungen steigen lassen, auch zwischen Eltern und Kindern. Bei manchen Eltern ist die sexuelle Frustration der unbewusste Grund für sexuelle Gewalt an Kindern.

Mangelnde Liebe und Selbstliebe der Eltern, Liebesentzug durch die Eltern, Gleichgültigkeit

So banal es klingt – da die meisten von uns denken, es wäre doch sehr selbstverständlich, dass man seine Kinder liebt – mangelnde Liebe der Eltern ist einer der Hauptgründe, warum manche Kinder lebenslang seelische Beschwerden haben und unglücklich sind.

Ich erzähle euch das Beispiel einer Klientin.

Sie ist 42, nicht verheiratet und nach zahlreichen schlimmen Beziehungen ist sie nun mit einem Mann zusammen, der sie liebt, weil er sich selbst minderwertig fühlt – glaubt sie zumindest.

Sie erzählte mir, dass sie ihr ganzes Leben niemals den Satz „ich liebe dich", oder „mein Schatz", oder derlei von ihrer Mutter gehört hat. Ihre Mutter war stets kalt zu ihr. Sie kümmerte sich ordentlich um sie, hielt sie immer sauber, gab ihr stets etwas zu Essen und spielte auch mit ihr, aber alles war so mechanisch. Nichts war wirklich herzlich. Sie glaubt, dass auch ihre beiden Brüder darunter litten, da der eine sehr früh die Schule verließ und Alkoholiker wurde, und der andere – obwohl er sogar studierte und Ingenieur wurde – war medikamentenabhängig, musste früh seinen Job aufgeben und beging schließlich Selbstmord. Und alle waren erstaunt: warum, wieso? Alles war doch immer toll? Der Junge war doch immer lustig und gut drauf?

Der Vater war Polizist, arbeitete viel und wenn er einmal zu Hause war, redete er zwar wenig, zeigt aber zumindest Gefühle, konnte die Kinder auf dem Schoß tragen, sie an der Hand halten, aber viel mehr auch nicht. Meine Klientin hatte das Gefühl, dass die beiden sich gar nicht mehr liebten, aber trotzdem eine Familie blieben.

Sie selbst hatte sie hoch gekämpft und war nun Personalchefin einer großen Dienstleistungsfirma. Sie war hübsch, elegant, intelligent erfolgreich - alles, was eine moderne Frau ausmachen sollte, ein Bilderbuchfrau, wie die Medien sie uns gerne zeigen, aber dennoch war sie totunglücklich.

Sie kam zu mir, weil sie zur Personalchefin befördert wurde, und die Arbeit schien sie zu überfordern. Trotzt mehrerer Führungscoachings hatte sie immer noch Angst im Beruf; obwohl sie ständig aufstieg, hatte sie kein starkes Selbstvertrauen und das belastete sie sehr. Sie hatte ständig Angst etwas falsch zu machen, der Position nicht gewachsen zu sein, und das Gefühl, dass sie sich nicht gegen die Männer durchsetzen könnte. Sie erklärte mir, was sie wollte: nämlich im Beruf stark und selbstbewusst werden.

Nach nur einem Gespräch mit ihr sah ich das Problem nicht im Beruf, mit den vielen Belastungen, und der gestiegenen Verantwortung, nicht in den drohenden männlichen Kollegen und der Konkurrenz, nein, das Problem lag bei ihr. Aber wie die meisten sehr erfolgreichen Frauen, wollte sie nicht glauben, dass ihr mangelndes Selbstvertrauen mit etwas zu tun hatte, worüber sie keine Macht hatte, nämlich mit ihrer Kindheit und ihrer Mutter.

„Ja, aber ich bin nun erwachsen, und kann selbst über mich bestimmen. Meine Mutter hat kaum eine Macht über mich, das ist Blödsinn. Wir verstehen uns gut", sagte sie vehement und lehnte so ab, dass das Coaching persönlich wurde. „Es geht hier nur um meinen Job, es ist schlimmer seitdem ich Chefin geworden bin, deswegen glaube ich, dass meine Angst mit dem Job zu tun hat", fügte sie hinzu.

Ich änderte meine Strategie, als ich über eine Hintertür aber doch zu ihrem Verhältnis mit ihrer Mutter kam, explodierte sie und weinte fürchterlich ohne Ende und so kamen wir zurück, leider zurück zu ihrer Kindheit, dem Heim unseres Glücks oder Unglücks.

Sie erzählte von ihrer Angst, wenn sie ihre Mutter besuchte. Sie hatte Angst, Worte und Sätze, die ihr Leben kaputtgemacht hatten, die ihre Seele krank gemacht hatten, wieder zu hören:

- *„Ich liebe dich nicht, geht weg."*
- *„Ha, verschwinde, verschwinde auf der Stelle, du bist beruflich erfolgreich, aber das kann leider nicht meine Liebe erzwingen."*

- *„Geld macht nicht unbedingt sexy? Warum siehst du so aus?"*
- *„Du fragst mich, warum ich dir keine Liebe zeige? Wer liebt mich denn?"*
- *„Ja, du hast Recht, ich frage mich selbst, warum ich euch auf die Welt gebracht habe, mir wäre lieber, ich hätte euch nicht gekriegt."*
- *„Von mir aus kannst du zum Teufel gehen und dich nie mehr hier blicken lassen."*
- *„Du verdienst nicht, geliebt zu werden, sei froh, dass er bei dir ist."*
- *Und viele mehr*

Sie hatte jahrelang alles unterdrück und nie darüber reden wollen. Sie wollte über ihren beruflichen Erfolg die persönliche Niederlage wettmachen. Deswegen waren diese schlimmen Sätze immer aus ihren aktiven Gedanken verbannt.

Aufgrund der mangelnden Liebe ihrer Mutter hatte sie sich Männer ausgesucht, die die so behandelten, wie ihre Eltern sie behandelt hatten, nämlich lieblos.

Sie war nach außen stark und innen zerbrechlich. Sie litt unter mehreren Arten von Zwangsstörungen, sie zeigte mir ihre Beine, wo sie sich ständig zerkratzte. Sie fand sich selber hässlich und hatte deswegen immer nur nach Männern, die mit ihren eignen Worten „hässlich und dumm" waren gesucht.

Nun sagte sie mir, ihr großer Traum wäre, dass ihre Mutter sie in den Arm nimmt, und sie einfach festhält. Sie müsste gar nicht „ich liebe dich" sagen, einfach nur in den Arm nehmen. Sie würde ihr so gerne alles verziehen.

Wir können Anhand dieses Beispiels sehen, was für ein Leid die mangelnde Liebe der Eltern den Kindern auch im Erwachsenalter verursacht.

Fehlende Liebe der Mutter

Die Frau in meinem Beispiel hatte sogar noch Glück, wenn ich es so nennen darf. Sie wurde trotz allem nicht körperlich misshandelt. Manche Mütter, die keine Liebe zu ihren Kindern spüren, gehen viel weiter, indem sie die Kinder regelrecht misshandeln. Wir kennen Geschichten von Müttern, die ihre Kinder töten, sie verhungern lassen, schlagen. Ich habe mich nach der Erfahrung mit dieser Kundin sehr intensiv mit diesem Thema befasst. Meine Recherchen und Gespräche mit den Betroffenen haben gezeigt, dass dieses Phänomen gar nicht so selten ist. Ich weiß, dass das Thema der fehlenden Mutterliebe tabuisiert wird, doch es gibt sie, es gibt viele Mütter, denen es schwerfällt, gesunde und liebevolle Beziehungen und Bindungen zu ihren Kindern aufzubauen. Es gibt viele Gründe, warum diese Mütter ihre Kinder nicht lieben können: Überforderung, Depressionen, Drogen und Alkohol, kein Wunschkind, Kinder aus Vergewaltigung usw.

Viele haben selbst nicht genug elterliche Liebe bekommen und können diese dann eben auch nicht an ihre Kinder weitergeben.

Der Schaden für die Kinder, ist wie gesagt immens, da Kinder diese Mutterliebe sehr brauchen, um innere Stabilität zu entwickeln und innere Sicherheit zu spüren.

Kinder, die nicht geliebt werden oder wurden, werden es selbst schwer haben, zu lieben. Sie werden ein zerstörtes Vertrauensverhältnis zu sich und ihrer Umwelt haben. Sie werden schwer Vertrauen zu sich selbst entwickeln und entweder anderen Menschen nie, oder naiv, Hals über Kopf vertrauen. Sie werden entweder nicht lieben oder zu abhängig lieben, das heißt mit allen Mitteln, wie Demütigung, Selbsterniedrigung kämpfen, um geliebt zu werden.

Wenn wir unseren Kindern unsere Liebe verweigern, machen wir das Leben unsere Kinder zur Hölle.

Ich habe noch weitere Fälle gehabt, wo der Liebesentzug der Eltern das Leben dieser Menschen zerstört hatte. Der Liebentzug hat mit mangelnder Selbstliebe der Eltern zu tun. Sie lieben sich selbst nicht oder haben selbst keine Liebe von ihren Eltern bekommen. Sie hassen ihre Kinder, um sich zu spüren, um – auch wenn es paradox klingt – leben zu können, um ihr Leid selbst nicht geliebt worden zu sein, ertragen zu können. Für mich ein klarer Fall von Energievampirismus der Eltern. Sie machen ihre Kinder kaputt, saufen deren Energie, um sich in ihrer Schwäche stark und nützlich zu fühlen.

Die Gleichgültigkeit ist für Kinder schwer zu ertragen. Wenn die Kinder den Eltern gleichgültig sind, nehmen sie es als Lieblosigkeit wahr. Die Gelichgültigkeit kann Kinder sehr traurig machen, viel trauriger als eine ungerechte Bestrafung.

Eine Frau schrieb mir:

„...Ja, meine Mutter ist genervt. Genauso, wie sie damals, als ich ihr (ich war 18) weinend, unsicher und voller Angst erzählte, dass ich mein Essen immer auskotze, und sie hilflos und fast schon gleichgültig mit den Schultern zuckte und sagte „ja, was soll ich denn da jetzt machen? Es interessiert mich nicht." Meine Mutter fragte nie mehr danach. Mein Problem war ihr egal. Ich war ihr gleichgültig. Daraufhin fing ich an, mich richtig zu verletzen."

Ein junger Mann, 19 Jahre alt, schrieb:

„...Meine Mutter ist übrigens gestern wieder für mehrere Tage zu meiner Schwester gefahren. Sie hatte mir nichts davon gesagt, ich erfuhr es gestern Abend von meinem Vater, als ich nach Hause kam. Sie nutzt jede Gelegenheit, um mir zu zeigen, wie gleichgültig ich ihr bin. Es tut so weh. Das ist so schmerzhaft. Ich habe ihr nichts getan. Wir haben keinen Streit. Ich will heute nicht zur Schule gehen. Ich hasse mich, dass sie mich hasst. Das ist auch eine Art von Energieraub, wenn man dann sagen muss "Echt? Davon wusste ich gar nichts", oder sich fragt „Mama, warum tust du das?" Sie wird sich stark fühlen. Ich werde aber nichts sagen. Nichts fragen. Ich werde ihr keine Energie geben..."

Die Gleichgültigkeit der Eltern zerstört viel in den Kindern und diese Zerstörung bleibt auch im Erwachsenenalter bestehen.

Eine Frau. 45 Jahre alt, schrieb:

„…Mein Vater gibt mich meistens gleich weiter an meine Mutter, wenn ich anrufe, weil er keine Zeit hat mit mir zu reden. Meine Mutter geht dran und sagt nichts. Wenn ich Frage stelle, antwortet sie. Sie fragt gar nicht, wie es mir geht oder so. Mit meiner Mutter telefoniere ich so einmal die Woche, aber sie ruft mich eigentlich nie an, es muss schon von mir ausgehen. Diese Gleichgültigkeit geht schon so seit meiner Kindheit. Das bringt mich um. Das nimmt mir die Luft weg. Ich bin – seit ich 12 bin – fast non-Stop in verschiedenen Therapien gewesen, die leider nichts gebracht haben. Ich habe sie neulich angerufen und fröhlich mitgeteilt, dass ich beruflich befördert wurde. Mein Vater sagte gleich „ich gebe dir die Mama." Meine Mama fragte nur, „bekommst du mehr Geld?" Ich sagte ja. Sie sagte dazu, „na, dann bist du bald schuldenfrei bei deiner Bank." Als Kind war ich musikalisch und sportlich sehr begabt. Eines Tages kam ich mit einer Trophäe nach Hause. Meine Mutter sagte nur dazu, „wo soll ich den Scheiß denn hinstellen?" Ich habe nie mehr wieder Musik gemacht und Sport getrieben. So verletzt war ich. Null Anerkennung. Totale Gleichgültigkeit. Was habe ich meinen Eltern angetan? Warum bin ich ihnen so unwichtig?..."

Ein Siebzehnjähriger meint:

„…Meine Mutter zeigt nicht wirklich dass sie sich für mich freut. Mein Vater freut sich auch nicht so richtig, aber wenn ich ihm z.B. erzähle, dass ich eine gute Note habe, sagt er z.B. „echt!" und lächelt dabei.

Bei meinen Eltern habe ich das Gefühl, dass ich ihnen egal bin, besonders bei meiner Mutter. Meine Freundin hat mal zu mir gesagt, dass mein Vater zu ihr gesagt hätte, meine Mutter mag mich nicht besonders, weil ich meinem Vater so ähnlich bin. Wissen Sie, Herr Dantse, ich hasse diese Gleichgültigkeit. Mir wäre lieber, sie würden mich töten, mir wehtun, als mich ständig zu ignorieren. Ich muss mich einfach verletzen, um etwas zu fühlen, sonst habe ich das Gefühl, dass ich nicht lebe. Die Gleichgültigkeit meiner Eltern ist das schlimmste für mich und das geht so seitdem ich ein Kind war..."

Was diese Menschen, die einmal Kinder waren, erzählen zeigt deutlich, wie schlimm Gleichgültigkeit ist, und was sie in Kindern zerstört. Die Gleichgültigkeit macht die Kinder unsicher. Sie haben ständig Angst, leben mit Schuldgefühlen. Das zerstört ihr Vertrauen und Selbstwertgefühl.

Falscher Erziehungsstil der Eltern

Überbehütung, Überbemutterung, Vernachlässigung, Verwechslung von Liebe und Sentimentalität

Die Überbehütung von Kindern schadet Kindern, Eltern und der Gesellschaft.

Eltern, die sich überfürsorglich verhalten, schaden ihrem Kind, obwohl sie das Gegenteil wollen.

Überbehütung und Vernachlässigung schaden den Kindern und machen sie auch als Erwachsene unselbständig. Außerdem können sie schwer Selbstvertrauen entwickeln.

Wir Eltern wollen nur das Beste für unsere Kinder und dafür geben wir uns sehr viele Mühe, aber warum sind dann so viele Kinder trotzdem in ihrem Verhalten gestört bzw. auffällig? Es liegt meiner Meinung nach auch an der Überbehütung der Kinder.

Beim Volk die Bamileké in Kamerun sagt ein Sprichwort:

„Zu viel des Guten schadet dem Guten."

Allgemein kann alles, was zu viel ist, auch wenn es gut ist, am Ende doch schaden.

Wir trauen unseren Kindern zu wenig zu.

Kinder müssen Fehler und negative Erfahrungen machen dürfen. Nur aus eigenen Erfahrungen, können Kinder Selbstvertrauen aufbauen. Niemals nur aus den Erfahrungen der Eltern.

Wir Eltern sind zu viel vorsorglich geworden. Wir passen auf alles auf, wollen unseren Kindern alles ermöglichen und sie verwöhnen.

Wir wollen die Zukunft unserer Kinder fest im Griff haben. Wir sind halt modern. DIE MODERNEN KOMPETENTEN MITTELSCHICHTSELTERN, die alles können und alles erreichen wollen.

Aus Liebe möchten wir bis in die Details alles wissen, was die Kinder machen, mit wem sie in der Schulpause ein Wort gewechselt, mit wem sie gelacht, gestritten, gespielt haben.

Die Freunde unserer Kindern werden unsere Freunde, um die Freundschaft noch zu vertiefen und noch mehr Kontrolle über das Kind zu bekommen – selbstverständlich „aus Liebe für und Interesse am Kind".

Wenn die Eltern ihrer Freunde uns nicht passen, reden wir mit unseren Kindern so, dass sie die Freundschaft nicht fortführen. Wir informieren uns genauestens über alle Menschen, die mit unseren Kindern zu tun haben. Alle Schul- und Sportaufführungen und alle Freizeitaktivitäten unserer Kinder laufen nur über uns. Es ist doch klar, dass wir da mitmachen müssen. Eltern die das nicht tun, werden als unmodern, asozial, mit niedrigem Niveau abgestempelt. Wir haben Mitleid mit ihnen und ihren Kindern und manchmal bieten wir uns sogar an, um ihnen zu zeigen, wie man Kindern die Aufmerksamkeit gibt, die sie brauchen.

Wir geben unseren Kindern mehr Wichtigkeit als sie eigentlich brauchen und nötig haben. Bei kleinsten Schwierigkeiten sind wir schon da, intervenieren sofort und lassen nicht zu, dass das Kind alleine versucht, selbstständig die Schwierigkeiten zu beseitigen oder gar erst einmal richtig zu erkennen. Alles dreht sich um das Kind. Das ganze Programm geht um das Kind. Was wir essen, trinken, reden, bestimmen nun die Kinder.

Das Wort „Schatz" ist, wenn wir mit unsere Kinder reden, ständig in unserem Mund. Fällt das Kind zum Beispiel bei einem Fußballspiel auf den Boden, rennen wir sofort auf das Spielfeld: *„Oje, mein Schatz, war so schlimm, ja, es hat wehgetan, gell? Ja komm, Liebling, ja, es ist so schlimm"* und wir drücken es fest in die Arme ohne zu wissen, dass wir dabei sind etwas zu zerquetschen. Wir überbewerten den Wert des Kindes und nehmen so einen großen Einfluss auf die Persönlichkeit der Kinder.

Wollen wir etwas machen und die Kinder sagen nein, dann geht es nicht. Kommt eine gute Sendung im Fernsehen, die wir unbedingt schauen möchten, wird das Gerät aber abgeschaltet, weil die Kinder dabei sind, obwohl diese gerade ihre Programme genossen haben.

Die Wünsche der Kinder sind fast Befehle. Die Kinder entscheiden über ihre Freizeitaktivitäten und wir Eltern müssen uns jammernd zur Verfügung stellen. Wollen sie in der Woche zum Fußball, zum Basketball, zum Tanzunterricht, zur Musikstunde, usw. richten wir unsere Zeitplan danach, auch wenn es für uns zeitlich kaum zu schaffen ist. Aber wir müssen doch unseren Kindern alle Chance geben, vielleicht wird er morgen ein Messi, oder ein Michael Jackson, oder Michael Jordan oder ein Michael Schumacher? Ja, die anderen müssen sehen, wie sehr wir uns für die Zukunft unserer Kinder einsetzen. Dass wir dafür den Tag so angespannt planen, dass zu Hause kaum ein richtig entspanntes Familienleben (Beziehungszeit) möglich ist, das für das Kind noch viel wichtiger wäre, übersehen wir.

Kinder werden kapriziös und verlieren allen Respekt vor den Eltern und anderen Erwachsenen und vor sich selbst. Sie wollen etwas und zwar jetzt sofort auf der Stelle und sie bekommen es auch. *„Bloß nicht die Nachbarn und Freunden bzw. Eltern der Freunde unserer Kinder denken lassen, dass wir unseren Kinder etwas Materielles nicht kaufen können."*

Die Kinder wissen selbst nicht mehr, was sie wollen und was nicht, was gut für sie ist und was nicht. Wir sehen Kinder, die jeden Tag einen neuen Freizeitwunsch haben und sich kaum Zeit nehmen, sich auf irgendetwas zu konzentrieren und es dann auch zu können. Die Kinder haben keine Ausdauer, keine Geduld. Die Freundschaften werden auch gewechselt wie Unterhosen.

Wir lieben unsere Kinder zu sehr und verwechseln dabei Liebe mit Sentimentalität. Sentimentalität ist eine Schwäche, die schwach macht. Die Kinder werden fast nur gelobt, auch wenn sie das Lob nicht verdient haben. Manche Eltern betrachten ihre Kinder sogar als Freunde.

Konsequenzen: Die Kinder sind über fordert, stehen unter Konkurrenzdruck, haben Bindungsschwierigkeiten und -ängste, haben keine gefestigte innere Stabilität, sind ständig unzufrieden, neidisch, eifersüchtig, sind mental labil, haben

Schwierigkeiten sich alleine durchzusetzen, sind unselbständig, kleben an den Eltern, manche schaffen es hart, aber
nicht stark zu sein, sie sind psychisch instabiler als andere
Kinder, sie rasten von jetzt auf gleich völlig aus, sie sind
unruhig, manche werden gewalttätig, sie schaffen es nicht
richtig, sich von den Eltern zu befreien und das verhindert
ihre totale Entfaltung, sie können Problem mit dem Selbstvertrauen haben und bei ersten Schwierigkeit fühlen sie
sich überfordert, besonders , wenn die Eltern dann nicht an
ihrer Seiten stehen. Die Kinder schätzen das Besondere
nicht mehr, weil es das Besondere jeden Tag gibt, das führt
wiederum zu schnellerer Frustration.

Damit ist gezeigt, wie wir mit unserer Liebe unseren Kinder
Schaden zugefügt haben, obwohl wir nur etwas Gutes tun
wollten. Egal, ob wir es wollten oder nicht, erschaffen wir
ein Verhältnis der Bedürftigkeit. Das Verhältnis kippt dann
um. Unbewusst kämpfen wir immer stärker für uns, als für
die Kinder. Wenn die Kinder gut in der Schule sind, dann
sind wir gute Eltern. Wenn die Kinder nur gute Noten haben, dann sind wir intelligent, wenn die Kinder gut im
Sport sind, dann sind wir tolle, sportliche Eltern, wenn die
Kinder nur Markenkleidung tragen, dann sehen die Leuten,
dass wir es finanziell gut haben, wenn die Kinder Probleme
haben und wir sie sofort lösen, dann erkennt das Kind, wie
wichtig wir sind, wie liebevoll und gutmütig. Wenn es aber
anders ist, dann sind wir gescheitert. Die Kinder dienen uns
als Zweck, damit wir uns gut fühlen. Wir brauchen die
Energie unserer Kinder, um selbst glücklich zu sein.

> **Wir werden – ohne es zu wollen oder beabsichtigt zu haben – Energievampire. Das ist ein Fall von Energievampirismus, obwohl wir etwas „Gutes" tun wollten.**

Wir sind nun bedürftig und die Kinder werden unsere Bedürfniserfüller.

Wir ziehen durch unser Verhalten die Energie der Kinder ab, ohne dass es ihnen bewusst wird. Sie glauben immer noch, dass sie eine tolle Kindheit hatten und wir Eltern sind dann erstaunt, wenn die Kinder irgendwann bei einem Psychologen landen. Es war doch klar. Diese Energie, die wir ihnen geraubt haben, um uns als tolle Eltern darzustellen, fehlt ihnen irgendwo. Sie haben für sich selbst keine Energie mehr und „fallen um".

Viele sehr behütete Kinder werden in ihrem Leben immer externe Hilfe suchen, um ihre Mitte zu finden. Sie sind auch mental sehr fragil und sind anfällig für psychische Problemen.

Während meiner *„Ausbildung"* als Papa und Mama für meine Geschwister, als ich ca.15 war, sagten meine Eltern mir oft, wenn wir alles daran setzen, dass die Kinder erfolgreich sind, um uns als kompetent, toll, wunderbar, zu sehen und zu feiern, schaden wir der Seele dieser Kinder, sogar mehr, als die Seelen der Kinder beschädigt werden, die man auf der Straße gelassen hat, die sogenannten vernachlässigten Kinder.

Die Überbehütung und das Fokussieren darauf, dass die Kinder keine Fehler machen, sich nicht wehtun, der unbedingte Wille, die Kinder zu schützen, beim ersten Hilfeaufruf schon diverse Hilfe anzubieten, ist fast immer nur eine narzisstische Liebe; es ist Egoismus. Es bringt am Ende nur diejenigen etwas, die überbehüten und nicht denen, die überbehütet werden. Diese Eltern brauchen die Rückmeldung der Kinder (du willst mir nur Gutes tun, du tust mir Gutes, du bist mir sehr wichtig, ohne dich bin ich verloren, ihr seid gute Eltern, usw.), um selbst leben zu können. Es sind oft Eltern, die selbst voller Unsicherheiten und Ängste sind und so, ohne es zu wissen, die Energie der Kinder rauben.

Hierzu habe ich auch ein Beispiel einer Klientin (38), die ich lange betreut habe. Sie schrieb:

„Als Kind war ich meiner Mutter die allerbeste Freundin, Seelsorgerin, Krankenschwester. Ich hatte eine sehr behütete Kindheit und wurde stets gefördert. Ich habe viel, fast alles, bekommen, aber im Gegenzug erwartete man von mir schulische Leistung und Anpassung. Meine Eltern haben viel mit mir zu Hause für die Schule geübt. Wenn ich eine 3 schrieb, war zu Hause Weltuntergangsstimmung. Meine Mutter war sehr fürsorglich. Sie kaufte immer etwas, wenn sie meinte, ich könnte es gebrauchen. Auch bringt sie heute noch aus Urlauben immer viel für mich mit. Meine Mutter ruft fast jeden Tag an. Als ich mit meinem Mann und Kind im Urlaub war, schenkte sie mir noch drei weitere Tage auf der Insel und ich das musste annehmen, um sie nicht zu ent-

täuschen. Ich habe mit 14 meine Tage bekommen. Meine Mutter hatte mich darauf vorbereitet; allerdings war es ein komisches Gefühl. Zu diesem Zeitpunkt schlief ich noch ab und zu nachts liebend gern neben meiner Mutter im Ehebett, z.B. wenn ich eine gute Note erhalten hatte. In diesem Fall musste mein Vater dann in mein Kinderzimmer ausweichen, damit ich Mama knutschen durfte. Meine Mutter war sehr fürsorglich, sie erfüllte mir fast jeden Wunsch…"

Dieser Frau geht heute sehr schlecht. Sie kann kaum eine Beziehung führen, ihre Mutter hat bis heute Macht über sie und entscheidet mit, wie ihre Liebesbeziehung sein sollte. Sie ist depressiv, aggressiv, benimmt sich mit 38 noch wie ein kleines Mädchen, hängt total an ihrem Mann, der sie misshandelt. Sie schafft es nicht, auch nur die kleinste Sache selber zu machen. Sie ist schnell überfordert, egoistisch. Sie erwartet alles von anderen und von ihrem Mann und selbst gibt sie nichts. Sie erwartet, dass ihr Mann sie behandelt wie ihre Mama sie behandelt, wie ein kleines Mädchen. Sie ist psychisch instabil, hat Zwänge, ist kontrollsüchtig, extrem eifersüchtig und sehr kindisch. Und ihre Mama nervt sie jetzt, da sie den Eindruck hat, dass sie ihre Energie raubt, um ihre einsames Leben durchzustehen. Sie schreibt

„Ich werfe ihr vor, mich energetisch missbraucht zu haben. Ich werfe ihr vor, dass sie sich selber nicht in Frage stellt. Sie meint ich hätte alles ihr zu verdanken, sie hätte immer Recht und sie macht ihrer Meinung nach alles richtig. Sie verletzt mich immer wieder mit Worten und drückt mir ihre Meinung auf, auch wenn ich sie nicht danach frage. Heute ist sie für mich eine personifizierte Hassliebe, weil ich ihre Vorzüge kenne aber ihre negative Seite schwer tolerieren kann. Aber ich brauche sie sehr. Wie sie

selbst sagt, was kann ich ohne sie? Ich weiß heute, dass ich meine Kinder nicht so behüten werde. Es macht abhängig. Es macht süchtig, du geht's darunter kaputt, aber du kannst dich emotional nicht mehr trennen. Das ist schlimm für mich, heute zu sehen, dass es keine selbstlose Liebe war. Sie brauchte diesen Erziehungsstil für sie selbst…"

Kinder, die übertrieben verwöhnt werden, kennen kein Mitgefühl. Wenn sie groß sind, erwarten sie, dass sich alles immer um sie dreht und dadurch werden sie sozial unfähig.

Dass Vernachlässigung ein großes Hindernis für die Kinder darstellt, um glücklich zu werden, ist bekannt und mehr brauche ich darüber nicht zu schreiben. Vernachlässigte Kinder entwickeln sehr schnell Komplexe, seien es Minderwertigkeitskomplexe oder übertriebene Überlegenheitskomplexe. Diese Kinder haben Schwierigkeiten, Kontakt mit anderen zu knüpfen, sie können auch gewalttätig sein.

Dass überbehütete Kinder die gleiche Verhaltensauffälligkeiten zeigen wie vernachlässigte Kinder, wird sicher viele erstaunen, aber das ist eine Tatsache. In der afrikanischer Kultur sagt man sogar, dass ein vernachlässigtes, verwahrloses Kind mehr Chancen hat, irgendwann im Leben glücklich zu sein, als ein übertrieben verwöhntes Kind.

Wichtig ist allerdings: das Bemühen um das Wohl der Kinder ist nicht mit Überbehütung gleichzusetzen. Es kommt auf das richtige Maß an!

Burnout und Depressionen-Fördernde Einstellungen, entstanden durch Erziehungsfehler – Depression kann ihre Ursache in der Kindheit haben

Anfälligkeit für Burn-out, Depression und psychische Krisen im Erwachsenenalter finden ihren Ursprung oft in der Kindheit; dort vermasseln Eltern die Zukunft der Kinder.

Mein Vater sagte uns (Kindern) immer, dass die Eltern aufpassen sollten, die Kinder nicht so zu erziehen, dass sie als Erwachsene krank werden. Er meinte, viele Menschen, die antrieblos sind, sich ständig mit negativen Gedanken beschäftigen, sich nicht konzentrieren können, die ständig unter psychosomatischen Krankheiten leiden, sind oft unschuldig daran. Vielmehr, sagte er, finden sich die Ursachen dieser Leiden oft in der Kindheit, in der falschen Erziehung der Eltern.

Heute ist wissenschaftlich beweisen, dass Erziehungsfehler, eine schlechte Kindheit, Grundsteine einer depressiven Erkrankung sein können. Das bedeutete, dass viele Menschen, die unter Depressionen leiden, eine gestörte Kindheit gehabt haben könnten. Diese Erziehungsfehler schleppen die Kinder also jahrelang mit sich herum, und wenn die Krankheit ausbricht, denkt niemand mehr dran, dass die Ursache weit in der Kindheit liegen könnte.

Ich habe viele Menschen, die unter depressiven Verstimmungen leiden, gecoacht. Ich habe mit vielen Menschen, die Depressionen haben, gesprochen. Ich habe bei einem großen Teil bemerkt, dass sie ähnlich über ihre Kindheit redeten. Es kamen immer öfter die gleichen Erziehungsfehler zur Sprache.

Erziehungsfehler sind zum Beispiel:

- Gewalt in der Familie, Gewalt gegen Kinder, Gewalt unter den Eltern.
- Gefühl der Ablehnung durch die Eltern, dadurch kämpfen die Kinder noch mehr, um die Akzeptanz der Eltern zu bekommen und deswegen tun fast alles, was die Eltern erwarten.
- Liebesentzug, bzw. Bestrafung der Kinder durch Liebesentzug. Eine Konsequenz davon ist mangelnde Selbstliebe der Kinder.
- Konditionierte Liebe, (Liebe, die an irgendetwas geknüpft ist, zum Beispiel Eltern die dem Kind zu verstehen geben, dass es nur geliebt wird, wenn es lieb und brav ist, wenn es nicht schreit, wenn es gute Note hat, ruhig ist, oder immer das tut, was Eltern wollen, usw.). Das Kind, um den Eltern zu gefallen, um geliebt zu werden, passt sich an und frisst alles in sich hinein. Irgendwann kommt alles wieder heraus und kann dann Depressionen verursachen.
- Falsch vermitteltes Selbstwertgefühl. Die Kinder schämen sich und fühlen sich gegenüber anderen Kindern minderwertig (hässlicher, ärmer usw.).
- Falsche vermittelte Werte
- Den Kindern ständig Schuldgefühle vermitteln.
- Kinder nie loben und ihnen kaum Anerkennung schenken.

- Den Kindern nicht die Möglichkeit geben, sich frei auszudrücken, auch mal nein sagen zu dürfen.
- Wünsche der Kinder ignorieren.
- Ständige Erniedrigung der Kinder, dies führt dazu, dass sie Kinder kaum Selbstvertrauen entwickeln, und unselbstbestimmt bleiben.
- Die Kinder werden isoliert. Kinder haben wenige oder kaum Freunde, oder sie dürfen Freunde nicht mit zu sich nach Hause bringen und sind deswegen meist nur bei anderen Kindern.
- Negative und falsche Glaubenssätze in der Kindheit, die dazu führen, dass die Kinder gegenüber sich und der Umwelt eine negative Einstellung entwickeln.

Antiautoritärer und autoritärer Stil, unverhältnismäßige Bestrafung, weitere Energieraubquellen

Inwiefern schaden wir mit unserer strickten antiautoritären oder autoritären Erziehung unseren Kindern?

Du musst autoritär sein, um antiautoritär zu werden.

Mein verstorbener Vater sagte mir „Wie kann ein Vater seine Kinder lieben und autoritär sein? Wie kann ein Vater seine Kinder lieben und antiautoritär sein? Man sollte nicht mit den Kindern experimentieren, man sollte die Kinder einfach erziehen."

In dem Wort ERZIEHEN allein steckt alles, was wir Eltern tun sollten, nämlich einfach die Kinder erziehen. Das bedeutet, den Geist und den Charakter der Kindern bilden und fördern, damit sie sich gut entwickeln und sich sozial integrieren, um glücklich leben zu können.

Ich glaube, dass das Problem in der Begrifflichkeit liegt. Die Worte autoritär und antiautoritär selbst klingen für mich zu dogmatisch.

Tatsache ist, mit beiden Erziehungsstilen können wir bei unseren Kindern viel falsch machen.

Klar ist, eine Erziehung, bei der Kinder keine Regeln, keine Grenzen, keine Distanz, keine „Angst" kennen, führt zur Erziehung von kleinen Monstern.

Oft sind solche Kinder respektlos, gewalttätig, verletzend und schlagen schnell und öfter zu, sie sind schnell überfordert, haben oft psychosomatische Beschwerden, wie Migräne, Kopfschmerzen, Bauchschmerzen, Muskel- und Nervenverspannungen, Müdigkeit, Antrieblosigkeit , Minderwertigkeitskomplexe.

Zu glauben, dass man den **Kindern Respekt mit Streicheleinheiten** beibringen kann, ist ein Traum. Nirgendwo in der Natur – und wir sind auch Natur – finden solche Erziehungsformen statt. Antiautoritäre Erziehung ist eine Erfindung der modernen neuen Mittelschichtsmentalität, die nach über 30 Jahren nun ihre Grenzen gezeigt bekommt. Studien belegen, dass Menschen, die nach 1970 geboren sind, psychisch instabiler sind und immer weniger schaffen.

Es wurde festgestellt, dass es, seitdem diese Form der Erziehung in der Gesellschaft stark beworben wird, mehr sogenannte „unerzogene Kinder" gibt, und dass immer mehr Kinder unglücklicher werden, als in den Generationen davor, wo harte Autorität noch gang und gäbe war. Das sind zwar nur Indizien, aber sie sind deutlich genug. Es wird einfach eine zunehmende Frustration, Unzufriedenheit und Aggressivität der Kinder registriert.

Die Kinder, die seit den 70er Jahren geboren wurden, sind auffälliger als die Kinder davor, hatte ich schon einmal gelesen. Meine Beobachtungen bei meinen Klienten und meinen Fragenkatalogen zeigen auch diese Tendenz. Diese Kinder sind körperlich und vor allem seelisch und mental instabiler, sie neigen mehr zu Drogen-, Schlafmittel-, oder Tablettenmissbrauch, viele dieser Kinder , die heute erwachsen sind, haben bereits eine Psychotherapie hinter sich, viele akzeptieren sich nicht, kennen weniger Moral, da es bei der antiautoritären Erziehung vielen Eltern darum ging, das Gegenteil zu tun, das heißt gegen die Moral, gegen Gott, gegen den Glauben zu handeln.

Diese Kinder sind schnell belastet. Ich nenne diese Kinder „Hormonkinder", d.h. Kinder, die wenig können und wenig aushalten, ähnlich wie die Tiere, die in der konventionellen Landwirtschaft mit Hormonen vollgepumpt werden und dadurch schwach werden und keine eigenen Widerstandskräfte entwickeln können.

Man hat ihnen gesagt, du kannst alles schaffen, du bist der Meister deines Lebens, aber die Realität zeigt ihnen, dass es leider nicht so ist und sie stürzen deswegen schnell in Frustrationen und Depressionen, wenn sie merken, dass sie doch alles nicht können und nicht alles dürfen.

> **Eine gesunde Kindererziehung, die die Kinder zu Freiheit und Selbstbestimmheit erzieht, hat nichts mit antiautoritärer Erziehung zu tun!**

Eine strikt antiautoritäre Erziehung stellt sich im Grunde gegen die Natur und gegen die Realität der Gesellschaft.

Die Natur hat ihre Gesetze, wie die Gesellschaft auch. Diese sind wichtig, damit wir miteinander gut auskommen können und die Welt noch Millionen von Jahren erhalten bleibt.

In der Natur und in der Gesellschaft ist es nicht möglich, alles das zu tun, worauf man Lust hat, ohne auf etwas aufzupassen. Nur mit Rücksicht und Respekt ist eine demokratische Gesellschaft mit Freiheit möglich.

Wenn wir einfach glauben, dass wir alles dürfen und zum Beispiel alles um uns zerstören, die Natur zerstören, dann zerstören wir unsere Existenz selbst.

Deswegen haben wir Menschen bestimmte gesellschaftliche Normen entwickelt, damit die Freiheit des Einen nicht die des Anderen plattmacht. Wir haben zum Beispiel die Polizei und Gerichte, die beide Autoritätsinstanzen sind, die uns auch durch „Androhung" von Konsequenzen dazu bringen, uns zu „benehmen" und keinen Blödsinn zu machen.

Solche Instanzen mit ganz konkreten Benimm-Regeln finden wir fast überall um uns, sei es in der Schule mit Lehrern, in Sportvereinen mit Trainern, in Firmen mit Chefs und Arbeitgebern, in Restaurants, in Flugzeugen, usw.

Dies die Realität und nicht meine Erfindung oder Einbildung.

Fallschirmkinder

Wenn wir dann unsere Kinder in unseren eigenen vier Wänden strikt antiautoritär erziehen, müssen wir uns die Frage stellen, wo werden sie so eine Gesellschaft finden, in der sie so leben können? Um wirklich einig mit sich selbst zu sein, müssten wir in diesem Fall auch unsere Welt und unsere Mitmenschen ändern oder sie neu erschaffen.

Ich nenne sie Fallschirmkinder. Die Kinder werden einfach frei in die Welt hinaus geworfen und wir vergessen, dass sie wieder auf dem Boden ankommen werden. Der Boden ist aber fester als die bodenlose Luft.

Die Kinder wachsen in einer utopischen „Realität" auf und wenn sie ihre Füße vor der Tür stellen, werden sie von der Wirklichkeit der autoritären Weltordnung empfangen.

Sie finden da draußen, nicht die propagierte, antiautoritäre freie Welt. Was entsteht in den Kindern? Wut, Aggression, Gewalt, Komplexe, Verwirrung, Ängste, Sorge, Unsicherheit, Unverständnis. Sie spüren die Ablehnung und sind verwirrt. Wir können uns dann vorstellen welche Folge das für die Seele der Kinder hat. So haben wir Eltern unseren Kindern die Energie geraubt, um unsere Fantasie auszuleben: Die Kinder werden dadurch schwächer, aber wir nicht, im Gegenteil, wir nutzen diese Schwäche noch, um uns als bessere Menschen zu zeigen. Wir erzählen überall, wie die Kinder von heute nichts mehr zustande bringen und das gibt uns eine moralische Stärke. Wir fühlen uns gegenüber diesen Versagern als etwas Besonderes. Wir sind stolz, wenn unsere Kinder uns brauchen, wenn sie etwas nicht mehr schaffen können. Sie verlieren die Lebensenergie, die wir absorbieren. Das ist **ENERGIEVAMPIRISMUS** und es ist egal, ob wir das absichtlich machen oder nicht, gewollt haben oder nicht.

Wie ich oben geschrieben habe, die Begrifflichkeiten machen uns zu schaffen und führen zu diesem Krieg zwischen den Befürwortern und Gegnern der einen oder anderen Form von Erziehung und führen uns in die Irre.

„Autoritär" ist aus dem französischen Wort taire" entlehnt. Das Wort hat mehrere Bedeutungen.

Leider ist die negative Bedeutung - diktatorisch, undemokratisch, freiheitsraubend, sklavischen Gehorsam fordernd, Hierarchie ohne Widerspruch – die einzige, die wir mitbekommen haben. Deswegen wollten wir diesen Zustand mit dem Gegenteil bekämpfen und dazu passte das griechische Wort „anti" sehr gut. Aber dadurch hat man nur die ebenso radikale Form des Gegen(Anti)-Autoritären geschaffen und umgesetzt. Meiner Meinung nach machten wir damit einen Fehler. Wir vermischten dabei die Wörter „Autorität" und „autoritär".

Die Kinder brauche eine Autorität, die Erziehung muss dabei aber nicht totalitär sein. Die Hierarchie ist zwangsweise

Bestandteil der Erziehung. Sie muss nur nicht ohne Widerspruch sein.

Eine Erziehung ohne die Ausübung dieser Machtfunktion, dieser Autorität, würden heißen, dass ein Kind entscheiden könnte, aus dem Fenster zu springen, und wir würden sagen, ja mach es einfach, tue das was du willst. Nach der Logik der antiautoritären Erziehung müsste man mit dem Fünfjährigen auf gleicher Augenhöhe reden und mit Diplomatie versuchen zu erreichen, dass er nicht springt. Wäre er nicht zu überzeugen, würde wir ihn springen lassen, weil das Kind selbst entscheiden darf und muss. Nein, ich kennen keine Eltern die nicht bestimmen und ohne weitere Diskussion ihr Kind vor dem Absprung retten würden, ob es das nun will oder nicht. Das bedeutet, sie würden gegen den Willen des Kindes handeln. Weil wir diese Schutzfunktion ausüben und die Verantwortung für das Wohlergehen unserer Kinder haben, steht uns in bestimmten Fällen diese Macht ohne Widerspruch zu. Wir werden da **autoritär**.

Würde das Prinzip der Antiautorität wirklich konsequent angewendet werden, gäbe es kaum Erziehungsarbeit mehr und es wäre nicht mehr möglich, den Kindern Regeln, Gesetze, Werte usw. beizubringen. Elemente, die wichtig sind, damit ihr Geist sich entwickelt und ihre Eingliederung in die Gesellschaft möglich ist. Dies geht nur, wenn Kinder lernen mit Verboten, Grenzen, Distanz, umzugehen.

Viele Menschen, die ich betreut habe, die in einer so genannten antiautoritären Familie gelebt haben, bedauern, dass sie viele Chancen verpasst haben. Ich kenne viele, die sagen *„Doch heute glaube ich, es hätte mich gefreut, wenn meine*

Mutter oder mein Vater mich mit ein bisschen Nachdruck dazu gebracht hätten, mehr Gitarre zu üben, mehr Mathe zu machen." Ein Mann sagte *„Ich hatte echt Talent beim Tanzen, aber war faul und meine Eltern haben es so hingenommen ohne wenigstens zu versuchen mich zu überzeugen. Heute bin ich sauer."*

Eine Frau kam mit ihrer Mutter für eine Beratung zu mir. Sie sagte *„Ich musste schon sehr früh allein entschieden und tun, was ich wollte, wann ich wollte. Aber ich war öfter damit überfordert, immer entscheiden zu müssen. Es fehlte mir die Grundlagen: die Erfahrung und das Wissen. Heute sage ich, dass ich mir gewünscht hätte, dass meine Eltern mehr Autorität und Aufmerksamkeit gezeigt hätte."* Ich kenne viele, die genau wegen diesen verpassten Chancen und der Überforderung, entschieden haben, ihre eigenen Kinder mehr zu fordern und nicht bei erstem Nein alles zu akzeptieren.

Erstaunlicherweise brauchen heute fast alle Menschen, die ich kenne, die in einer strikt antiautoritären, laschen Familie gelebt haben, fremde Hilfe. Viele waren oder sind schon mehrere Jahre in Therapie. Viele von ihnen beschäftigen sich intensiv mit Esoterik und allen Lehren, die mit der Seele und dem Unfassbaren zu tun haben. Es fehlt ihnen der Glaube und sie suchen etwas, das ihnen Halt geben kann, genau das, was ihre Erziehung ihnen weggenommen hat.

Eine erwachsene Frau, 32, sagte mir

„Ich bin leider total lasch erzogen worden. Habe schon sehr früh, ich war vielleicht 11, das volle Vertrauen meiner Eltern gehabt und durfte tun, was ich wollte, wie ich es wollte, ganz selbstständig. Ich hatte mit meinen Eltern, sagen wir eher mit meiner Mutter, mehr ein freundschaftliches Verhältnis als ein Verhältnis der

Hierarchie. Mein Vater brachte das Geld nach Hause, sonst hatte er kaum einen Einfluss auf mich, so dass wir auch nicht so ein Vater-Tochter Verhältnis hatten. Ich durfte meine Entscheidungen alleine treffen und alles ausprobieren, wie ich wollte, ohne Verbote. Wenn ich in der Schule das Fach A nicht machen wollte, habe ich es auch nicht gemacht. Und meine Eltern haben es akzeptiert. Mit 13, 14 durfte ich rauchen, ausgehen bis frühmorgens, im Elternhaus mit Männern schlafen, usw., und meine Mutter sagte nichts dazu – nach dem Motto, ich vertraue dir, du wirst schon wissen, was du tust. Und nun mit 32 stehe ich da und habe den Eindruck, dass alles verkehrt gelaufen ist, so sehr hänge ich emotional und finanziell von meinen Eltern ab. Die lasche Haltung meiner Eltern und die zu frühe Selbstverantwortung haben dazu geführt, dass ich in der Kindheit unabhängig von meinen Eltern war und nun als Erwachsene das Gefühl habe, ohne sie nichts zu können. Ja, ich werde beneidet um mein tolles Verhältnis zu meiner Mutter, aber den Umgang mit mir selbst bedauere ich sehr. Das macht mich traurig. **Eine gelungene Erziehung ist doch so, dass man vom Kind zum Erwachsen erzogen wird und nicht vom Erwachsenen zum Kind, oder?** Was ich toll gefunden habe als Kind, ist im Nachhinein ein Fehler gewesen. Es half und hilft nur meinen Eltern, die nun in ihrem Alter wieder ein Kind bekommen haben, mit dem sie sich beschäftigen können und an ihm zeigen können, wie toll, fürsorglich und was für gute Menschen sie sind. Die lasche Erziehung, ohne Verbote und mit voller Selbständigkeit als Kind machte mich mehr kaputt, als dass sie mir half. Ich werfe meinen Eltern nichts vor, aber ich hätte es mir doch anders gewünscht. Ich habe schon zahlreiche Therapien hinter mir, um meine Minderwertigkeitskomplexe, meine Ängste, meine Unsicherheiten, mein geringes Selbstvertrauen und meine mangelnde Selbstliebe zu besiegen.

Alles ohne Erfolg. Erst als du mir sagtest, dass ich es ohne meine Eltern, bzw. ohne eine vollgezogene Abnabelung nicht schaffen werde, ist mir alles klar geworden, wie unfrei ich wirklich bin. Aber ich habe Angst, meine Eltern zu verlieren, wenn ich ihnen etwas vorwerfe. Nur daran zu denken, ohne meine Mutter zu sein. Ohne meine Mutter in meiner Nähe, kriege ich eine Krise. So abhängig bin ich geworden. Dazu stelle ich fest, dass ich ein schlechtes Gewissen bekomme, wenn ich in meine Kindheit schauen möchte. Sie waren immer so gut zu mir, wollten immer nur das Beste für mich, haben es immer gut gemeint. Sie sind so tolle Eltern und es tut doch so weh zu wissen, dass diese tollen Eltern mein Problem sind"

In diesem Fall sehen wir wieder den Austausch von Energie: die Tochter, die immer schwächer wird und ihre Eltern braucht und die Eltern, die immer stärker werden und ihre Tochter dazu brauchen. Die Eltern rauben hier unbewusst die Energie der Tochter. Sie sind verantwortlich, dass die Tochter immer unfähiger wird. Die Tochter kann es schwer ändern, weil sie abhängig ist und wegen der zu häufig erhaltenen Unterstützung von den Eltern auch ein schlechtes Gewissen hat. Die Eltern könnten diesen Kreis durchbrechen, aber sie werden es nicht tun, weil es ihnen guttut, weil sie dadurch gute, fürsorgliche, aufmerksame, hilfsbereite Eltern sind, die ständig von ihrer Tochter Lob, Dank und Anerkennung bekommen. So können sie ihr Versagen vertuschen. Je mehr Lob, Dank und Anerkennung sie von der Tochter bekommen, desto unzufriedener, unglücklicher und weniger selbstbewusst wird die Tochter. Deswegen meinte mein Vater, *„Wenn ich dich so erziehe, wie manche westliche Eltern ihre Kinder erziehen, wirst du niemals von mir* loskommen. Ich würde dir gegenüber gerade diese Macht sein, von der du dich in der Kindheit ablösen wolltest. Du würdest verlieren, mein Sohn."

Die lasche und antiautoritäre Erziehung ist am Ende kein selbstloser Erziehungsstil, wie es auf den ersten Blick aussieht. Es ist egal, ob Eltern dies wissen oder nicht. Wir sehen nur die Konsequenzen und das Ergebnis an den Kindern.

Die antiautoritäre Erziehung kann Kinder überfordern. Sie haben nicht die Zeit zu lernen und werden als Erwachsen instabil, ängstlich, nicht sehr selbstbewusst, zweifeln an sich und haben immer ein bisschen das Kindische in sich und hängen sehr an ihren Eltern.

Viele Muster, wie wir sind, übernehmen automatisch von unseren Eltern.

Sehr strikte **autoritäre Erziehung** kann die Zukunft der Kinder allerdings ebenfalls stark beinträchtigen.

Ich nehme mich selbst als Beispiel. Ich war sportlich sehr begabt und liebte es Fußball zu spielen. Meine prädestinierte Position war im Tor. Ich war mit nur sieben Jahren so gut, dass viele ältere Mannschaften mich aufsuchten, damit ich bei ihren Spielen aushalf.

Das gefiel meiner Mutter, die ziemlich autoritär war, nicht. Sie entschied alleine, ohne meinen Vater miteinzubeziehen, dass ich kein Fußball mehr spielen durfte, bzw. nicht mehr mit den Erwachsenen und so weit weg von zu Hause spielen durfte.

Da ich fast verrückt nach Fußball war, konnte ich mich nicht an ihr Verbot halten. Das nächste Mal, als ich vom Fußball kam, nahm sie den Ball und meine Fußballschuhe und zerschnitt sie mit einem Messer. Ich habe dann tatsächlich nicht mehr aktiv Fußball gespielt, aber ich brauchte Jahre, um die Schmerzen zu beseitigen. Auch 40 Jahre später denke ich noch immer daran, und erst vor drei Jahren haben wir wieder drüber gesprochen. Meine Mutter hat sich dafür entschuldigt und mir erzählt, sie hatte mir nur Gutes tun wollen, weil sie verhindern wollte, dass ich, Sohn einer elitären und einflussreichen Familie, mich mit den „unteren Klassen" mische. Ich bin 100% sicher, dass sie meinem Erfolg durch diese harte Autorität geschadet hat.

An diesem Beispiel aus meiner eigenen Geschichte sieht man, wie die autoritäre Erziehung und die ungefilterte Macht der Eltern Schaden anrichten können.

Allgemein würde ich sagen, dass Kinder lernen müssen, mit Verboten umzugehen und Kritik zu verarbeiten, ohne dass dies zu einem Problem wird. Ohne dass sie in Depression verfallen.

Lob, Belohnung und Sanktionen gehören zusammen, wenn wir ausgeglichene Kinder erziehen wollen Du musst autoritär sein, um antiautoritär zu werden.

Die meisten Eltern, die eine reine antiautoritäre und „laissez-faire" Erziehung praktiziert haben, bedauern es später oft. Sie sehen, wie ihre Kinder sich ihnen gegenüber unverschämt verhalten, manche werden sogar handgreiflich, beschimpfen sie, usw. Sie bedauern es, wenn sie sehen, wie die Kinder Schwierigkeit haben, sich in die Gesellschaft zu integrieren und dadurch Ablehnung erfahren und unglücklich werden.

Grenzenlosigkeit, Distanzlosigkeit, Respektlosigkeit, Hierarchielosigkeit, lasche Erziehung ohne Verbote und Konsequenzen

Kinder kommen in unsere Welt ohne zu wissen, wie es hier ist. Sie sind deswegen nur an ihren Bedürfnissen interessiert. Sie wollen nur die Befriedigung dieser Bedürfnisse. Sie sind einfach auf sich konzentriert und wissen nicht, dass es andere Menschen gibt, die auch andere Bedürfnisse haben. Sie fühlen sich sicher und glücklich, wenn ihre Bedürfnisse erfüllt sind. Aber da man nicht nur nach seinen Bedürfnissen leben kann, ist es unsere Aufgabe, als Eltern dies mit Liebe, Sanftheit, aber Entschlossenheit, ohne Machtdemonstration, den Kindern beizubringen. Wir müssen schon sehr früh anfangen, Grenzen zu setzen. Grenzen innerhalb derer die die Kinder dann aber völlig frei entscheiden können und dürfen.

Es ist klar, dass Grenzen setzen harte Arbeit ist. Es verlangt Geduld, Erklärungen, Stärke, Präsenz, Verständnis, Mitmachen, Zeitaufgeben, Zeit nehmen, Hartnäckigkeit. Diese harte Arbeit ist der Hauptgrund, warum viele Eltern darauf verzichten, Kindern Grenze zu zeigen – womit sie den Kindern schaden. Kinder brauchen Richtungsgeber. Es gefällt Kindern, ihre Grenzen zu kennen. Unsere Kinder wollen, dass wir ihnen zeigen, wo es langgeht, um auch eine innere, seelische Stabilität zu spüren. Überbehütete und verwöhnte Kinder, die ohne Grenzen, ohne Distanz aufwachsen, werden es später im Leben schwerhaben, da dort draußen in der Welt Unmenge Grenzen (Regeln, Ordnungen, Gesetze, usw.) auf sie warten.

Schnelles Nachgeben in der Erziehung, nicht hartnäckig genug sein, Grenzenlosigkeit, Respektlosigkeit und Disziplinlosigkeit sind Tore für Unruhe, Unzufriedenheit, Unglücklichsein mit dem, was man hat und wer man ist.

Eine grenzenlose Erziehung führt dazu, dass Kinder sich auf ungesunde Art übermäßig stark fühlen. Sie haben Allmachtsfantasien und benehmen sich manchmal wie kleine Tyrannen. Und wer mit Kindern zu tun hat, weiß, wenn Kinder die Macht „erobert" haben, nutzen sie diese wirklich grenzenlos aus. Wenn dann eine Sache nicht nach ihrer Nase und nicht sofort läuft, reagieren sie vulkanartig. Sie verhalten sich wie kleine Desposten, egozentrisch, egoistisch, und sie haben Schwierigkeiten mit Frustration umzugehen. Kleinste schwierige Situationen bringen diese Kinder außer Kontrolle. Sie haben ständig Migräne, Bauchschmerzen und weitere psychosomatische Beschwerden. Der starke Wille, den sie haben, um sich gegen ihre Eltern durchzusetzen, fehlt ihnen, um tagtägliche Situationen außerhalb des Elternhauses zu meistern. Drogenmissbrauch, ausufernde Partys, übermäßiger Alkoholkonsum, Gewalt, exzessiver Sex sind weitere Konsequenzen neben den psychosomatischen Beschwerden.

Wenn wir unsere Kinder nicht dazu erziehen, dass sie uns Eltern respektieren, uns als Machtpersonen sehen, schaden wir dem Kind in seiner Wahrnehmung, wer es ist und was es kann. Viele verwechseln Angst mit Respekt. Ein bisschen Angst muss sein, die Angst zum Beispiel, die auch wir Erwachsenen haben, etwas Unwürdiges zu tun, weil wir bestraft werden könnten. Wir haben keine zitternde Angst vor dem Gericht, oder vor der Polizei. Aber eine gesunde Angst, dass die Polizei da ist, um für Ordnung zu sorgen, und diese wenn nötig mit Autorität durchzusetzen, bringt uns dazu, bestimmte unschöne Sache nicht zu tun – gleichzeitig fühlen wir uns durch ihre Präsenz und Macht in Sicherheit. Wir wissen, dass sie da ist, um zu schützen und gerade das nimmt uns die Angst und die Sorge und nicht das Gegenteil.

Grenzen setzen bringt Sicherheit und Grenzlosigkeit bringt Unsicherheit, Instabilität.

Erziehung ohne Klarheit verwirrt die Kinder

Kindererziehen in Frageform bringt Kindern keine Klarheit, aber Klarheit ist das, was Kinder brauchen. „Möchtest du jetzt Pause machen, oder willst du weiter Fifa 14 spielen?" Das Kind spielt seit drei Stunden, es reibt sich seit einer halben Stunde die Augen, schüttelt ständig seinen Kopf, alles Zeichen dafür, dass es ihm nicht mehr guttut. Anstatt dass wir sagen „Robert, jetzt reicht es für heute", fragen wir „Robert, willst du eine Pause machen, oder möchtest du weiterspielen?", „möchtest du schlafen, oder möchtest du noch wachbleiben?", „möchtest du jetzt deine

Hausaufgabe machen, oder willst du noch spielen?" – was glauben wir denn, was die meisten Kinder antworten werden? Ganz klar: weiterspielen und nicht gerade jetzt aufhören, wo sie eine Revanche wollen. Natürlich würden sie lieber wachbleiben, usw. Dass sie sich dadurch schaden können, erkennen sie in diesem Moment nicht. Eigentlich sind sie damit überfordert, ständig selbst entscheiden zu müssen. Sie fühlen sich orientierungslos, allein auf sich gestellt. Eine Konsequenz solcher Erziehung ist, dass wir damit das erreichen, was wir gerade nicht wollten. Die Kinder empfinden dieses Verhalten als Unentschlossenheit der Eltern. Und gerade, weil wir unentschlossen sind, werden die Kinder selbst unentschlossen. Es fehlen ihnen dann wichtige Elemente, die ihnen im Laufe ihrer Entwicklung helfen würden, ihren eigenen Standpunkt zu entwickeln. Sie verwechseln deswegen feste Standpunkte mit Sturheit und Bockigkeit.

Kinderziehung ohne Verbote führt dazu, dass die Kinder unfähig werden.

Kindererziehung kommt nicht ganz ohne Verbote aus.

Aber die Verbote müssen im Rahmen sein. Ständige und häufige Verbote führen dazu, dass die Kinder gerade das tun, was wir durch die Verbote verhindern wollten. Deswegen müssen Verbote gut dosiert werden und sollten nicht zu einer Machtdemonstration werden. Sonst werden die Kinder frustriert und reagieren dann aggressiv.

Lasche und inkonsequente Entscheidungen und Handlungen schaden den Kindern.

Inkonsequente Erziehungsmethoden können Kindern in ihrer Persönlichkeitsentwicklung schaden. Lasche und inkonsequente Handlungen führen dazu, dass die Kinder keine Grenze erkennen oder akzeptieren, dass die Kinder nicht lernen zu unterscheiden, was gut und was schlecht ist, dass die Kinder keine Manieren, keinen Respekt und keine Moral lernen, dass sie sich schwer in eine Gruppe und in die Gesellschaft integrieren können und man könnte noch vieles mehr aufzählen.

Mit dieser Art von Erziehung, bei der wir bei Entscheidungen und Handlungen nicht konsequent sind, erziehen wir gesellschaftlich unfähige Erwachsene. Ja, wir sind dabei kleine Tyrannen zu fabrizieren. Und die Tyrannei wird zuerst an uns Eltern ausprobiert.

Ich höre und sehe immer mehr Eltern, besonders Mütter, sich beklagen und jammern, dass sie nicht mehr wissen, was sie tun müssen, dass sie alles versucht haben und nichts hat etwas gebracht; die Kinder hören einfach nicht und tun nur, was sie wollen.

Lasche Erziehung gibt den Kindern eine Scheinmacht:

Mama, komm her!

Warum?

Ich will, dass du jetzt sofort kommst!

Warte, mein Schatz.

Maaama kooooooooomm!!! (das Kind schreit)

Die Mama rennt dahin, wo das Kind ist.

„Du musst aber nicht so schreien", sagt die Mama mit Kinderstimme.

„Ich will aber Wasser trinken!"

„Kannst du nicht bitte sagen?"

Das Kind fängt an zu schreien

Die Mama eilt herbei mit einem Glas Wasser, ohne dass das Kind Bitte gesagt oder aufgehört hätte zu schreien.

Ja, es ist gut doch. Du brauchst nicht so zu schreien

Warum bist du nicht sofort gekommen?!

Das Kind fühlt sich stark. Im ersten Moment scheint es nur Gewinner zu geben. Das Kind schreit nicht mehr, hat sein Wasser und die Mama ihre Ruhe. Die Nachwirkungen aber sind katastrophal für beide.

Die Mutter macht alles, was das Kind möchte und zeigt sich selbst dabei so machtlos. Das Kind registriert das genau und wird in Zukunft vermehrt weitermachen und sein Repertoire erweitern.

Viele Eltern sagen einfach Ja, weil sie ihre Ruhe haben wollen, oder aus Angst, die Zuneigung ihrer Kinder zu verlieren.

Kinder, die ohne Grenzen, ohne gesunde Verbote aufgewachsen sind, Kinder, die eine gesellschaftliche Hierarchie nicht kennen, werden im Leben eingeschränkt sein.

Kinder zur Krankheit und zum Krankwerden konditionieren: Ein Experiment über drei Jahren mit vier unterschiedlichen Familien mit klaren Ergebnissen

Ich bin der Meinung, dass Körperverletzung nicht immer nur eine aktive oder bewusste Handlung sein muss, damit sie so eingestuft wird. Manche Erziehungsstile, wie wir im Laufe dieses Buch lesen werden, sind der Körperverletzung absolut gleichzustellen. Es spielt keine Rolle, ob es bewusst oder unbewusst passiert, ob man es nur gut gemeint hat oder nicht, ob man es wusste oder nicht, ob man es aus Liebe, Mitgefühl, Fürsorge getan hat oder nicht. Tatsache ist einfach, dass manche Erziehungsstile dazu führen, dass Kinder seelisch und körperlich kaputtgehen. Wenn ich einen Unfall baue, bei dem zum Beispiel ein Mensch schwer verletzt wird, werde ich bestraft und zahle dafür. Aber ich bin doch nicht hinausgegangen, ins Auto gestiegen, um mit Absicht einen Unfall zu verursachen. Es war keine Absicht dahinter, trotzdem werde ich bestraft und muss die Konsequenzen meiner Handlung tragen. Es heißt immer, ich hätte aufpassen müssen. Warum gilt das nicht bei der Erziehung?

Die Sache mit dem Krankwerden verdeutlicht ganz gut, was ich sagen möchte und die Erfahrungen, die ich mit vier

Frauen, vier Müttern, gemacht habe sind ein Beispiele dafür, dass Eltern Kinder kranker oder gesünder machen können. Eltern können dazu beitragen, dass Kinder Krankheiten entwickeln und öfter krank werden, oder Krankheiten abwehren und selten bzw. wenig krank werden.

Kranksein und Krankwerden bzw. Krankheiten bekämpfen oder abwehren ist auch eine Einstellungssache. Viele Krankheiten fangen zuerst im Kopf an. Deswegen sind viele Medikamenten Scheinarzneien, die man gewöhnlich Placebo nennt. Manche Kinder und Erwachsene sagen „ich bin krank", und sind dann wirklich krank und manche sagen „ich werde gesund" und die Krankheit heilt schneller. Man bekämpft die Krankheit auch im Kopf. Mit dem starken Willen gesund zu werden und mit dem Glauben, dass man wieder gesund wird, bleiben viele Krankheiten nicht lange in uns. Die Einstellung zu Krankheiten, die wir Kindern in jungem Alter mitgeben, entscheidet, ob diese Kinder in Zukunft Krankheiten einladen werden und ständig krank sind, oder ob sie Krankheiten bekämpfen und abwehren und weniger krank sind.

Ich erzähle hier die Geschichte über das Experiment mit vier Müttern.

Ich suchte per Aushang in Darmstadt werdenden Mütter und Mütter, die kleine Babys und Kinder haben. Es meldeten sich weit mehr, als ich erwartet hatte und nach bestimmten Kriterien suchte ich vier aus:

Mutter A hatte drei Kinder: eines von neun Monaten, ein vier- und ein sechsjähriges. Sie war selbst ständig krank, gar nicht so schwerwiegende Krankheiten. Sie war eine, die sich schon beim ersten Schmerz Sorge machte, in Büchern nachschlug, zum Arzt ging und Tabletten nahm. Sie war sehr vorsichtig und versuchte immer, durch Medikamente die Krankheit schnell wegzubekommen. Sie stellte sich im- mer vor, wie die kleinen Beschwerden doch zu einer viel schlimmeren Krankheit werden konnten und war schon beunruhigt, wenn sie nicht schnell verschwanden. Genauso machte sie es mit ihren Kindern, die sie, wie sie meinte, nur schützen wollte. Wenn die Kinder Beschwerden hatten, machte sie sich viele Sorgen und redete den Kindern ein, wie schlimm es sei, und dass sie lieber nicht zur Schule ge- hen sollten, dass sie Medikamente schlucken und zum Arzt gehen müssten. Um die Kinder wirklich zu überzeugen, er- zähle sie ihnen Geschichten, dass bei anderen Kindern so eine Krankheit schlimme Folge hatte. „Du bist sehr krank, ja, mein Schatz, legt dich hin, brauchst du eine Wärmfla- sche? Nein, du bleibst lieber zu Hause, renne nicht mehr so herum, das ist nicht gut für deinen Kopf, es könnte dir schwindelig werden, wir müssen aufpassen, dass die Kopf- schmerzen nicht von einer Infektion kommen, oh, deine Nackenschmerzen könnten ein Indiz dafür sein, dass du ge- lähmt sein könntest! Bauchschmerzen, mein Liebling? Hast du? Oje, hast du etwas gegessen, ohne deine Hände zu wa- schen? Bauchschmerzen können bedeuten, dass du eine Magen-Darm-Infektion hast" usw. Ihre Kinder wuchsen mit dieser Einstellung zu Krankheiten und dem Krankwer- den auf, in ihren Kopf wurde eingepflanzt, dass alles schlimm sein kann. Ihre Mutter hätte es mit ihr auch so gemacht. Das wäre Fürsorge. Zufällig war ihre Mutter nicht die Gesündeste und zufällig waren ihre zwei Kinder von vier und sechs ständig krank. Ich schlug ihr vor, in einem Coaching mit dem neuen Baby anders vorzugehen, um den Unterschied zu sehen. Sie war willig, mein Experiment mitzumachen und ihr kleinstes Kind mit einer rein positiven Einstellung zu Krankheiten zu erziehen und ab jetzt die Großen auch. Das war eine sehr große Anstrengung für sie, da sie an sich selbst arbeiten und ständig über ihre Grenzen gehen musste. Der Wille und die Hoffnung, dass es anders werden könnte und es ihren Kindern dann besser ginge, gaben ihr die Motivation dazu. Bei Krankheiten rief sie mich an, und ich motivierte sie ständig. Wir hatten eine Liste von positiven Formulierungen verfasst, die sie einfach auswendig lernte und sie den Kindern wiederholte. Wir erfanden dazu auch Geschichten, in denen Tiere und Kinder über die Krankheit siegten usw. Das Ergebnis drei Jahre später war wirklich beeindruckend. Bei den Kindern trat es sogar viel früher auf. Das Kleine, das nun fast vier war, war kaum krank und wenn es krank war, dauerte bei ihm nur Tage, was bei seinen Geschwistern Wochen dauern konnte. Es jammert nie über Krankheiten. Die anderen Kinder, die mittlerweile acht und zehn sind, bekamen die positive Veränderung nach und nach zu spüren. Heute ist der Erfolg unverkennbar da. Bei vielen Krankheiten, bei denen sie früher Tabletten genommen hätten, oder zum Arzt gegangen wären, müssen sie heute gar nichts mehr machen. Des Körpers eigene Kraft bekämpft die Krankheit und dadurch erlangten die Kinder auch Selbstvertrauen, und hatten keine Angst mehr vor Krankheiten. Sie sind heute selten krank, sie ziehen einfach keine Krankheiten mehr auf sich.

„Wenn ich spiele, geht die Krankheit weg. Krankheit mag nicht spielen."

Mutter B hatte noch kein Kind und erwartete erst in zwei Wochen ihr erstes Baby. Sie war sehr interessiert und selbst kaum krank. Sie hatte selbst eine gute Einstellung zu Krankheiten, sie war nicht so, dass sie sich ständig vor Krankheiten, Infektionen oder irgendwelchen Insekten schützen musste. Ihre Eltern waren auch so mit ihr umgegangen. Wenn andere Kinder dies oder das nicht machen durften, aus Angst, dass sie sich verletzen oder Infektion bekommen könnten, wenn sie nicht auf Bäume klettern durften, aus Angst gestochen zu werden oder hinunterzufallen, durfte sie all dies tun. Wenn sie als Kind krank war, nahmen die Eltern es ganz locker und Tabletten oder Arztbesuch gab es erst, wenn es wirklich sichtlich schlimm war. Ihr Vater war selbst Arzt und war streng dagegen, Kinder ständig mit Arzneien zu vergiften, wie sie sich erinnerte. Ihr Vater meinte, Arzneien helfen, aber können auch schaden. Man sollte versuchen so wenig wie möglich dieses hoch dosierten Gifts zu sich zu nehmen. So hatte sie niemals Angst vor Krankheiten, Schmerzen oder ähnlichem gehabt. Sie gab ihrem Körper immer die notwendige Zeit, sich zu regenerieren, anstatt alles zu schnell mit Tabletten zu überbrücken. Das Experiment gefiel ihr sehr und sie wollte das Coaching mitmachen, weil sie im Laufe der Schwangerschaft, wegen der Ärzte und den anderen Frauen, langsam Angst entwickelte, dass sie sehr unvorsichtig mit Krankheitsgefahren umgehen würde und doch mehr achten sollte. Sie hatte gemerkt, wie sie anfing sich vorzustellen, was alles Schlimmes passieren könnte, wenn… Als sie in einer Diskussion mit ihrer Freundin von meinem Experiment hörte, war sie sofort angetan. Das Kind ist nun drei Jahre und sechs Monate alt, und mit meiner Unterstützung hat sie es geschafft, die Angst, die von außen Einfluss auf sie zu nehmen versuchte, abzuwehren und weiter positiv und ohne Furcht und Angst vor Krankheiten ihre Tochter zu erziehen. Wie ein Wunder ist dieses Kind wirklich gesundheitlich sehr stabil. Normale Kinderkrankheiten und Beschwerden hat sie auch, aber sie – das Mädchen – geht wie die Mutter ganz frei damit um. Ich war einmal bei ihr, als sie eine Erkältung und ein bisschen Fieber hatte. Das Kleine spiele einfach weiter und als ich ihr sagte, „es wäre besser, wenn du dich hinlegst" antworte sie mir, und ich war selbst überrascht: **„wenn ich spiele, geht die Krankheit weg. Krankheit mag nicht spielen." Wow! So etwas aus einem Mund von** einem kleinen Kind von drei Jahren! Und es war so, wie ihre Mutter sagte, oft war das Fieber über Nacht weg und am nächsten Tag war sie schon wieder fit. Dieses Kind hatte eine positive Einstellung zur Krankheit bekommen und, da der gesunde Geist und die gesunde Seele nicht nur eine Mauer gegen Krankheit sein können, sondern auch zu den besten Arzneien zählen, war sie selten krank, oder die Krankheiten waren schnell wieder weg.

Mutter C hatte schon ein Kind von neun Jahren und erwartete in wenigen Wochen das zweite als wir uns kennenlernten. Sie ist selbst Ärztin und war von Anfang an meinem Experiment gegenüber sehr skeptisch, aber sie war neugierig zu wissen, wie es bei anderen Frauen gelaufen war. Sie war der Meinung, dass nur ein Arzt am besten wissen könne, warum ein Kind leidet und es deswegen fahrlässig wäre, das Kind nicht sofort zum Arzt zu bringen, wenn es krank ist oder Beschwerden hat. Ihr ganzer Glaube war nur bei der Medizin und bei Medikamenten. Das hält sie bis heute mit ihren Kindern so und ihre Kinder sind leider nicht gesünder geworden, wie die anderen Kinder – im Gegenteil. Ihre Tochter ist mittlerweile einem Erkältungsmittel gegenüber sogar resistent geworden und kann, wenn sie eine Erkältung hat, mit Kinderarzneien nur schwer behandelt werden. Sie selbst ist eine, die ständig krank ist, häufig krankgeschrieben ist und ohne Medikamente gar nicht aufstehen kann. Trotzdem sieht sie aus Prinzip bis heute nicht ein, dass viele Krankheiten behandelt werden können, wenn man dem Körper genug Zeit lässt und ihm vertraut, dass er es schaffen kann. Aber als ich ihr nun einen Teil meines Buches zum Lesen schickte, wollte sie doch gern mehr wissen, leider nicht wegen der Kinder, sondern wegen sich selbst.

Mutter D lernte ich im Internet kennen lernen. In einem Forum suchte sie Hilfe, weil sie den Eindruck hatte, dass ihre Kinder sehr viel krank seien und immer häufiger Krankheiten vorschoben, um sie zu erpressen, oder um etwas zu bekommen, seien es Geschenke, Aufmerksamkeit, oder nicht spazierengehen oder Sport machen zu müssen, lieber Computer im Bett zu spielen, nicht zur Schule zu gehen, wenn in der Schule eine Arbeit geschrieben wurde, usw. Sie hatte zwei Kinder von fünf und acht. Und beide Kinder verhielten sich gleich, wenn es um Krankheiten ging. Da sie irgendwann nicht mehr konnte, einigte sie sich mit dem Vater der Kinder, den ich auch kennenlernte, dass der achtjährige Sohn zu ihm zieht, und die fünfjährige Tochter bei der Mutter bleibt. Dem Vater gefiel dann sehr, was ich ihm vorschlug, um seinen Sohn aus dieser Krankheitsmentalität herauszubekommen. Mit der Zeit erfuhr ich, dass die Mutter wiederholt mit Krankheiten, manchmal sogar schlimmen, versucht hatte, ihren Mann aufzuhalten, bevor sie sich getrennt hatten. Sie benutzte die Krankheit als Druckmittel, als Mitleidsmittel, um ihren Mann zu behalten und irgendwie machte er das sechs Jahre mit. In dieser Zeit kamen auch die beiden Kinder. Trotzdem ging die Beziehung schließlich zu Ende.

Der Vater was also willig, sich auf das Experiment einzulassen und ging mit seinem Sohn anders um. Nach langwieriger Arbeit zeigte sich auch eine positive Veränderung. Die Mutter schaffte es leider nicht, ihrer Tochter diese Einstellung „Krankwerden ist gut, damit man bekommt, was man will" abzugewöhnen und leider, leider ist es nun drei Jahren später so, dass ihre Tochter stationär behandelt werden muss.

Diese Geschichten zeigen, wie die Einstellung zu Krankheiten dazu führen kann, dass es den Kindern gut oder schlecht geht. Was die Eltern den Kinder vorleben, wenn sie krank sind, beeinflusst langfristig die Gesundheit der Kinder.

Erziehung zur Unselbstständigkeit und Abhängigkeit der Kinder von den Eltern: Wie wir uns über die Schwäche unserer Kinder stark und wertvoll machen – ein Paradebeispiel von Energievampirismus

Kinder zu Abhängigkeit und Bedürftigkeit zu erziehen, ist ein Paradebeispiel, wie wir später über die Schwäche dieser Kinder unseren Lebenssinn und -inhalt finden. Wir saugen die Energie unserer Kinder aus, sie werden schwächer, unfähiger und wir gleichzeitig stärker, nützlicher und stellen uns als die guten Menschen dar, die sehr gern ihren Schützlingen helfen.

Die beste Art, jemanden abhängig zu machen ist es, ihm ständig zu helfen und Hilfe anzubieten, ohne von der Person etwas zurückzufordern. Auf den ersten Blick klingt es selbstlos, aber am Ende ist es ein Stil, der den Helfenden stärkt und den Hilfesuchenden schwächt. Derjenige der Hilfe annimmt fühlt sich ständig in der Schuld. Der Hilfesuchende verliert immer an Energie und der Helfende saugt diese Energie auf.

Eine Beobachtung brachte mich dazu, dieses Verhältnis tiefer zu untersuchen, um herauszufinden, wie solches Verhalten von Eltern ihren Kindern gegenüber die Kinder kaputtmacht.

Erwachsen zu werden bedeutet für die Kinder, step-by-step die volle Verantwortung über sich selbst zu übernehmen, für sich selbst zu sorgen damit unabhängig zu werden. Diese Entwicklung ist manchmal mit schmerzhaften Erfahrungen und Verlusten verbunden, seien sie körperlich oder emotional. Sie nabeln sich von uns Eltern ab. Dieser Prozess ist aber sehr wichtig für das Selbstvertrauen unserer Kinder und muss von uns unterstützt werden.

Manchen Eltern unterstützen diesen Prozess leider nicht, indem sie die Kinder entweder zu viel behüten, oder sie sehr vernachlässigen.

Ähnliche Symptome, wie bei überbehüten oder vernachlässigten Kindern sind bei Kindern zu sehen, die zu früh auf sich selbst gestellt wurden, wenn die Kinder zu früh alleine die Verantwortung eines Erwachsenen übernehmen sollen, zu früh Gefahren alleine erkennen und abwenden müssen, zu früh schwere Entscheidungen treffen sollen, was sie aber überfordert.

Was am Anfang für alle Kinder traumhaft erscheint, Freiheit, Unabhängigkeit, Selbstbestimmung ohne Ende wird am Ende ein Alptraum. Sie fühlen sich unsicher in der Welt und langsam entsteht in ihnen Angst und Misstrauen gegenüber der Welt. Diese früh erworbene Unabhängigkeit wird zu einer Last. Um diese Last nie mehr tragen zu müssen, ziehen sie als Erwachsene alle Register, um den Schutz und die Hilfe ihrer Eltern zu bekommen und diese nie mehr zu verlieren: SIE WERDEN JETZT RICHTIG ABHÄNGIG.

Frühkindliche Erfahrungen entscheiden stark in welche Richtung unsere Seelenströme fließen.

Viele Eltern erziehen ihre Kinder so, dass sie bedürftig und abhängig werden.

Warum ist dieser Stil das Paradebeispiel von Energievampirismus?

Es ist egal, ob wir diesen Stil aus Liebe praktizieren oder nicht. Tatsache ist aber, dass wir damit unseren Kindern sehr schaden und wir sind direkt dafür verantwortlich.

Kinder, die mit diesem Stil aufwachsen fühlen sich schwach und hilflos. Sie denken negativ über sich, haben ein sehr negatives Bild von sich und eignen sich negativen Botschaften, die wir indirekt in sie eingepflanzt haben, an:

... Ich bin nichts wert

... Ich bin hilflos

... Alleine kann ich es nicht

... Alleine schaffe ich es nicht

... Wie soll ich das schaffen

... Es ist mir zu viel, wie schaffe ich das alles

... Ich bin schwach,

... Ich bin dem nicht gewachsen

... Es geht mir schlecht

... usw.

Ihre Mimik, ihre Blicke und ihre Körpersprache passen sich diesen negativen Botschaften an. Ich habe bei Erwachsenen, die wegen dieses Erziehungsstils leiden, gesehen, wie sich gegenüber ihren Eltern ihre Stimme änderte in eine Kinderstimme. Sie müssen keine dieser Botschaften direkt aussprechen, aber sie äußern sich so und blicken so, dass es einem Hilfsappell gleichkommt.

Mit diesen Appellen wollen sie sagen:

... *Helft mir doch, ihr müsst mir helfen*

... *Sei für mich da*

... *Lasst mich bitte nicht allein*

... *Ich brauche euch*

... *Dies oder das ist für mich eine Katastrophe*

Und wir Eltern kommen gerannt und bieten uns an und werden viel zu fürsorglich?

... *Ha meine Kleine, wir sind doch für dich da*

... *Lass dir nur helfen*

... *Sag einfach, was du brauchst, und wir tun es für dich*

... *Mach dir keine Sorgen, das werden wir schon hinkriegen*

... *Es ist kein Problem, ich kann meine Termine verschieben, um dir zu helfen, ich sehe, wie schlecht es dir geht*

... *Nein tu nichts, leg dich ins Bett, wir kommen und räumen die Wohnung für dich auf*

... *Es geht dir echt schlecht, du bist fertig*

... *siehst du nicht (zu Freund oder Freundin), dass ihr elend geht?*

... *Oh, ich wollte auch zufällig einkaufen gehen, ich bringe dir dies oder das mit, damit du dich nicht anstrengst mit deinen Kopfschmerzen, die sicher sehr wehtun*

Wir tun es oft aus schlechtem Gewissen und auch aus Angst, dass das Kind sich mit unseren Fehlern auseinandersetzt und uns etwas vorwirft, da wir selbst sehen, dass sie es nicht schaffen, dass wir selbst versagt haben.

Das Umsorgen wird zum Hauptkontaktgrund und sogar wenn die Kinder um keine Hilfe gebeten haben, bieten wir sie an und sind auf sauer, wenn die Kinder die Hilfe ablehnen. Wir brauchen das, um zu sehen, wie toll alles ist, wie wir uns lieben. Wir gehen manchmal weit über unsere Erschöpfungsgrenze, nur damit wir als tolle Helfer, Zuhörer, Ratgeber dastehen.

Alles scheint perfekt für uns und die Kinder zu laufen. Man spricht von großer Harmonie und Liebe in der Familie. Die Familie hält doch zusammen und die Familienfreude ist perfekt.

Was die Kinder oberflächlich gesehen vorübergehend zufriedenstellt, (sie haben, was sie wollten, ihnen wurde geholfen) hilft aber letztendlich nur uns. Wir zeigen uns fürsorglich und gleichzeitig sehen unsere Kinder uns als ihre Erlöser.

Das Problem aber ist, dass wir dadurch die Schwäche der Kinder mit jedem Hilfsangebot und jeder geleisteten Hilfe bestätigen. Jede erfolgreiche Hilfe bedeutet für die Kinder eine Schwächung des Selbstwertgefühls und verhindert so eine normale und gesunde seelische Entwicklung der Kinder. Die Kinder spüren auch, dass so etwas nicht normal ist, sie spüren immer eine latente Wut und haben eine gestörte Bindung mit sich, die sogar dazu führen kann, dass sie sich auf Partnerschaften kaum einlassen. Dazu haben sie ständig Schuldgefühle uns gegenüber.

Wir erscheinen als Helfer und haben ein Gefühl der Stärke und fühlen uns kompetent und nützlich. Das gibt uns ein Gefühl von Überlegenheit und wir ziehen enorme seelische Vorteile aus dieser Art von Kinder-Eltern Aufstellung. Wir bekommen stärkere Muskeln und eine breitere Brust. Für unsere Kinder sind wir unersetzlich.

Eine verhängnisvolle Verbindung, ein Teufelskreislauf entsteht zwischen uns, wir sind die Stärken und unseren Kindern die Schwachen. Jeder Kontakt (da es meistens um Hilfe geht, geben, geben und geben) stärkt solche Konstellationen mehr und mehr. Wir werden immer stärker, wichtiger, nützlicher und bekommen immer wieder Anerkennung (unser Selbstwertgefühl und das Gefühl, dass wir Gutes tun steigen und steigen) und die Kinder werden immer abhängiger und schwächer (ihr Selbstwertgefühl fällt und fällt und fällt).

Diese Art von Beziehung wird somit unsere Energiequelle. Unsere Kinder werden kaputter (geben Energien ab), jede noch so kleine Bemühung wird als zu stressig empfunden. Frustrationstoleranzgrenze gleich null. Im Gegenzug werden wir Eltern größer, glücklicher, zufriedener mit uns selbst (wir saugen die Energie auf): ein der größten Energievampirismus-Fälle in der Familie überhaupt.

Eltern, die von ihren eigenen Eltern zur Abhängigkeit erzogen wurden, tendieren dazu, ihre eigenen Kinder genauso zu erziehen. Sie lassen die Kinder nicht selbständig sein und wollen alles für die Kinder tun. Auch so einfache Sachen, wie umziehen lassen sie ihre erwachsenen Kinder nicht alleine tun. Sie bieten sich ständig an und geben somit dem Kind auch ein Gefühl der Wichtigkeit, die es objektiv gar nicht gibt.

Eltern, die immer für die Kinder da sind, behindern am Ende die Kinder, ihre eigene Kraft zu entfalten. Es nimmt den Kindern die Chance über sich hinauszuwachsen und persönliche Erfolge zu feiern. Es verhindert, dass die Kinder ein stabiles Selbstwertgefühl entwickeln, indem sie die Schwierigkeiten, die sie auf ihrem Weg finden, eigenständig bewältigen. Unser Handeln schwächt unsere Kinder und lässt nicht zu, dass sie ihr Selbstvertrauen stärken. Sie sind ängstlich, unzufrieden mit sich selbst, sind sehr misstrauisch, habe oft Zweifel und glauben nicht an sich. Psychosomatische Krankheiten, Essstörungen, seelische Störungen usw., sind an der Tagesordnung.

Eine Erziehung zur Abhängigkeit, bei der wir nicht zulassen, dass die Kinder auch schmerzhafte Erfahrungen machen, selbst ihre Wege und Lösungen suchen, bei der wir uns schon bei kleinen Schwierigkeiten anbieten, macht die Eltern stolze Helfer, aber die Kinder unglücklich.

Es ist auch eine egoistische und narzisstische Art, später im Leben der Kinder Einfluss zu nehmen und diskrete" liebevolle" Kontrolle auszuüben.

Eine Erziehung zur Abhängigkeit verhindert, dass das Kind sich von uns abnabelt, ein Schritt, der aber so wichtig ist für die Selbständigkeit der Kinder und ohne den keine Entfaltung möglich ist.

Schlechte Abnabelung der Kinder: Zu Frühes oder zu spätes oder gar kein Loslassen der Kinder

Eine befreiende Erziehung, eine Erziehung, die frei und stark macht, muss so sein, dass unsere Kinder als Erwachsene uns Eltern nicht mehr aus der Position eines Kleinkindes *Papa* und *Mama* nennen, denn sie sind nun auch erwachsen. Sie müssen *Papa* und *Mama* im Sinne von Vater und Mutter sagen. Und wir Eltern dürfen sie nur im Sinne von Sohn und Tochter *Kinder* nennen. Die Kinder müssen aus unserer Macht (auch Schutzmacht) entkommen, um vollkommen frei zu sein und ihr Leben wirklich selbständig, ohne unsere Zutun (auch wenn wir es gut meinen, mit unserer sogenannten selbstlosen Hilfe und Unterstützung) zu gestalten .Nur so haben sie die Chance, das zu erreichen, was sie wollen und sogar mehr als, was wir im Leben erreicht haben.

Hast du gemerkt, dass es für die Kinder von Generation zur Generation immer schwerer ist, in fast allen Bereichen erfolgreicher zu sein als ihre Eltern? Das liegt nicht nur an der Unfähigkeit der Kinder, sondern mehr am Erziehungsstil der Eltern, die immer mehr zum Zentrum des Lebens der Kinder werden wollen und diese Macht nicht freiwillig abgeben möchten. Mit dem Erbe machen wir unsere Kinder noch abhängiger von uns. Es spielt keine Rolle, ob es absichtlich oder unbewusst ist. Manchen Eltern drohen den Kindern mit dem Enterben, wenn diese sich nicht so benehmen und das tun, wie sie wollen. Kinder, die vom Erbe der Eltern leben, werden selten auch nur halb so stark sein (Persönlichkeit), wie ihre Eltern.

Eine Klientin schrieb mir nach einem Treffen mit ehemaligen Schülern das folgende:

„Was mir, wie gesagt, gestern extrem aufgefallen ist, ist, dass wir alle abhängig von unseren Eltern sind. Keiner ist frei, fast keiner ist abgenabelt. Viele hängen, ihre Zukunft betreffend, in der Luft, wissen nicht, was sie wollen. Oder sie wissen es jetzt so langsam. Mit Ende 20. Manche haben Angst, keiner will weg, alle wollen in der Nähe der Eltern und der Familie sein und des altbekannten, vertrauten Freundeskreises.

*Ein Freund musste gestern Abend noch mit der Familie auf die Weihnachtsfeier des Sportvereins seines Bruders. Ich dachte, ich bin im falschen Film. **Er musste!** Der Mann ist 30 Jahre alt und der Bruder ist 28. Was haben Eltern noch im Leben der Kinder zu suchen und ihnen zu befehlen mit 30? Na ja, die Söhne leben in einem Haus, das die Eltern gekauft haben und keiner von beiden hat eine Freundin. Sie essen abends immer bei der Mama. Das müssen sie zurückzahlen, indem sie ihre Eltern bespaßen, damit die ihr langweiliges Leben doch noch genießen können. Die Eltern nehmen gern in Kauf, dass die Kinder beziehungsunfähig sind, damit sie weiter das Zentrum bleiben. Schöne selbstlose Erziehung. Energievampire nenne ich sie."*

Die Abnabelung als die Auflösung einer Abhängigkeitsbeziehung (seelisch, emotional, körperlich, materiell) zu den Eltern ist ein wichtiger Schritt auf dem Weg zur vollkommenen Selbstständigkeit, Selbstbestimmung und Freiheit der Kinder.

Eine schlechte Abnabelung kann dazu führen, dass die Kinder sich nicht gesund entwickeln und unglücklich werden.

Unsere Aufgabe als Eltern ist es, die Kinder so gesund, wie möglich zu erziehen, indem wir ihnen so viel geben, dass sie morgen ohne uns ihre eigene Zukunft selbständig gestalten können und sie die Schwierigkeiten, die dazu gehören, mit so wenig Schaden wie möglich überstehen.

Deswegen ist es extrem wichtig, die Kinder so zu erziehen, dass sie sich vollständig von uns abnabeln.

Die Kinder sind nicht unser privates Eigentum, von dem wir glauben, es für die Ewigkeit behalten zu dürfen und mit ihm zu tun, was wir wollen.

Unsere Kinder sind nicht unsere Partner oder Ersatzpartner oder Freunden. Sie sind nicht unsere Richter, Rechtsanwälte oder Staatsanwälte bei Streitigkeiten unter uns Eltern. Sie sind nicht unsere geheime Munition gegen den anderen Partner. Sie sind nicht unser Leben. Sie sind einfach unsere Kinder und so müssen sie auch behandelt werden, sonst können sie sich nicht gesund ablösen und ihre Wünsche verwirklichen.

Wir müssen lernen, die Kinder ziehen zu lassen.

Es ist nicht gesund die Kinder so zu erziehen, dass sie ohne uns nicht leben können, als ob wir für die unersetzlich wären. Wir sind wichtig, aber nicht unentbehrlich für unsere Kinder.

Kinder, die schlecht oder gar nicht abgenabelt sind, sind oft auch im Erwachsenenalter nicht selbstbewusst, sind voller

Angst und Sorge und sind anderen Menschen gegenüber verschlossen. Sie haben Minderwertigkeitskomplexe, sind körperlich und mental nicht belastbar, lassen sie oft beeinflussen und manipulieren.

Man sieht Menschen mit 40, die sich neben ihrer Mama oder ihrem Papa immer noch wie ein kleines Kind in der Pubertät benehmen und viele Eltern unterstützen das auch noch. Das Kind wird immer schwächer und die Eltern immer stärker und wichtiger (Energievampirismus).

Manche Eltern lassen die Kinder aus Einsamkeit nicht los, sie haben Angst alleine zu sein, haben keine Freunde und das Kind ist dann wie der Ersatz für fehlende Bedürfnisse. Das kann bei einigen sogar bis zur sexuellen Belästigung gehen. Ich habe eine Klientin in der Beratung gehabt, die mir erzählte, wie ihre Mama sie immer sehr gerne auch an der Brust streichelte, auch als sie dann schon kein kleines Mädchen mehr war und langsam einen Busen bekam. Sie erzählte, wie ihre Brustwarzen dann immer hart wurden und dass es sich schön anfühlte. Trotzdem war ihr immer komisch danach, aber ihre Mutter, die keinen Freund hatte, seitdem ihr Vater weg war, meinte, dass es normal sei, dass Mutter und Tochter sich in den Arm nehmen und sich streichelten.

Es ist sehr wichtig zu wissen, wann etwas aufhören muss, besonders in Hinblick auf die Sexualität und die Liebesbeziehungen der Kinder.

Das Loslassen muss graduell und behutsam geschehen, mit Lernen und Lehren. Ein zu schnelles Loslassen oder die Kinder zu spät selbständig machen, schaden den Kindern und machen diese unselbständig mit allen seelischen und körperlichen Konsequenzen, die damit verbunden sind.

Wir werden merken, dass viele Kinder, die wenig mit ihrem Leben anfangen können, die bei kleiner Belastung keine Kraft und Energie mehr haben, deren Eltern immer sofort einspringen, wenn sie nur „husten", die oft zu Psychologen gehen und Halt in der Esoterik suchen, die sich selbst nicht lieben, sehr kritisch sind, kein Vertrauen zu anderen haben, zur Perfektion tendieren, einfach zu sehr an uns Eltern hängen. Sie haben sich nicht abgenabelt, besser gesagt, wir haben sie nicht vollständig losgelassen oder nicht zur richtigen Zeit losgelassen. Diese Kinder werden trotzt bzw. wegen unseres ständigen Beistandes und unserer Hilfe immer negative Emotionen mit sich tragen. Sie sind oft eher unglücklich als glücklich.

Wir gebären Kinder, aber wir gebären ihre Herzen nicht. Das bedeutet, dass die Kinder ihre eigene Bestimmung haben und erst, wenn man sie loslässt, finden sie auch den Weg zu ihrem Glück, das unserem nicht ähnlich sein muss.

Als wahre Mutterliebe bezeichnet mein Lieblingsforscher Erich Fromm nicht nur für das Wachstum des Kindes Sorge zu tragen, sondern es schließlich auch loslassen zu können.

Die Erbschaft – ein Instrument der Machterhaltung, der Kontrolle und des Drucks – kann Kindern schaden: Kinder werden nicht dazu geboren, unser Leben nach unserem Tod aufrechtzuerhalten und unsere Last zu tragen

Eine Welt voller Erben ist eine Zukunft ohne starke Menschen.

Ich bin der Meinung, dass dieses Instrument ein gefährlicher Eingriff in die Unabhängigkeit und Selbstbestimmung der Kinder ist.

Gloria Vanderbilt, eine sehr reiche Frau aus Amerika, entschied, ihrem Sohn dem bekannten amerikanischen Fernsehjournalisten Anderson Cooper, keinen Cent von ihrem geschätzten 200 Millionen Dollar Vermögen zu vererben. Dieser meinte dazu: *„Geld erbe – dem traue ich nicht. Ich glaube, das ist ein Fluch"*, und weiter: *„Ich weiß nicht, ob ich so motiviert gewesen wäre, wenn ich schon als Kind erwartet hätte, dass da mal ein Topf voll Gold auf mich wartet."* Ohne die Hilfe seiner Mutter hat er selbst geschafft Millionär zu werden.

Das Vererben ist eine veraltete Gewohnheit, die dazu führt, dass die Kinder ewig von ihren Eltern abhängig bleiben und es sichert die Überlegenheit der Eltern gegenüber den Kindern. Erben führt dazu, dass die Kinder selbst nichts mehr unternehmen und sich nicht anstrengen. Die Aussicht auf das Erbe kann einem den Antrieb und die Kraft nehmen, es im Leben selbst weit zu bringen.

Wenn man das Haus der Eltern erbt und darin wohnt, wie kann man auf sich selbst stolz sein?

Heutzutage sieht man immer seltener Kinder, die mehr können und schaffen als ihre Eltern. Schau dich um, beim Mittelstand und bei den Wohlhabenden! Der große Teil der Kinder hat weniger als die Eltern. Oft sind es die Eltern, die den Kindern immer mit Hilfe zur Seite springen. Wir sehen Kinder, die mit 40, 50 gar nichts mehr unternehmen, weil sie nur warten, dass ihre Eltern sterben.

Kinder, die darauf vorbereitet werden, nur vom Erbe der Eltern zu leben, oder Kinder, die bereits viel geerbt haben sind selbst oft sehr schwache Persönlichkeiten. Schauen wir zum Beispiel die Nachkommen adeliger Familien an. Man sieht sehr schnell, dass die meisten von ihnen nichts geschafft haben und seelisch am Boden sind.

Wir Eltern unterhalten gern diese „Müßiggangs" Mentalität, da wir darin unseren Nutzen finden.

Eine gelungene Erziehung sollte dazu führen, dass unsere Kinder ihre eigenen Dinge selber beschaffen können.

Wir sind oft die Bremse für ein glückliches Leben unserer Kinder. Unsere Kinder werden nicht geboren, damit sie unsere Last verwalten, indem sie unsere Erben werden.

Wikipedia definiert den Erben so: *„Erbe, auch Nachlassempfänger genannt, ist eine Person, die im Falle des Versterbens einer anderen das Vermögen oder die Rechte und Pflichten des Verstorbenen übernimmt, das heißt die Erbschaft bzw. den Nachlass."*

Somit ist der Erbe so etwas wie der lange Arm der verstorbenen Eltern auf der rationalen, sichtbaren Welt. Das heißt, das Erbe ermöglicht uns, auch nach unserem Tod weiter zu existieren; so wird unser Leben nach unserem Tod weiter aufrechterhalten. Das ist schlecht für die Kinder.

> **Wenn man tot ist sollte man auch mit dem Leben auf dieser Erde fertig sein. Man sollte verschwinden und alles loslassen. Alles hinter sich lassen und Platz machen, damit etwas Neues entsteht.**

Das Erbe kann als Machtoption, Kontroll- und Erpressungsmittel gegen die Kinder verwendet werden und dazu führen, dass die Kinder sich nicht abnabeln und deswegen ihre eigene Kraft und ihre Möglichkeiten nicht erkennen.

Wenn es nicht die Eltern sind, die die Kinder anbetteln das Erbe zu übernehmen, dann ist die Erbschaft eine unbewusste Verlängerung der Machtkontrolle der Eltern über die Kinder, auch über ihren Tod hinaus. Das macht die Kinder nicht frei, nicht selbständig und motiviert viele von ihnen nicht, selbst stark zu werden.

Wenn man nicht weiß, wohin mit seinem Vermögen, dann ist es nützlicher es der Allgemeinheit zu übergeben, oder zum Beispiel die Kinder bereits zu Lebzeiten in sinnvollen und zukunftsfähigen Projekten wie eine Bank zu unterstützen, als Kindern das Gefühl zu vermitteln, sie müssten nur warten, bis man endlich tot ist, um reich zu sein.

Zu Frühe Selbständigkeit der Kinder, unpassender Zeitpunkt Für die Übertragung der Verantwortung an die Kinder; beispielsweise kann zu Frühes Sprechen über Sexualität dem Kind schaden

„Alles zu seiner Zeit", lautet ein afrikanisches Sprichwort, das in fast allen Kulturen der Welt bekannt und zu hören ist.

Dieses Sprichwort hat in der Kindererziehung große Bedeutung.

Ein Beispiel aus meiner eigenen Erfahrung: In Afrika hatten wir immer in den westlichen Medien gehört und gelesen, wie es gut wäre, die Kinder mit allen Aspekten des Lebens so früh wie möglich zu konfrontieren. So wird es in Europa gemacht. Die Kinder werden schon sehr früh über Sexualität informiert, den Kindern wird schon sehr früh die Freiheit überlassen, zu entscheiden, was sie wollen, wie sie es wollen und wann sie es wollen. So jung dürfen sie schon rauchen, Alkohol trinken, mit 12 in die Disco gehen, mit 14 auch nach Mitternacht nach Hause kommen, sie dürfen aussuchen, welches Fach sie in die Schule lernen, sie dürfen vor den Eltern knutschen, Erwachsene und Eltern beschimpfen, usw. Es gab deswegen in Kamerun einen Kampf zwischen zwei Erziehungsstilen. Eine Minderheit – ein Teil der Intellektuellen, die wie die Europäer leben wollten, um sich von dem Rest der Kameruner abzuheben – nahm den westlichen Stil an und der Rest der Kameruner, die weiter so leben wollten, wie es immer gewesen war: die Kinder nicht zu früh loslassen und nicht ohne Vorbereitung in die Freiheit schicken. Das Ergebnis war für die Kinder der Europäer-Nachahmer fatal und stärkte dadurch die Einsicht der Mehrheit, dass alles zu seiner Zeit sein muss.

Als ich dann nach Europa kam, erwartete ich, junge Menschen zu sehen, die super selbstbewusst und selbstsicher sind, keine Angst und Zweifel kennen, die genau wissen, was sie wollen, die keine Minderwertigkeitskomplexe haben, die alles besser können (kochen, waschen, bügeln, haushalten, usw.) , die Verantwortung tragen, die immer fröhlich und zufrieden sind, und außerdem super Liebhaber sind.

Meine Überraschung war sehr groß als ich sah, dass ich und andere Afrikaner mehr dieser Attribute hatten, als die meisten jungen Menschen meines Alters (um die 20). Ich hatte erwartet, dass sie, aufgrund der früh und schnell erlangten Autonomie in ihrer Persönlichkeitsentwicklung viel weiter wären. Wir wohnten in Studentenwohnheimen und sahen kaum inländische Kommilitonen unseres Alters, die kochen, waschen, bügeln, putzen konnten. Die Mama musste alles am Wochenende machen und das Essen in Tupperdosen für die ganze Woche kochen. Die Angst, die Unsicherheiten, das Nicht-Ertragen-Können von Druck, das schnelle Überfordertsein, die wir bei ihnen sahen, waren bemerkenswert und entsprachen nicht dem, was wir erwartet hatten. Wozu hatte dann diese frühe Autonomie gedient, außer (wie man bei uns sagte) die Eltern selbst zu entlasten, damit sie weniger Verantwortungen tragen müssen? Es ist schwieriger, sich ständig mit den Kindern zu beschäftigen, als sie schnell der Autonomie zu übergeben. Das ist nur eine reine Entlastungsstrategie der Eltern, denn so können sie mit angeblich gutem Gewissen ihre Verantwortung abgeben, bzw. keine mehr tragen, keine Schuld am Versagen ihres Kinders übernehmen, sondern erklären, dass die Kinder nun selbständig sind.

Besonders mental fanden wir uns viel stärker, stabiler und konnten harte Situation – die noch dazu für uns als Ausländer noch härter und schwerer waren – besser meistern. Also ich fing an zu verstehen, was mein Vater mit folgendem Satz meinte:

> „Wenn du die Zeit und das Leben beschleunigst und drängst, werden es diese sein, die dich am Ende beschleunigen und kaputt drängen."

Wenn das Leben die Kinder drängt, sind sie verloren. Sie können psychisch nicht mithalten: sie werden schwach, wie fühlen sich überfordert, haben ständig das Gefühl etwas zu verpassen, Versager zu sein und werden so immer unzufriedener.

Beim genaueren Hinsehen stellte ich fest, dass es bei der westlichen Erziehung mit der frühen Selbstständigkeit mehr darum ging, den Kindern beizubringen „NEIN" zu sagen (das heißt auch NEIN zu sich selbst) und weniger, wie man „JA" sagt (auch zu sich selbst). Ich bemerkte, dass die Erwachsenen und die Kinder sehr gut mit „Nein" umgehen konnten, aber mit „Ja" Schwierigkeiten hatten. Man kann sich vorstellen, wie das auf die Psyche der Menschen wirkt, nein zu sich selbst zu sagen.

Eine nicht .altersgerechte Kommunikation und Vermittlung von Bildern stört ein besseres Verständnis der Kinder von sich selbst und ihrer Umwelt.

Ich finde bei manchen Kindern die sexuelle Aufklärung zu früh. Ich habe haben den Eindruck, dass es sie in diesem Alter mehr belastet, als dass es ihnen hilft oder ihnen etwas bringt.

Manchmal habe ich den Eindruck, dass dahinter ein masochistischer Gedanken steckt, schon so früh mit Kindern über Sex zu reden.

Zwar stellen Kinder schon sehr früh Fragen darüber, wie sie auf die Welt gekommen sind. Aber ich habe sehr wenige Kinder gesehen, die sich ebenso früh für Sex und Sexdinge interessiert haben. Auch waren sie oft nach Beantwortung ihrer Fragen mit einfachen Erklärungen zufrieden und sprachen nicht weitere darüber.

Wenn die frühe sexuelle Aufklärung wirklich so viel bringen würde, dass es unbedingt so wichtig wäre, bereits im frühen Grundschulalter (bei manchen sogar noch früher) den Kindern alles beizubringen, müssten wir dies bei den Erwachsenen erkennen können. Wir dürfen nicht vergessen, dass die vielen Informationen über Sex und die Übersexualisierung der Gesellschaft nicht die Entwicklung einer gesunden Sexualität fördern. Warum sind, nach meiner Erfahrung, die Menschen in einem Land wie Kamerun viel entspannter und offener mit ihrer Sexualität als die Deutschen, obwohl sie diese frühe sexuelle Aufklärung nicht hatten? Wie können wir selbst Angst vor dem Wort Sex haben und dieses den Kindern zu früh erklären?

Ich möchte damit sagen, dass zu viele Informationen zur falschen Zeit problematisch sein können. Weitere Beispiele finden wir bei Computer- und Videospielen, bei Filmen, usw., wo das Mindestalter immer weiter nach unten geschraubt wird, damit die Kinder noch schneller konsumieren. Wir sehen aber, wie die Kinder daran kaputt gehen.

Auch nicht altersgerechte Geschenke oder Freizeitveranstaltungen können Kindern schwer schaden.

Wir sehen von Generation zur Generation Kinder, die immer weniger mit sich selbst anfangen können, immer schwächer werden, die überfordert sind und am Ende nicht klarkommen in dieser Welt, die sie einengt, obwohl sie ihnen Freiheit geben sollte.

Freiheit ist nicht gleich Libertinage. Zu viel Freiheit zu falscher Zeit und ohne Vorbereitung schadet der Freiheit und dem Freiheitsnehmer und am Ende auch dem Freiheitsgeber.

Dazu fällt mir ein Beispiel ein. Viele Eltern kennen dieses Problem. Jeden Morgen streiten sie sich mit den Kindern, darüber was angezogen wird. Die Stimmung ist in vielen Familien morgens immer schon hochexplosiv. Bevor der Tag richtig anfängt, hat man schon Stress. Die Kinder gehen aus dem Haus mit verzogenen Gesichtern und schlechter Laune. Und all diese Unruhe wegen der Eltern, die denken, Kinder müssen selbst und so früh wie möglich entscheiden. Sie müssen schon mit zwei, drei oder vier genau wissen, was sie anziehen wollen, das heißt schon die Wettervorhersage studieren, usw. So gestärkt durch die Pseudoselbstbestimmung, entscheiden die Kinder nach ihrer Lust und Laune. Und diese Eltern sind dann wieder die Ersten, die die Kinder verwirren, indem sie sie dann doch noch umstimmen möchten, sie sollen doch etwas anderes anziehen, weil… Die Kinder, die schon den Genuss der Unabhängigkeit kennen, wollen sich auf den Wunsch dieser Eltern aber nicht einlassen und wollen, egal , ob es regnet, schneit, sonnig ist, ihre Lieblingsfarbe anziehen. So entsteht ein hin und her vor Kindergarten und Schule. Es geht noch nur um Macht. Am Ende zwingen die Eltern die Kinder doch, das passende Kleid oder Hemd anzuziehen. Leider sind schon so viele Stresshormone produziert worden. So programmieren wir Kinder, die später jeden Morgen mit schlechter Laune den Tag anfangen.

Lassen wir die Kinder nicht zu früh auf sich alleine gestellt und behüten wir sie auch nicht zu sehr. Ein Kind, das zu früh auf sich alleine gestellt wurde und schon sehr früh selbst über alles entscheiden musste, verpasst seine Kindheit als Kind. Gerade dieses Kind wird noch sehr an uns hängen, wenn er erwachsen ist, um diese verpasste Kindheit zu leben.

Perfektionsdrang

Eltern, die in sich den Zwang zur Perfektion verspüren, Eltern, die mit sich selbst nicht zufrieden sind, die kein starkes Selbstwertgefühl und dafür Komplexe haben fordern oft <u>zu viel</u> von ihren Kindern.

Wenn wir Kinder dazu erziehen, dass die keine Fehler machen dürfen, dass alles perfekt sein muss, wenn jeder faux pas eine Katastrophe ist , wenn die Kinder in der Schule nur Einsen schreiben müssen, im Fußball immer diejenigen sein müssen, die die Tore schießen, wenn die Kinder immer ständig auf der Suche auf etwas Neuem sind, wenn die Kinder aufpassen müssen, damit ihre Hose nicht schmutzig wird, die weißen Schuhe nach der Schule genauso aussehen müssen wie neu gekauft, dann erziehen wir unsere Kinder zur Perfektion und das geht nicht ohne Schaden: Druck, Versagensangst, Versagensgefühl, Überforderung führen zu seelischen und körperlichen Beschwerden. Die Kinder werden nie richtig glücklich, sie werden kaum zufrieden sein und werden ein Leben lang die seelische und körperliche Wunden eines solchen Erziehungsstils tragen.

Zu viele Erklärungen und Gespräche, wenn Kinder Fehler gemacht haben können Kindern schaden, ebenso wie ein nicht kindergerechter Kommunikationsstil, wenn man mit ihnen redet, als wären sie erwachsen

Wenn wir Eltern Kindern mit viel Nachdruck erklären, wieso sie etwas nicht tun müssen/dürfen, dann machen sie es erst recht. Sobald die Gelegenheit sich ergibt, werden sie es testen.

Wir machen immer öfter den Fehler, zu viel mit unseren Kindern über Sachen zu reden, die sie nicht gut gemacht haben oder die uns stören, anstatt sie zu loben, für das, was sie gut gemacht haben und gut machen. Wir geben und erwarten zu viele Erklärungen. Das überfordert und stresst die Kinder sehr, da wir so enormen Druck auf sie ausüben.

Sie sind sprachlich, mental, körperlich und intellektuell nicht in der Lage, mit uns so zu kommunizieren, wie zwei Erwachsene untereinander. Sie verstehen viele Dinge und Situationen in Bildern, Fantasien und Träumereien und nicht immer rational. Es erzeugt in den Kindern ein Gefühl der Unterlegenheit gegenüber den Eltern, die alles sehr gut mit Worten erklären können. Das erzeugt Widerstand in ihnen und deswegen werden sie auch stur, um nicht immer als Wenig-Wisser dazustehen.

Zu viele Erklärungen tragen bei Kleinkindern selten dazu bei, dass sie das tun, was wir von ihnen verlangen.

Aus meiner eigenen Erfahrung mit meinen Kindern habe ich gelernt, dass es manchmal besser ist, wenn man die Kinder sinnlose Dinge, oder auch Dinge, die für sie schmerzhaft sein können, einfach tun lässt. Sie lernen dabei besser als wenn wir ständig alles erklären. Der Sohn eines Verwandten wurde immer von seiner Mama gewarnt, dass er die heiße Herdplatte nicht berühren darf. Sie erklärte und erklärte ständig alles, was passieren könnte und führte dauernd Gespräche darüber, wenn sie in der Küche waren. Trotzdem berührte er eines Tages die Herdplatte und schrie vor Schmerzen. Klar hatten sie das nicht gewollt. Ich war auch da. Ich hätte es ihm auch verboten oder ihn davon abgehalten, wenn ich es gesehen hätte. Aber Fakt ist, dass wir ihn seitdem davor und vor allen Dingen, die Schmerzen verursachen können, nicht mehr warnen mussten. Er selbst war der Erste, der davor warnte.

Konsequenzen sind manchmal besser als Ratschläge und Warnungen.

Kinder lernen besser durch eigene Erfahrungen, als durch viele Erklärungen und 1000 Gespräche, wie sie dies oder das machen sollten / müssen/können/dürfen.

Gespräche mit Kindern zu führen, als ob sie schon Erwachsen wären, kann den Kindern im Gegenteil schaden und es hält sie auch nicht davon ab, das zu tun oder zu lassen, was man mit den Erklärungen erreicht wollte.

Was Kinder auch enorm unter Druck setzt, sind stundenlange Diskussionen und Gespräche mit den Eltern, wenn
die Kinder etwas Unschönes getan haben. Es ist Gift, kleinen Kindern Versprechen abzuverlangen, dass sie dies oder
das nie mehr tun werden. Kinder denken noch nicht so reif
wie Erwachsene. Das von ihnen zu fordern und zu erwarten ist sehr, sehr gefährlich und zerstörerisch. Viele Dinge,
die Kinder tun, können sie gar nicht verantworten und
auch nicht voll verstehen. Wenn wir dann mit ihnen reden
und von ihnen fordern, dass sie versprechen, dies nicht
mehr zu tun, sind wir dabei, den Weg so vorzubereiten,
dass die Kinder sich später als Versager, böse, schlecht, unfähig usw. betrachten. Und sie werden automatisch lügen.
Sie werden Lügner. Anstatt dass wir unsere Autorität nehmen und von Anfang an konsequent sind, jammern wir
über sie, dass sie nicht auf uns hören, das ist nicht fair den
Kindern gegenüber.

Konsequente Entscheidungen und Verbote, klare Linien,
klare Aussage sind viel produktiver.

Ich gebe hier ein Beispiel: Eine Mutter, Anna, kam zu mir
und beklagte sich, weil ihre Kinder frech zu ihr waren,
nicht darauf hörten, was sie sagte, sich dann entschuldigten
und sagten, dass sie es nicht wieder tun würden, aber es
das nächste Mal nur noch schlimmer trieben. Sie beschimpften sie sogar, das Wort Hure fiel mehrmals. Was ihr
noch mehr wehtat, waren die Aussagen, dass Anna sie
nicht lieben würde, sie sei böse, unfair und kritisiere nur.
Ich redete mit den Kindern und sehr schnell kristallisierten
sich für mich die Ursachen heraus. Etwas ist 100% sicher:

Kinder werden nicht so ohne unser Mittun zu Monster. Wir stellen die Kinder, wenn sie uns entglitten sind so dar, als ob sie die Schlimmsten wären, die uns nur ärgern wollen. Wenn sie schlimm sind, dann sind wir Eltern Katastrophen. Wir sind schuld, dass sie so geworden sind, woher sonst sollten sie es haben? Kein Kind wird aggressiv geboren. Kein Kind wird gewalttätig geboren. Kein Kind wird unerzogen geboren. Unsere Erziehungsart macht die zu dem, was sie sind und werden. Bei Anna stellte ich schnell fest, dass sie ihre Kinder überforderte, indem sie die Kinder sehr intensiv mit ihren schlechten Taten konfrontierte und dachte, sie würde erreichen, dass die Kinder verstehen. Die Kinder mussten sich ständig entschuldigen und Versprechen leisten, nur um diese dann wieder zu brechen. Sie fühlten sich schlecht dabei, da Anna ihnen immer wieder vorwarf, dass sie das Versprechen nicht eingehalten hatten. Vorwürfe wie „ihr macht mich verrückt,…ich werde rückt, …das ist wahnsinnig, …ich kriege die se, …warum tut ihr mir das an, …ihr tut mir weh, …ihr macht mich traurig, …ich bin am Ende mit meiner Energie, …was für Kinder seid ihr" zementierten das Gefühl in den Kindern, sie wären so schlimm, unfähig, böse, sie wären Versager, halten ihre Versprechen nicht. Anna kultivierte in den Kindern eine Logik des schlechten Gewissens, des Schuldgefühls. Die Kinder mussten sich instinktiv verteidigen und umso härter und respektloser gingen sie mit ihrer Mutter um. Gerade das, was Anna mit dieser Erziehungsart nicht erreichen wollte, bekam sie. Tatsächlich besserten sich die Kinder, als Anna aufhörte, so mit ihnen umzugehen und gleichzeitig konsequenter wurde.

Zu viele und zu lange Gespräche über die Verfehlungen der Kinder, mit ihnen wie mit Erwachsenen umgehen, sowie sie dazu bringen, sich ständig zu entschuldigen, sich zu rechtfertigen, ein schlechtes Gewissen und Schuldgefühle zu haben – alles trägt dazu bei, dass unsere Kinder unglücklich werden.

Falsche Gerechtigkeit verursacht Ungerechtigkeitsgefühle: Der Versuch/Wunsch/Drang, alle Kinder in einer Familie gleich zu behandeln, führt dazu, dass Kinder sich beneiden

Der Anspruch, alle Kinder gleich behandeln zu wollen, ist ungesund für die Kinder und schadet den Kindern.

Dass das jüngste Kind mit drei alles haben will, was sein zehnjähriger Bruder hat und der alles dürfen möchte, was seine sechzehnjährige Schwester darf, ist normal. Nichts daran ist erstaunlich. Das ist kein Grund, alle drei gleich zu behandeln und zu erlauben, dass der Zehnjährige auch bis 23 Uhr ausgehen darf, wie die Sechzehnjährige oder sie wieder im Bett von Mama schlafen muss, wie die Dreijährige, weil sie Kopfschmerzen hat.

In einem solchen Gleichbehandlung-Wahn werden alle Kinder Verlierer sein. Sie werden alle unglücklich sein und über Ungerechtigkeit und Unfairness klagen.

Die gleiche Chance und Möglichkeit für alle individuell gut und gerecht erzogen zu werden bedeutet jeden Fall, die Kinder unter Berücksichtigung ihrer jeweiligen Persönlichkeit, ihrer Bedürfnisse, ihrer Interessen und ihres körperlichen und mentalen Entwicklungsstandes zu erziehen.

Kinder nicht lehren zu geben und selbst immer zu viel geben: Das schwächt die Kinder und macht Eltern wichtiger, als sie sind – ein weiteres deutliches Beispiel von Energievampirismus

Dies ist nur ein kleiner, aber sehr wichtiger Punkt in der Kindererziehung. Kinder müssen lernen, sich von Sachen zu trennen. Sie müssen lernen zu geben und nicht nur zu nehmen.

Kinder, die nur bekommen und selbst nicht geben, werden nicht nur zu Egoisten, sondern zu bedürftigen, abhängigen Menschen erzogen.

Dieser „selbstlose" Erziehungsstil dient am Ende mehr, ob bewusst oder nicht, der Erhaltung einer Machtfunktion über die Kinder.

Es bringt in der Persönlichkeitsentwicklung der Kinder nur Behinderungen, macht aber im Gegenzug uns Eltern stark. Als Leute, die immer geben und immer sehr gerne helfen, übernehmen wir eine wichtige und überlegene Position gegenüber den Kindern.

Die Kinder werden immer schwächer und unselbständiger (verlieren Energie) und wir Eltern werden immer bedeutender. Das stärkt unser Selbstwertgefühl (Energiegewinn). Auch hier in diesem Punkt sehe ich ein Beispiel von Energievampirismus.

Warnungen, Angst und Sorge als Erziehungsmethode schaden Kindern: Zu viele Sicherheiten geben zu wollen, nach dem Motto „nur bei uns bist du in Sicherheit", macht Kinder unsicher – auch das ist Energievampirismus

Wie schon oben im Punkt „Zu viele Erklärungen" sind übertriebene Warnungen und Angst um unsere Kinder schlimmer für sie, als das, was ihnen passieren könnte.

Es ist klar, dass es da draußen viele Dinge gibt, wie auch im Inneren der Familie, die uns verunsichern und uns zwingen, vorsichtig zu sein. Aber zu übertreiben und nur Gefahren für unsere Kinder zu sehen, hilft den Kindern überhaupt nicht.

Kinder wollen keine Eltern, die um sie Angst und Sorge haben. Kinder sind wie Welpen. Sie wollen spielen, sich amüsieren, etwas riskieren, ihre Grenzen und Möglichkeiten testen - dazu gehört es auch, Fehler zu machen, Frustration und Wut zu erleben.

Ein Kind will auf einen kleinen Baum zwei Äste hochklettern, da rennt die Mama hysterisch herbei:

„Pass auf, die Äste können brechen, du kannst runterfallen und dir die Beine brechen!"

Kind: *„Aber Mama, ich kann es doch, ich passe auf."*

Mama: *„Nein, mach das lieber nicht. Ich habe im Fernseher gesehen, wie ein Kind dabei gestorben ist. Nein, komm sofort herunter. Du weißt, wie tollpatschig du bist."*

Das Kind ist beeindruckt, aber nicht überzeugt, es könnte glauben, dass es mit seiner Unfähigkeit zu tun hat „ich bin einfach zu tollpatschig, Mama hat kein Vertrauen, weil ich das nicht schaffen kann. Ich bin ein Versager, der nichts kann" usw. Das geht auf sein Selbstvertrauen über.

Machen wir uns viele Sorge um unsere Kinder, haben wir Angst, dass ihnen Schlechtes passieren könnte und schützen wir sie deswegen zu sehr, dann werden wir ihnen schaden. Wir werden Kinder erziehen, die mit unseren Ängsten leben und diese auch übernehmen. Sie werden dann Menschen, die sich nichts trauen, nichts riskieren, nicht belastbar sind. Ihnen wird also die Chance genommen, ihr Selbstvertrauen aufzubauen und weiter zu entwickeln: Sie sind schwach und anfällig.

Sie können sogar Zwangskrankheiten und Paranoia entwickeln.

Es gibt Kinder, die aus Angst ihr Zimmer gar nicht mehr verlassen, sich nicht trauen in die Schule zu gehen, die sich ständig ihre Hände waschen, aus Angst vor irgendwelchen Krankheiten, usw. Diese Zwänge und Ängste entstehen oft aus der sehr ängstlichen Erziehung, die sie bekommen haben.

Kinder mögen nicht, wenn man ihnen ständig verwehrt etwas zu machen, bei dem sie davon ausgehen, dass ein Verbot nicht sein muss.

Wenn wir unseren Kindern ständig etwas verbieten, bringen wir sie dazu, uns irgendwann mehr nicht mehr zu gehorchen und den Respekt zu verlieren.

Es gibt zum Beispiel Eltern, die ihre Kinder mit aller Macht zur Ruhe bringen möchten. Kinder dürfen nicht schreien, in der Wohnung keinen Lärm machen. Kinder hören ständig nur noch

„Leise, leise."

„Ihr seid zu laut."

„Mein Gott, hör sofort damit auf."

„Ihr seid unmöglich!"

Die Kinder entwickeln eine Abwehrhaltung und werden dann erst richtig stur und sogar aggressiv und toben noch mehr, weil sie nicht verstehen können, dass man sie so in ihrer Freiheit einschränken will. Es ist klar, dass Kinder Rücksicht nehmen und Ruhezeiten einhalten müssen, aber sie sind nur Kinder. Sie sind Kinder und nicht Erwachsene und sie dürfen Kinder sein. Das bedeutet, sie dürfen toben, schreien, weinen, streiten, manchmal in der Wohnung rennen und springen, sonst würde diese Energie unsere Kinder kaputtmachen.

Zu viel Fürsorge schadet

Wir machen manchmal den Fehler, Kinder zu sehr schützen zu wollen, dass sie das Gefühl bekommen, nur bei den Eltern fühle ich mich sicher. Die Eltern sind zufrieden und fühlen sich als schützende Macht und Helfer sehr wohl dabei. Unser Ego steigert sich mit jedem „Danke, Papa", „Danke, Mama", „ihr seid die Besten", „ohne euch hätte ich es nicht geschafft". Bei kleinsten Problemen rennen die Kinder zu uns und wir sind sofort zur Stelle, um zu helfen. Wir helfen und schützen sogar, ohne dass die Kinder darum gebeten haben. Wenn die Kinder Streit mit jemandem haben, versuchen diese Eltern nicht, gerecht zu sein, sondern unterstützen nur ihre Kinder, auch wenn diese sichtlich im Unrecht sind. So ein Stil macht uns als Eltern stark, stärkt unser Selbstbewusstsein, streichelt unser Ego, sichert unsere Machtposition. Das ist aber Energievampirismus, da zugleich unsere Kinder schwächer, bedürftiger, uns gegenüber abhängiger werden. Das ist fatal für sie, auch im erwachsenen Alter. Ich kenne erwachsene Menschen, die beziehungsunfähig sind, weil sie so sehr an ihrer Mama oder ihrem Papa hängen. Andere sagen stolz mit 40 „ich kann mich nur meinen Eltern anvertrauen, sie sind immer für mich da und helfen mir immer." Es gibt Eltern, die ihre Söhne oder Töchter so sehr schützen wollen, dass sie sogar in deren Beziehungen eingreifen. Anstatt bei einem Problem zuzulassen, dass die Partner sich bemühen, ihre eigenen Lösungen zu finden, sind sie schon da mit ihrer Hilfe und unterbinden somit die aktive Rolle des Partners, die wichtig ist für die Anerkennung in einer Beziehung. So hat der Partner kaum die Chance, eine wichtige Rolle zu auszufüllen, dadurch fühlt sich die Tochter oder der Sohn wiederum in schwierigen Phasen nicht vom Partner unterstützt und geliebt. Das führt dazu, dass diese Kinder sich nicht einlassen und Vertrauen nicht entstehen lassen. Früher oder später werden Kinder, die so erzogen wurden, verlassen, oder sie trennen sich immer schnell. Aber nicht der Partner ist schuld, sondern der Erziehungsstil der Eltern. Viele solcher Kinder sind innerlich instabil, sie sind manchmal 40, aber vor ihren Eltern reden sie, handeln sie und verhalten sich immer weiter wie Kinder, um immer noch mehr bekommen zu können. Diese Kinder werden wütend und zornig, wenn die Eltern dann irgendwann einmal ihren Bedürfnissen nicht mehr nachkommen wollen.

Liebe ist gut und richtig, aber zu viel Fürsorge, die Kinder zu viel beschützen wollen, macht die Kinder schwach und am Ende unglücklich.

Zu viel Lob, Falsches, unangebrachtes und ungerechtfertigtes Lob, kaum Kritik oder nur Kritik, bzw. zu viel davon

Falsches und ungerechtfertigtes Lob und zu viel Lob schaden den Kindern und entwerten jedes Lob.

Die Kinder haben feine Antennen für sich selbst und können zum großen Teil ihre Leistungen und Handlungen selber sehr gut beurteilen. Sie spüren es, wenn sie etwas nicht ganz so gut gemacht haben.

165

Wenn wir Eltern sie für etwas loben, das offensichtlich nicht außergewöhnlich ist, oder wir sie loben, obwohl sie hätten korrigiert werden müssen, schaden wir ihnen.

Lob kann bei Kindern sogar Druck erzeugen, zum Beispiel Perfektionsdruck, Lob kann auch dazu führen, dass die Kinder den Respekt vor uns verlieren.

Kinder gewinnen oder stärken ihr Selbstvertrauen und gewinnen an Selbstsicherheit, wenn sie Herausforderungen, schwierige und manchmal schmerzhafte Erfahrungen mit eigenen Mitteln überwinden. Würden wir alles dafür tun, dies durch ständiges Lob zu unterbinden, fördern wir gar nichts in unseren Kindern.

Es gibt Eltern, die aus Angst, die Kinder traurig zu machen, alles loben. Zum Beispiel ist nach einem Fußballspiel ihres Kindes alles, was aus ihrem Mund kommt nur „toll gemacht, Marco", weil Marco gut gespielt hat. Das nächste Mal heißt es wieder „toll gemacht, Marco", obwohl das Kind viele Fehler gemacht hat – weil es kurz vor dem Spiel zu viel gegessen hat und sich deswegen kaum bewegen konnte und es wird auch von seinem Trainer dafür kritisiert. So ein Lob-Stil würde dem Kind mehr schaden, weil er dazu führt, dass das Kind nicht beseitigt, was nicht gut war und nicht noch weiter verbessert, was gut war. Diese Art von Lob macht das Kind schwach, wenn es nicht mit der Realität übereinstimmt.

Leeres Lob und Lob für Dinge, die objektiv nicht lobenswert sind, verhindern, dass die Kinder die Kraft des wahren Lobes erfahren. Sie verlernen ihr angeborenes Urteilsvermögen. Wenn Lob nicht gerechtfertigt ist, kann es das

Kind demotivieren und verwirren. Wir sind nicht mehr glaubwürdig, da sie unserem Urteilsvermögen nicht mehr trauen. Irgendwann glauben sie dann nicht mehr an uns und an sich selbst.

Lob ohne Kritik kann das Leistungsvermögen der Kinder beeinträchtigen und dazu führen, dass sie sich gar nicht mehr anstrengend, da alles, was sie tun doch so toll und unglaublich schön ist.

Sehr viel loben, besonders mit materiellen oder Geldgeschenken ist sehr kontraproduktiv für eine gesunde Entwicklung der Kinder.

Obwohl wir mit Lob Gutes tun wollen, können wir mit falschem, nicht ehrlichem und leerem Lob viel Schaden bei unseren Kindern verursachen.

Ständige und übermäßige Kritik an den Kindern, auch wenn es Gründe dafür geben sollte, schadet den Kindern genauso wie das ständige Lob. Kinder, die ständig kritisiert werden, verschließen sich, glauben nicht mehr an sich, zweifeln an allem, was sie tun, lassen sich schnell manipulieren, werden nicht selbstbewusst genug. Sie haben Angst. Eine weitere Folge ist die Zerstörung der Bindung zwischen den Kindern und uns Eltern.

Gewalt in der Erziehung: Körperliche und psychische. Achtung: Die Folgen psychischer und verbaler Gewalt können weitaus schlimmer sein, als körperliche Gewalt; „Du Dummerchen" kann mehr schaden als ein heftiger Klaps

Ein Erziehungsstil, der auf Gewalt basiert, kann dem Kind nichts Gutes tun. Gewalt ist ein Grund, warum Kinder unglücklich sind. Entgegen häufiger Annahmen ist Gewalt in vielen Familien aller sozialen Klassen immer noch sehr häufig. Sie wird einfach nur nicht nach außen getragen.

Ich weiß, dass das Wort Gewalt von Person zur Person, von Land zu Land, von Kultur zu Kultur anders interpretiert wird.

Was ist Gewalt? Wann fängt die Gewalt an? Ist ein Klaps Gewalt?

Ist Gewaltandrohung Gewalt? Was ist mit Gewaltszenen?

Ich finde die wirklich große Problematik in der Definition des Worts Gewalt selbst, weil sie keine Gradierung zulässt. Das Wort Gewalt selbst ist sofort negativ. Deswegen reden wir hier von Gewalt als allem, was dem Kind wehtut.

Grundsätzlich ist Gewalt etwas, was Kindern schadet, aber nur grundsätzlich, weil ich auch überzeugt bin, dass ein kleiner Klaps nicht unbedingt schadet, wenn er nicht dazu benutzt wird, dem Kind wehzutun und nur in Ausnahmefällen eingesetzt wird. Aber da liegt bereits die Problematik. Wer bestimmt die Grenze von Schmerzen? Was tut dem Kind weh und was nicht? Ich persönlich brauchte diese Mittel nie für meine Kinder und empfehle diese Methode auch nicht, aber die Klapse meiner Eltern haben mir auch nicht geschadet (aber das war auch in einer anderen Zeit) und ich bin kein Schläger geworden. Ich habe mich niemals mit einem anderen Kind oder anderen Menschen geschlagen, weil ich einen Klaps bekommen habe. Trotzdem bin ich der Meinung, dass es ohne sehr gut gehen kann und für alle gesünder ist. Man braucht keine Schläge für eine erfolgreiche Erziehung.

Erziehung mit Schlägen und Prügeln ist sinnlos und bringt langfristig nicht das ersehnte Ergebnis. Im Gegenteil. Zu viele Schläge verhärten die Kinder, die wiederum härter und gewalttätig werden. Gewalt in der Erziehung behindert die Persönlichkeitsentwicklung von Kindern massiv: Sie können auch im Erwachsenenalter Ängste, Wut, Zorn, Minderwertigkeitskomplexe haben.

Auch passive Gewalt, wie Gewalt im Fernsehen, schadet Kindern. Gewaltszenen und sexuelle Bilder und Inhalte im Fernsehen und im Computer machen Kinder ängstlich, vermindern ihre Aufmerksamkeits- und Konzentrationsspanne, machen sie unruhig, sie schlafen schlecht, sie steigern ihre Bereitschaft zu Aggression und Gewalt, sie können das Bild von Sexualität der Kinder negativ beeinflussen und sogar sexuelle Misshandlungen von Kindern an Kindern fördern und viel mehr.

Und was ist mit psychischer Gewalt? Gewaltandrohung? Festhalten? In ein Zimmer sperren?

Die Meinungen gehen weit auseinander, wenn man fragt, was mehr Schaden anrichtet: psychische Bestrafung und Gewalt gegen Kinder oder körperliche Gewalt?

Viele Leute verteufeln zu Recht körperliche Gewalt, wie Schlagen, und die psychische Gewalt wird gar nicht als so schlimm empfunden.

Psychische Gewalt zählt in vielen westlichen Gesellschaften zu den häufigsten Formen von Gewalt gegen Kinder, wo angeblich Gewalt gegen Kinder strikt verboten ist. Der Grund: sie wird sehr subtil ausgeübt bzw. man sieht nicht sofort die Folge mit bloßen Augen .anders als bei der körperlichen Gewalt

Bei körperlichen Gewalt sieht man auch die Folgen sofort: blaue Flecken, Wunden, Tränen, usw. Die Folgen psychischer Gewalt werden nicht gesehen und deswegen auch eher vernachlässigt. Das ist aber ein großer Fehler, da diese bei Kindern schlimmere Verletzungen verursachen. Folge: psychische Gewalt läuft im Stillen ab, im Verborgenen, unterschwellig und kommt erst heraus, wenn die Kinder schon richtig kaputt sind.

Vielen Menschen, viele Eltern glauben, dass es besser ist, ein Kind dumm zu nennen, als ihm einen Klaps zu geben: Hausarrest, ins Zimmer Sperren, Liebesentzug, stunden-, gar tagelange Gesprächsverweigerung, Schweigen und Kind Ignorieren, Isolation, Mobbing (ja, es gibt Eltern, die ihre eigenen Kinder mobben, oder ein Teil der Familie mobbt den anderen), den Kindern ständig Vorwürfe machen, Kinder ständig mit ihren Fehler und Mankos konfrontieren, ständig den Kinder vorwerfen, dass sie uns geärgert haben, dass sie uns fertigmachen, Zurückweisung, Bloßstellen, Herabsetzung, Erniedrigung, mit Essen bestraffen, Beschimpfungen („du Arschloch, du redest nur Blödsinn, Dummerchen, du bist ein schlechtes Kind, du isst, wie ein Schwein, der Jonas macht es besser als du, du Affe") Drohsätze („wenn du das nicht machst, werde ich dich schlagen, wenn du schreist, rufe ich die Polizei an, der Böse holt dich ab, wenn du nicht nett bist, ich will dich heute nicht mehr sehen, du bist unmöglich, nicht zu ertragen usw.). All das sind Angriffe, die die Seele der Kinder viel intensiver krank machen und zerstören. Sie verursachen auch Krankheiten, die man am schwierigsten heilt, weil sie zu spät registriert werden und man eigentlich am Ende vergessen hat und nicht mehr genau weiß, wie die Verletzungen entstanden sind.

Die Folgen psychischer Gewalt gegen Kinder sind u.a.: Zerstörung des Vertrauens und des Selbstwertgefühls, Angststörungen, Zwangskrankheiten, Persönlichkeitsstörungen, Suchterkrankungen, Selbstverletzungen, Bulimie, Magersucht, Komplexe, Minderwertigkeitsgefühle, Antriebslosigkeit, Kotzen, Selbstmordgedanken und sogar Selbstmord, Depressionen, ständige Frustrationen, aggressives Verhalten, das oft gegen die Eltern selbst anfing.

Kinder, die Gewalt als Erziehungsstil gekannt haben, werden zum großen Teil auch gewalttätig. Wir sehen oft Erwachsene, die auch in der Sprache sehr gewalttätig sind, die nur mit Beleidigungen, Beschimpfungen usw. argumentieren oder sich wehren. Meistens haben diese Menschen als Kind Gewalt gekannt. In Kap. 22.9 berichtet Robert darüber, wie die Gewalt seines Vaters ihn auch im Alter von 38 Jahren noch gewalttätig macht. Er kann Auseinandersetzungen, auch mit seinen eigenen Geschwistern, nur mit schlimmsten verbalen Entgleisungen durchstehen. Die Worte, die dabei aus seinem Mund kommen, machen ihn im Nachhinein sehr traurig. Das sind Wörter die man auch gegen ihn benutzt hatte. Das sind Worte wie Huren, Arschloch, fxxx dich, du bist blöd, du bist dumm, du bist krank, du bist scheiße, Ratte, du Affe, Schwein, ich bringe dich um, verpiss dich, Schwuchtel, Dieb usw. Er wusste nicht woher das kam und erst ein Coaching half ihm, die Stimme seines Vaters in den Worten zu erkennen und er lernte dann, sich besser in den Griff zu bekommen.

Auch Gewalt unter Eltern, ohne die Kinder direkt zu betreffen kann Kindern genauso schaden, wie psychische Gewalt. Sich vor den Kindern ständig fertig zu machen, zu beschimpfen, sich zu schlagen kann auch als Gewalt gegen Kinder angesehen werde, diese beeinflusst die Kinder auf jeden Fall negativ.

Selbstlose Erziehung ist eine Selbstlüge

Die selbstlose Erziehung ist nach meiner Meinung eine Selbstlüge. Alles, was wir tun, hat einen Grund. Alle Handlungen kommen nicht von ungefähr. Wir verfolgen damit ein bestimmtes Ziel, auch wenn unbewusst. Man liebt nicht einfach so.

Bewusste und unbewusste sexuelle Belästigung und sexueller Missbrauch von Kindern

Achtung: Kinder können sehr früh sexuelle Erregung empfinden, manche Art von Streicheln kann für ein Kind sexuelle Belästigung sein

Ein großes Problem für Kinder in der immer stärker sexuell frustrierten und unglücklich werdenden Gesellschaft in allen Kulturen der Welt, in allen sozialen Schichten, ist die sexuelle Belästigung, sexuelle Gewalt und der Missbrauch.

Dieses heikle Thema wird unterschätzt, vielleicht weil es viel öfter vorkommt, als wir akzeptieren möchten und dennoch Tabu ist.

Missbrauch von Kindern kann in verschiedenen Formen geschehen. Es kann bewusst sein aber auch unbewusst. Bewusst kann es aktiv oder inaktiv sein. Missbrauch eines Kindes muss man nicht nur in gewaltintensiven Akten sehen. Auch sogenannte liebevolle Gesten, Streicheleinheiten, Körperberührungen, Massagen, Blicke können bei Kindern das gleiche auslösen, wie ein „echter" Missbrauch.

Bewusste, aktive und inaktive sexuelle Belästigung und Missbrauch von Kindern

Pädophile Gedanken sind weiter in den Köpfen der Menschen verbreitet, als die Gesellschaft zugeben will.

Viele Akteure der 68er Bewegung setzten sich für die sexuelle Freiheit ein. Daraus entwickelte sich auch bei vielen der Gedanke, Sex mit Kindern nicht mehr als Straftaten einzustufen, das bedeutet Sex mit Minderjährigen als normal zu betrachten, solange das Kind freiwillig zustimmen würde. Dieser Gedanke nahm konkrete Formen an wurde sogar bei einigen Menschen als politisches Ziel angesehen. Wie kann ein Kind aber etwas zustimmen, das es doch gar nicht kennt?

Ich glaube, bzw. vermute, dass das Schlimmste, was einem Kind passieren kann, sexueller Missbrauch ist.

Sexuelle Gewalt an Kindern tötet die Kinder von Innen ab. Es zerstört ihre Natur, ihr Urvertrauen, ihr Wesen. Das Schlimmste ist dabei für die Kinder, dass die Täter oft Bezugspersonen sind, wie Eltern, Großeltern, Tanten und Onkel, Betreuer, Trainer, das heißt Menschen in die sie vollstes Vertrauen haben.

Bewusste, aktive sexuelle Gewalt an Kindern ist für mich, wenn Menschen Kinder aktiv „geschlechtsmässig" missbrauchen: aktiver Sex in allen möglichen Formen, aktives Anfassen, Konsum von Pornos und Sexbildern vor und mit den Kindern, sich vor einem Kind aufgeilen und vieles mehr. Darüber wurde schon sehr viel geschrieben und die negativen Folgen für die Kinder kennen wir alle.

Bewusste, inaktive sexuelle Gewalt an Kindern ist, wenn Menschen Kinder unauffällig missbrauchen und die Kinder dabei glauben lassen, dass es um Zuneigung und Liebe geht. Der Akt ist so subtil, dass man den Missbrauch kaum merken und erkennen kann. Nur das Kind findet es unangenehm, aber es hat kaum Chancen, sich dagegen zu wehren, denn es ist doch „nur Zuneigung". Währenddessen spürt der Erwachsene Lust und seine Handlungen und die Widerstandslosigkeit und die Naivität des Kindes machen ihn geil. Diese Form vom Missbrauch hat nach meinen eigenen Studien langwierige, negative Folge für die Kinder. Sie sind erwachsen, aber kaputt, ohne zu wissen, was mit ihnen los ist. Sie haben ein oder mehrere der folgenden Symptome: ihre Sexualität ist durcheinander, sind frigide, prüde oder kriegen ihn nicht hoch, sie kriegen kaum einen Orgasmus, wenn sie mit Menschen schlafen, die sie lieben, aber doch mit Menschen, die sie nicht lieben, oder von denen sie nicht als wertvoll erachtet werden und die sie misshandeln, sie sind beziehungsunfähig, hassen ihren Körper, verletzten sich selbst, leiden unter Bulimie, usw. Sie wissen selbst nicht, warum sie so sind und suchen die Gründe woanders. Eine Korrelation mit einem möglichen Missbrauch ist ausgeschlossen, denn es gab angeblich auch nichts, was man als Missbrauch bezeichnen könnte und die Eltern waren doch immer so lieb.

Ich weiß genau, dass diese Form vom Missbrauch sehr schwierig zu beweisen ist. Ich kam nicht durch Zufall darauf, denn bei meiner Einweihung in Afrika wurde schon darüber gesprochen und deswegen haben die Menschen sehr früh eine Trennung der Geschlechter etabliert und Erwachsene gewarnt, Kinder bzw. Heranwachsende einfach so und überall zu betatschen. Es wurde uns sehr früh erklärt, dass der Körper – sei es von Kindern oder Erwachsenen – auf bestimmte Impulsen reagiert. Die Erwachsenen können die Impulse einordnen, die Kinder noch nicht ganz. Es gibt deswegen Zonen am Körper, die man auch aus Liebe zum Kind nicht einfach so unbedacht berühren sollte, weil diese Zonen erotisch sind bzw. erogen. Wie man ein Kind von einem oder zwei Jahren berührt oder streichelt, sollte nicht mehr das gleiche sein, wenn das Kind sechs, sieben oder acht ist. Die Reaktion der Kinder auf die Berührung ändert sich, je älter sie werden. Eltern und Erwachsene müssen das wissen und respektieren und sehr früh den körperlichen Kontakt zu Kindern anpassen. Bestimmte Bilder und Berührungen der Kindern, oder der Eltern untereinander vor den Kindern, werden mit der Zeit Tabus, um die Kinder und ihre Intimität zu schützen. Das ist in der afrikanischen Erziehung sehr wichtig, denn der natürliche Inzest-Schutzinstinkt ist nicht vollkommen. Man sollte ihn aktiv unterstützen, damit er bleibt und das bedeutet auch, Vorkehrungen zu ergreifen. Manche Menschen aber überschreiten absichtlich diese Grenze, um Kinder zu missbrauchen, ohne sich wirklich an den Kindern zu vergehen (geschlechtlicher Sex, wie man Missbrauch und Vergewaltigung versteht).

Die **öffentliche Pädophilie-Debatte** in Deutschland im Jahr 2013 über den Umgang der Partei Die Grünen mit der Pädophilenbewegung und der konkrete Fall einer Klientin brachten mich dazu, diese Art von Missbrauch ohne „Tat" an Kindern zu untersuchen. Ich schaltete verschiedene Arten von Anzeigen, um Menschen mit ähnlichen Erfahrungen in der Kindheit zu suchen. Die Reaktionen waren mehr als ich erwarte habe. Viele Menschen meldeten sich, freuten sich, dass sie zum ersten Mal darüber sprechen konnten, über etwas, das die Gesellschaft als normal ansehen möchte, aber was ihr Leben kaputt gemacht hat. Sie erzählten von unangenehmen Erlebnissen an ihrem Körper, als sie Kind waren. Obwohl es ihnen damals schon schlecht damit ging, hatten sie es verdrängt und vergessen.

Eine Frau erzählte mir: „Wie kannst du mit sechs jemandem erzählen, dass dein Vater dich nur mit seinen Augen sexuell belästigt hat? Wie kannst du jemandem mit sechs erklären, dass deine Tante dich bei der Massage mehrmals an den Brustwarzen zärtlich gekratzt hat und dabei komisch gelacht hat? Man wird sagen, dass du verrückt bist, dass sie es nur gut gemeint hat und dir nur etwas Gutes tun wollte, oder? Du glaubst es am Ende auch, aber in deinem Unterbewusstsein ist die Sache schon fest registriert als Missbrauch. Irgendwann bekommst du die Symptome eines missbrauchten Kindes, aber du kannst gar nicht mehr wissen, woher es kommt. Der Psychologe fragt dich, ob du in deiner Kindheit missbraucht wurdest, und du sagst nein. Er glaubt dir nicht. Er denkt, du willst etwas verbergen. Aber wie kannst du etwas verbergen, was es nicht gab? Niemand hat sich an dir vergangen, auch nicht oral. Aber dein Körper sagt dir, du wurdest sexuell missbraucht. Endlich darfst du die Sache mit Namen ansprechen. Ja, das war Missbrauch. Sie haben sich aufgegeilt. Es hat ihnen Lust gemacht. Missbrauch ohne Tatwaffe, ohne Beweise."

Es gibt viele Betroffene von Fällen, die für die meisten Menschen gar nicht wahrgenommen werden. Viele dieser Betroffenen leiden noch heute darunter. Einige Beispiele:

- Unangenehmes Streicheln, Berühren; Massage an Bereichen, die sie nicht wollten.
- Bilder des nackten Körpers des Vaters oder des Freundes der Mutter, manchmal in erigiertem Zustand („,Es ist doch normal schäm dich nicht, Schatzi,' sagte meine Mutter. Er kommt ins Badezimmer und fragt: ‚Willst du es anfassen?' Und heute wollen sie nicht wissen, woher

meine Probleme kommen?" Erzählte mir eine 34 jährige Frau).

- Die erotischen Blicke des Onkels („Er sagte mir ständig, direkt und leise in meine Ohren ,du bist ein hübsches Mädchen' und danach schaute er mich an und leckte sich langsam über seine Lippen).
- Die lauten Schreie der Mutter, die auf der Couch mit dem Liebhaber schläft und zeigt, wie sie es genießt, wie schön es ist.

Solche Erlebnisse zerstörten viel in den Kindern und belasteten sie, ohne dass jemand wirklich sagen kann, dass sie sexuell angegriffen wurden. Dennoch haben viele von ihnen die Symptome, die psychischen und körperlichen Beschwerden von Kindern, die wirklich missbraucht wurde. Der Missbrauch hier hat auch stattgefunden, aber in einer anderen Form.

Mehr über dieses Thema habe ich in dem Buch „ *Versteckte sexuelle Angriffe gegen Kinder, unauffälliger Missbrauch von Kindern* " geschrieben.

Unbewusste sexuelle Belästigung und Missbrauch von Kindern – Achtung: Kinder können sehr früh sexuelle Erregung empfinden

Sexuelle Belästigung von Kindern muss kein aktiver Akt sein, sie kann verbal sein, oder auch aus unschönen visuellen Akten bestehen.

Ein Mann in meinem Coaching berichtete, dass er Frauenkörper hasst und er wusste auch gleich warum. Den Grund hatte er immer gekannt. Von Anfang an hatte ihn dieser Anblick belästigt. Er sagte mir, dass er als Kind häufig mit seiner Oma zu einem See ging, um zu schwimmen. Es war ein See, an dem man nackt baden durfte. Er wollte das nicht, traute sich aber nicht, abzulehnen, denn er schämte sich den Grund anzugeben. Er wollte seine Oma nicht beleidigen. Tatsache war, dass er seine Oma nicht nackt sehen wollte. Der Anblick dieser alten, faltigen Haut (was ganz normal ist, sie ist eben alt und wir werden alle irgendwann einmal so aussehen) störte ihn sehr. Dadurch assoziierte er den Körper einer Frau und Sexualität mit dieser „Unschönheit" und am Ende war er davon sexuell zerstört. Nun mit 38 war er noch immer nicht fähig, einen Frauenkörper als schön anzusehen, obwohl er nicht schwul ist.

Nach diesem Bericht habe ich im Netz gesucht, ob andere Menschen solche Erfahrungen gemacht hatten, bei denen sie sich sexuell belästigt gefühlt haben, obwohl es in der Realität nicht um mutwillige sexuelle Belästigung ging.

Erstaunlicherweise meldeten sich viele Menschen, Frauen und Männer und berichteten mir von Erlebnissen, die wir Eltern oder die Gesellschaft normal finden, die aber **manche** Kinder doch sehr stören. Die Erlebnisse reichten von Papa morgen im Bett nackt und steif zu sehen, bis zum Duschen mit Mama. Viele erklärten mir, wie unangenehm sie es fanden, wenn sie mit acht, neun oder zehn noch von der Mutter gewaschen wurden und diese dabei ihre Genitalien berührte und sie sich erregt fühlte. Ich war doch sehr erstaunt, wie wir Kindern unbewusst wehtun, ohne es zu wollen oder zu wissen. Klar, es geht nicht um alle Kinder, aber Tatsache ist, dass es Kinder gibt, die solch schamlose, moderne Art des Lebens als sexuelle Belästigung empfinden. Die Schamgrenze ist bei jedem Kind anders. Was für ein Kind normal ist, kann bei einem anderen schlecht sein. Manche Kinder sind schon sehr früh sexuell aktiv in ihren Gedanken und Gefühlen und manche nicht. Die großen Fehler, die wir machen, entstehen durch die Experten und Pädagogen, die uns verallgemeinernde Tipps geben.

Sexuelle Erregung von Kindern kann sehr früh anfangen und nicht erst in der Pubertät, wie es früher in den westlichen Ländern gesagt und gedacht wurde. In Afrika lernte ich bei meiner Einweihung, dass Kinder schon sehr früh sexuelle Erregung spüren können. Sie ordnen das nicht sexuell ein, aber sie können spüren, was das in ihren Körper macht. Etwas Schönes oder Unschönes, je nach Kind und seiner Persönlichkeit und Empfindlichkeit.

Meine Frühe sexuelle Erfahrung als Kind

Ich habe schon sehr früh mit mir gespielt ohne zu wissen, was das ist, was ich da tue. Es machte mir einfach Spaß, mit meinem Geschlechtsteil zu spielen. Da ich aus einer großen Familie komme (mein Vater hatte drei Frauen und über 20 Kinder), erinnere ich mich noch genau, wie wir Kinder, Jungen und Mädchen, uns für diese Teile interessierten, ohne Hintergedanken. Dann, irgendwann mit sechs Jahren glaube ich, habe ich eine Erfahrung gemacht, die ich bis heute nicht vergessen habe. Die Tochter einer Bekannten der Familie war zu Besuch und hat bei uns in Yaounde übernachtet. Sie war vielleicht 18, 20? ich habe keine Ahnung. Ich schätze es nur. Sie hat diese Nacht bei mir im Bett geschlafen. Nachts habe ich an ihr gefummelt und versuchte ihren Slip auszuziehen. Ich stecke meine Hände überall hin, ohne zu wissen, was ich suchte. Dann legte ich mich auf ihren Po und so. Ich tat das alles sehr bewusst und passte auf, dass sie nicht wach wurde. Wenn sie sich bewegte, hörte ich auf und tat so, als ob ich schlief. Zu meiner Überraschung wachte sie aber nicht auf und legte sich immer so hin, dass es mir einfach war, in der Unterhose zu fummeln, oder ihre Brüste zu streicheln. Ich wusste nicht genau, was ich wollte, aber ich war erregt und es fühlte sich schön an. Ich habe weiter nichts getan und es ist nicht weiter gegangen, als diesen schlafenden Körper zu „durchwühlen". Irgendwann war ich müde und schlief ein. Am Tag danach hatte ich Angst und schämte mich so, aber sie erzählte es niemandem und danach war die Sache aus meinem Kopf verschwunden. Dass ich am Tag danach nur herumschlich, mich schämte und Angst hatte, dass sie es meiner Mutter sagt, ist der Beweis, dass ich die Sache selber nicht als normal empfunden habe. Dieses Bewusstsein für das Unnormale, was ich getan hatte, ist für mich ein Beweis, dass Kinder sehr früh sexuelle Erregung erkennen und empfinden können. Ich habe danach jahrelang keine solche Erfahrung mehr gehabt und hatte auch nicht das Bedürfnis danach.

Das ist der Grund warum in Kamerun Jungs und Mädchen sehr früh getrennt werden, zum Beispiel beim Duschen. Grundsätzlich dürfen Mädchen ältere Männer, inklusive Vater und Brüder, und Jungs ältere Frauen, inklusive Mutter und Schwestern, nicht nackt sehen. Das dient auch dazu, sexuelle Belästigungen und Inzest zu vermeiden. Der Mensch ist halt ein Mensch und nur ein Menschen und kein Gerät. Normalerweise haben unser Instinkt und die Sozialisierung bestimmte Hemmschwellen sehr hoch eingestellt. Trotzdem sollte man sich nicht ständig in solche Situationen begeben, nur um der Versuchung zu widerstehen und zu zeigen, dass man sich kontrollieren kann. Unsere Augen sehen, was sie sehen und was wir sehen beeinflusst uns, auch wenn man nicht handelt. Man macht sich seine kleinen Gedanken (zum Beispiel: „werde ich so aussehen, wenn ich alt bin? Oje, der hat einen labberigen Po." Ich will nicht viel mehr sagen. Jeder kennt das. Jeder bildet sich seine Meinung und behält sie in sich).

Es ist nicht nötig, sich permanent mit solchen Bildern zu konfrontieren, wenn es nicht sein muss. Sie könnten andere Kinder stören und sogar verletzen, sie unglücklich machen.

Sexuelle Erregung bei Kindern hat nichts zu tun mit der von Erwachsenen, wie ich es auch bei mir gesehen habe. Sie hat überhaupt nichts mit dem Wunsch nach einem sexuellen Akt zu tun. Die Kinder wissen meist gar nicht, wie in meinem Fall, was man mit der Erregung anstellen soll.

Wir müssen erkennen, so wie ich es bei mir selbst und bei den zahlreichen Menschen, die sich gemeldet haben erkannt habe, dass manche Kinder sehr früh sexuelle Erregung empfinden können, ohne geschlechtsreif zu sein. Deswegen können manche unserer Handlungen für manche Kinder bereits als sexuelle Belästigung empfunden werden, ohne dass wir es beabsichtigen oder auch nur daran gedacht haben. Es ist sehr wichtig, auf die Sensibilität jedes einzelnen Kindes zu achten und die Hemmschwelle jedes Kind zu erkennen, und nicht nur den Forschungsergebnissen der Experten zu vertrauen. Was für ein Kind ganz normal ist, kann für das andere schlimm sein. Manchen Kindern sind schon bestimmte Nacktbilder oder Bilder von Körperteilen unangenehm und problematisch. Einfach zu sagen, Kinder können dies oder das noch nicht, ist nicht immer wahr. Es wäre besser zu sagen manche Kinder können dies und manche Kinder das nicht. Das kann uns helfen, die sexuelle Empfindlichkeit der Kinder sehr früh zu erkennen. Das verhindert, dass man diese Kinder, ohne es zu wissen, sexuell belästigt. **Es ist wichtig das zu wissen, um die Privatsphäre des Kindes sehr früh zu akzeptieren und zu schützen.** Man sollte für jedes Kind individuell die Formen der körperlichen Nähe überdenken und gegebenenfalls schon früher unterbinden. Das wollte ich mit meiner eigenen Geschichte deutlich machen. Ich war sechs Jahre alt, hatte noch nie ferngesehen, hatte kein Internet gehabt, kein Sexbuch angeschaut, und dennoch war dieser Instinkt früh da. Kinder empfinden unterschiedlich. Heranwachsende gehören für mich auch in der Gruppe Kinder.

Grundsätzlich ist jegliche Art sexueller Belästigung von Kindern, besonders aus Reihen der Angehörigen, ein sehr schlimmes Erlebnis, das sie fast ihr ganzes Leben begleitet. Das Verleugnungspotential ist leider hoch und die Tendenz ist, die Sache geheim zu halten. Damit erschweren wir das Leiden für die Kinder, die zeitnah kaum die Chance bekommen, das Trauma zu verarbeiten und so werden sie fast ihr Leben lang diese Last mittragen und unglücklich sein.

Mobbing innerhalb der Familie

Eltern gegen Eltern, Eltern gegen Kinder und wenn sich Geschwister gegenseitig Fertigmachen

Eine Klientin beklagte sich bei mir über ihren Vater:

„Ich bin sehr traurig dass ich in seine Streits mit meiner Mutter mit einbezogen wurde, dass er mit mir darüber gesprochen hat. Dass er mich auf seine Seite gezogen hat und meine Mutter für mich die Böse war."

Über ihre Mama sagte sie: *„Ich bin wütend, weil sie oft so gemein zu meinem Vater war, weil sie schlecht über ihn redete, weil sie uns immer sagte, er sei ein Versager, uns erzählte, dass er im Job gehänselt wurde, weil er nichts konnte, dass Bilder von ihm, auf denen er klein und fett war, ohne sein Wissen in der Öffentlichkeit verbreitet wurden. Ich bin wütend, weil sie so laut geschrien hat, dass ich immer alles mitbekommen habe. Heute würde ich sagen, dass sie ihn gemobbt hat...."*

(Mehr dazu findest du im Erfahrungsbericht von Carmen).

Carmens Feststellung: „Heute würde ich sagen, dass sie ihn gemobbt hat," sagt allein schon viel.

Mobbing innerhalb der Familie ist tatsächlich keine Seltenheit. Nach meinen Recherchen wird in der Familie immer häufiger gemobbt und das belastet die Kinder sehr und kann sie sogar krankmachen.

Es ist für ein Kind sehr belastend, wenn Eltern seine Gunst und seine Liebe suchen, indem sie sich gegenseitig fertig machen. Wenn ein Elternteil ständig über den anderen lästert, ihm Vorwürfe macht, sich dauernd vor den Kindern beklagt, was der andere alles schlecht macht, oder dass er Scheiße gebaut hat, wenn er jammert, dass er sie/ihn schlecht behandelt usw., dann schadet er den Kindern sehr.

Sie bekommen das Gefühl, dass sie sich zwischen beiden entscheiden, bzw. Position beziehen müssen.

Ich kenne Fälle, bei denen Eltern sich gegenseitig in der Öffentlichkeit, sogar vor den Eltern der Freunde ihrer Kinder, mobben. Stellen wir uns einmal vor, was es für die Kinder bedeutet, wenn sie zufällig mitbekommen, dass ihre Mutter gesagt hat, dass der Vater keinen mehr hochkriegt, oder dass er ein Säufer ist? Dass der Vater erzählt hat, dass die Mutter nicht haushalten kann, schmutzig ist, stinkt und sogar alle mit Läusen angesteckt hat, dass sie geizig ist und dem Kindern nichts zu essen gibt? Das sind Situation, die den Kindern unheimlich weh tut und die ihren Glaube und ihr Vertrauen zerstören. Die Kinder entwickeln Gefühle vom Scham, Angst und Unsicherheit.

Es gibt auch Eltern, die die Kinder gegeneinander ausspielen. Manche zeigen ganz offen, dass sie das eine Kind mehr lieben als das andere.

Wenn Geschwister sich gegenseitig mobben

Dieses Phänomen wird selten angesprochen. In Erziehungsratgebern wird kaum über diese Situation berichtet. In den Medien und in Büchern von Kinderpsychologen lesen wir viel über das Mobbing von Kindern untereinander, bzw. über Mobbing zwischen Lehrern und Schülern, aber dass auch viele Kinder von den eigenen Geschwistern, in der eigenen Familie, gemobbt werden, wird selten erwähnt. Dennoch kommt es sehr häufig vor und ist noch zerstörerischer als Mobbing außerhalb der Familie.

Ich habe einige Beispiele von Mobbing unter Geschwistern gesammelt. Dies sind Auszüge aus Briefen an mich:

„Mein Bruder war auch oft sehr gemein zu mir,…z.B. hat er mich ab und zu angesehen und dann gesagt: „Du bist so hässlich". Er sagte das Gleiche in der Schule. Ich war erst sieben. Er malte hässliche Figuren und klebte sie auf meinen Schulranzen… Da ich mich damals schon nicht besonders schön fand, hat mich das sehr getroffen, sehr gekränkt, vor allem hätte ich gewünscht, dass meine Mutter z.B. eingegriffen hätte und gesagt hätte ‚hör nicht auf ihn du bist schön'… Ich hatte das Gefühl, dass sie damit einverstanden war. Solche Kommentare kamen öfter von ihm, und ich hatte Probleme, damit umzugehen und hab das in mich reingefressen." Berta, 42 aus Hamburg

Berta fühlt sich bis heute hässlich und leidet sehr darunter.

„Fotos von mir waren bei vielen Menschen gelandet, ohne dass ich wusste, wer das getan hatte und wie es dazu gekommen war. Auf den Fotos konnte man mich beim Duschen sehen und auf der Toilette sehen. Ich war fertig, am Boden zerstört. Ich musste die Schule wechseln und als das nicht half musste ich zu meiner Oma ziehen und alle Beziehungen abbrechen. Später fand man heraus, dass mein Bruder es aus Neid getan hatte." Silke 21, München

Silke erlitt ein Trauma und leidet bis heute unter etwas, das ich Dusch-Phobie nenne.

„Meine Schwester beschuldigte mich, sie sexuell angefasst zu haben, der andere Bruder bestätigte es und behauptete, dass er dabei gewesen war, als meine Schwester um Hilfe bat. Ich war erst neun. Meine Eltern wollten ein Geständnis von mir haben. Ein Geständnis wollte ich aber nicht ablegen, weil die Anschuldigung falsch war. Ich wurde aus der Familie ausgeschlossen. Ich durfte

nicht mehr mit am Tisch essen. Niemand wollte noch mit mir re-
den. Es tat weh, ich weinte sehr und fing an mich zu verletzen
und mich zu hassen. Erst nach Wochen erfuhren meine Eltern die
Wahrheit. Meine Schwester hatte mit ihre Freundin Streit gehabt
und die Freundin verriet alles." Adam 17, Darmstadt

Anhand dieser Beispiele verstehen wir, warum das Mobbing in der Familie Kinder so fertig macht.

Negative externe Einflüsse

Übertriebener materieller und immaterieller Konsum, unpassende Geschenke im falschen Alter, übermäßige Vergnügungen mit vergänglichen Dingen

Unserer Gesellschaft geht es materiell immer besser, doch eine paradoxe Auswirkung davon ist, dass es gerade das Materielle ist, das am Ende die Menschen traurig, frustriert und unglücklich macht.

Es ist manchmal wie ein Wettlauf gegen die Zeit: konsumieren bis es nicht mehr geht. In manchen Familien ist der Konsum wie ein Hobby, ein Hobby, das die Seelen der Kinder verdirbt und krank macht.

Konsum wird als wichtiges Element genutzt, um Harmonie in der Familie zu haben, um Liebe zu zeigen, um Streit zu beseitigen, um seine Schwäche und Fehler zu verdecken, um die mangelnde Zeit für die Kinder zu kompensieren.

Wenn es um Konsum geht redet man meistens über materielle Dinge, wie Spielzeug, Kleidung, Medien (TV, Internet, Computerspiele usw.), Essen – eben alles, was man mit Geld kaufen kann, Dingen, die man üblicherweise vergängliche Sache nennt.

Darüber habe ich in vielen Kapiteln dieses Buches geschrieben. Wir kennen zum Beispiel schon die Folgen von übermäßigem Konsum von Fernsehen, Computerspielen und Co.

Ich möchte hier auch über eine andere Art von Konsum reden, die wir wenig beachten, die aber unsere Kinder rasant krank macht.

Bei meinen Beobachtungen und Recherchen habe ich eine andere Art von Konsum gesehen, der Kinder auch kaputt machen kann: **Der übermäßige Konsum an immateriellen Dingen.**

Dinge, die als Werte und als nicht vergänglich gelten, werden zu Konsumwaren degradiert. Es handelt sich hier um Dingen wie Freundschaft, Liebe, Geburtstag oder auch Freizeit, Dingen, die normalerweise nicht vergänglich sein sollten.

Wir Eltern sind dabei, um den Kindern unsere Liebe noch mehr zu zeigen, alles zu Konsumwaren zu machen.

Ich nenne hier einige Beispiele:

Der Konsum von Freundschaft

Freundschaften unter Kindern werden immer oberflächlicher. Richtig tiefe Freundschaft wird immer seltener. Freunde werden oft nach dem, was sie zu Hause besitzen (PlayStation, Gameboy, Computerspiele, neues dies oder das) ausgesucht. Es geht nicht mehr nach Gefühl, sondern nach Kalkül und nach dem gesellschaftlichen Status der Eltern. Kinder sind nicht mehr zufrieden mit nur einem oder zwei Freunden. Nein, es müssen so viele sein, dass man jeden Tag einen neuen Freund zum Besuch einlädt oder zu ihm geht.

Dabei beeinflussen wir die Wahl unserer Kinder sehr. Müssen wir Eltern uns ständig freudig und stolz, weil unsere Kinder ja so beliebt und sozial anerkannt sind, beklagen bzw. so tun, weil unsere Kinder ständig bei Freunden sind oder Freunde mitbringen? Dadurch geht der Sinn von Freundschaft verloren.

Die Kinder haben gar nicht mehr die nötige Zeit, um ihre Freunde wirklich intensiv kennen zu lernen. Sie springen ständig von diesem zu jenem. Ihre Gefühle können nicht folgen, alles geht so schnell und das immer aufs Neue. Alles bleibt oberflächlich und sie lernen so nicht mehr, was Freundschaft bedeutet und genau das, wonach sie gesucht hatten, nämlich Freundschaft, erfahren sie nicht wirklich. Freunde sind nun wie ein T-Shirt, wie Pommes. Wenn es schmutzig ist, wird das T-Shirt ausgewechselt, wenn sie nicht schmecken, werden die Pommes weggeworfen und neue bestellt. Freundschaft ist Konsumware geworden. Die Folge ist, dass Freundschaften nicht gepflegt werden. Die Kinder lernen nicht, sich zu ertragen, Fehler zu entschuldigen, um Verzeihung zu bitten, weil sie bei Unstimmigkeiten doch einfach zu den anderen gehen. Die Kinder werden auch innerlich instabil und unsicher, Werte wie Treue, Verlässlichkeit, Vertrauen, auf jemanden zählen können, usw. gehen verloren. Schlechte Werte, wie Vertrauensbruch, Gleichgültigkeit, Betrügen, Lügen und Egoismus werden banalisiert und ohne schlechtes Gewissen ausgelebt. Gefühle können sich nicht entwickeln. Die Kinder werden unzuverlässiger, unzufriedener und unbefriedigt. Sie lernen nicht wirklich lieben und verlernen so Eigenschaften, die

Menschen stark machen. Die Kinder werden deswegen im Alter isolierter, einsamer und unglücklicher sein.

Der Geburtstag

Der Geburtstag ist ein weiteres Beispiel für etwas, bei dem es immer weniger um Genießen, Freude und Entspannung geht, sondern immer mehr um den Konsum: Nicht nur, dass wir die Kinder mit zu vielen Geschenken überfordern, nein, Kindergeburtstage sind auch immer weniger dazu da, den Geburtstag wirklich zu feiern. Eigentlich sollten sich Freunde versammeln, um gemeinsam einige Stunden Spaß zu haben. Aber es werden so viele Kinder wie möglich eingeladen, auch Kinder mit denen man eigentlich das ganze Jahr kaum etwas zu tun hatte, so dass der Geburtstag für Eltern und Kinder Stress wird.

Wir hören Eltern stolz erzählen, dass das Haus voll war, dass der Paul (neun Jahre alt) zehn, 15, 20, 30 Kinder eingeladen hat und dabei die ganze Zeit nur im Stress war. Woher soll er für alle diese Kinder Zeit, Kraft und Aufmerksamkeit nehmen? Wir Eltern gehen mit unseren Kinder immer mehr um, als ob sie Erwachsene wären. Wir rauben ihnen die Kindlichkeit und die Zeit, die dazu gehört, um reif zu werden. Das bedeutet, die Zeit bestimmte Prozesse zu durchlaufen, um bestimmte lebenswichtige Weisheiten und Erfahrungen zu lernen. Wir sehen Kinder immer mehr als unsere Gleichen an und erwarten, dass sie mit sechs, sieben, acht oder neun schon genau wissen, wie man Freundschaft pflegt oder wie man mit vielen Menschen umgeht, ohne dass wir sie das gelehrt haben. Subtil bringen wir den Kindern bei, ihre Geburtstage so zu feiern, wie wir sie auch feiern, ohne ein wenig an die Kinder zu denken, sondern nur an unsere Bedürfnisse. Wenn die Mama (denn in der heutigen modernen Welt muss in vielen Familien die Mama fast alles allein entscheiden, auch wenn sie die Entscheidung als „Wir" darstellt – die Kapitulation der Männer), gerne ihren eigenen Geburtstag groß feiert, wird die Tendenz dahin gehen, die Kindergeburtstage ähnlich zu feiern. Für sie als Erwachsene ist das okay, aber für ein Kind kann ein Geburtstag mit 20 Gästen kein Genuss mehr sein. Das frustriert manche Kinder sogar sehr. Ich war beim Geburtstag eines Kindes, als plötzlich ein Mädchen anfing zu weinen. Ich fragte es, warum es weine, und es meinte, das Geburtstagskind würde keine Zeit für es haben. Wie hätte es anders sein können? Denn das Geburtstagskind hatte für diese drei Stunden 21 Kinder eingeladen und war selbst völlig überfordert mit dem Versuch, jedem Kind Aufmerksamkeit zu schenken.

Diesbezüglich sagte mir ein erwachsener Mann, dass er als Kind auch große Geburtstage gefeiert hätte mit mindestens 15 Kindern, seitdem er sechs war. Nach den Geburtstagen war es ihm immer sehr schlecht gegangen und er hatte sich Vorwürfe gemacht, weil er mit dem einem oder dem anderen nicht gespielt hatte. Er fürchtete, dass sie vielleicht sauer auf ihm waren. Er erzählte dies seiner Mutter jedoch niemals, weil seine Mutter die Sache so positiv darstellte, um der Welt zu zeigen, wie integriert und beliebt die Familie war. Dass er nicht einmal mit der Hälfte dieser Kinder regelmäßig gespielt oder sich getroffen hatte, blendete die Mama aus. Auch heute macht er noch immer große Geburtstagsfeiern und meint schon während des Festes, wenn alle Leute sich freuen, er sei einsam. Er ist einsam, obwohl 50, 100 Menschen um ihn sind. Nach dem Geburtstag hat er ein Tief und wenn er hört, dass ein von ihm eingeladener Gast seine Feier gemacht hat ohne ihn einzuladen, fühlt er sich verletzt und minderwertig. Alles war für ihn oberflächlich geworden, besonders Freundschaften. Er dachte immer, erst wenn er einen großen Bekanntschafts- und Freundeskreis hat, dann ist er angekommen. Er jagte von Freundschaft zu Freundschaft, aber glücklich wurde er nicht. Er nannte zig Menschen Freunde, aber konnte sich nicht einmal zweien von ihnen anvertrauen und auf ihre Hilfe hoffen. Er lernte nie, zufrieden zu sein mit wenig. Hatte er viel, brauchte er mehr. Es reichte nie und er verglich sich immer mit den anderen und das führte dazu, dass er auch beruflich verschiedene Weiter- und Fortbildung und Spezialisierungen machte und noch einmal ein neues Fach studierte, um anerkannt zu werden. Sobald er etwas hatte, und merkte, dass sich nichts geändert hatte, versuchte er wieder das nächste. Es ging nur noch um immer mehr und mehr haben, sammeln. Ein Kampf, der ihn bis heute verfolgt. Es konnte nicht anders ausgehen, denn er hatte als Kind nicht gelernt, was Freundschaft bedeutet, was ein guter Freund ist, wie man sich Zeit für den anderen nimmt. Er hatte seine Freundschaften konsumiert, genauso, wie Süßigkeiten, Spielzeug, usw. Er sagte mir, er brauchte Zeit, um zu verstehen, dass seine Mutter Minderwertigkeitskomplexe gehabt hatte und ihr Leben lang auf der Suche nach Akzeptanz und gesellschaftlicher Anerkennung gewesen war, obwohl ihre Eltern hochgebildet waren. Dieses Beispiel zeigt, wie wir Eltern unsere Kinder mit ihren en negativ programmieren, weil wir mit uns selbst Probleme haben.

Alles dreht sich nur um das Konsumieren der so vielen, vielen Geschenke. Ich habe einmal ein paar Kinder über ihre Geburtstage reden hören, wen sie einladen und wen nicht. Eines sagte: „Den lädst du besser auch noch ein, so bekommst du noch mehr geschenkt." Ein anderes Kind stimmte zu und meinte: „Bei meinem Geburtstag lade ich viele Kinder ein, dann habe ich auch viele Geschenke."

Auch führen die genauen Wunschlisten und die „Geschenkboxen" in Spielwarenläden dazu, dass sich die Kinder gar keine Gedanken mehr darüber machen müssen, was sie ihrem Freund schenken möchten, was ihm Freude machen würde, was zu ihm passt, was sie gerne geben möchten. So wird das Schenken nur zum leeren Ritual und drückt nicht mehr die Wertschätzung aus, die es eigentlich vermitteln sollte: „Schau so wichtig bist du mir, dass ich Gedanken und Geld (das muss nicht viel sein, bzw. es geht auch ganz ohne!) investiert habe um dir eine Freude zu bereiten".

Ein weiterer Aspekt, der die Konsumorientierung von Kindergeburtstagen verdeutlicht, ist der Wettlauf um das spannendste, ausgefallenste, teuerste, beeindruckendste „Event". Einfach nur Spiele im Garten veranstalten ist kaum noch möglich, es muss mindestens ein Motto geben mit passender Dekoration, Verkleidung und Essen, aber noch besser hat man eine wirklich ausgefallene Idee, die noch keiner hatte. Im Schwimmbad hat Leon schon gefeiert, Paul war klettern, Louisa im Freizeitpark und Johanna war kegeln. Jedes Jahr muss eine neue Idee her, die noch kreativer und neuer ist, als die vom letzten Jahr, und als die aller anderen Kinder, bei denen man in der Zwischenzeit zum Geburtstag eingeladen war. Es geht nur noch darum, den Kindern etwas zu bieten und mithalten zu können und die eigentliche Freude, gemeinsam etwas miteinander zu tun und Zeit miteinander zu verbringen, geht verloren.

Wir pflanzen schon sehr früh Stress, Überforderung, Oberflächigkeit, Unzufriedenheit in unseren Kindern. Das wird negative Folge haben, auch wenn sie erwachsen sind

Freizeit und Hobbies

Bei Freizeitvergnügungen und Hobbies läuft es genauso. Es geht um Konsum. Am besten Fußball, Tennis, Basketball, Musik, Karate, Kunst, Ballett, Tanzen, Klavier auf einmal. Alles, was mit Freizeit zu tun hat, möchten Kinder machen, oder werden von uns dazu motiviert. Man springt nur noch von A nach B, von B nach C, noch schneller, noch mehr konsumieren. Die Faktoren Spaß und Entspannung, die ein Hobby haben sollte, gehen verloren. Wir können uns vorstellen, was das mit den Kindern macht.

Auch passiert es häufig, dass ständig etwas Neues angefangen wird, weil Fußball doch doof, Klavier doch langweilig ist. So verlernen die Kinder, an einer Sache dranzubleiben und auch einmal Durststrecken durchzustehen (das lästige Üben eines Instrumentes, bis ich wirklich spielen kann), dadurch entgeht ihnen die Erfahrung, dass man mit Anstrengung etwas erreichen kann und dass man für die Anstrengungen sehr belohnt wird.

Liebe und andere Werte

So wie mit Freundschaft, Geburtstag und Hobbies geht die moderne Zeit mit vielen Eigenschaften, die wir Werte nennen, um. Viele werden nur noch konsumiert, nicht mehr gelebt, was die Persönlichkeit der Kinder nicht positiv fördert.

Unpassende Geschenke und Belohnung im falschen Alter können Kindern schaden.

Unseren Kindern Geschenke geben, die zu ihrem Alter nicht passen, fügt ihnen mehr Schaden zu, als dass es ihnen Gutes tut. Mit einer kleinen Geschichte möchte ich diesen Standpunkt besser verständlich machen:

Ich machte die Bekanntschaft einer reichen deutschen Familie. Sie hatten drei Kinder, ein Mädchen und zwei Jungen. Der Vater arbeitete viel, die Mutter ein bisschen, und die Kinder wurden hauptsächlich von Kinder- und Au-pair-Mädchen betreut. Nach außen war die Familie perfekt; Küsschen in der Öffentlichkeit hier, Händchenhalten dort zementierten diesen Eindruck.

Die Kinder bekamen immer sehr viele Geschenke. Fast jede Woche gab es etwas Neues. Und die Geschenke waren nicht irgendwelche Geschenke. Es waren immer die neuesten und teuersten Handys (wohlgemerkt, die Kinder waren sechs, acht und neun), jedes hatte nicht nur eine PlayStation, nein, auch die Xbox dazu, den neuesten Sony Laptop, von über 1000 €/Stück, mehrere Tablets – mit allem übertrieben es die Eltern. Die Folgen waren wirklich katastrophal: mit 15 und 16 waren die beide Jungs von Alkohol und Modedrogen abhängig, das Mädchen hatte Zwänge und verletzte sich ständig, schon seitdem sie elf war. In einem Gespräch wunderten sich die Eltern, warum ihre Kinder Schande über die Familie brachten. Sie hatten doch ein so schönes Leben? Viele Kinder in der „dritten Welt" wären dafür ihr Leben lang dankbar gewesen, sagte mir doch der Vater tatsächlich und die Mutter jammerte die ganze Zeit „was haben wir denn nur falsch gemacht?"

Klar lag das alles nicht nur an den Geschenken, aber diese nicht altersgemäßen und übertriebenen Geschenke hatten den Kindern nutzlose Werte vermittelt, die ihnen in schwierigen Situationen nicht helfen konnten. Im Gegenteil, sie trugen dazu bei, die Seelen der Kinder zu zerstören.

Was kann ein Kind mit sieben mit einem Laptop machen? Mit einem iPhone, mit einem iPad? Was soll ein Neunjähriger mit 500€ Taschengeld anfangen? Du glaubst, das gibt es nicht?

Ein Freund meines Sohnes, damals zehn, lud ihn und andere Kinder zum Essen ein. An der Kasse lehnte es die Kassiererin ab, den 500€ Schein anzunehmen und forderte das Kind auf, seine Eltern anzurufen. Tatsächlich hatte das Kind am Vorabend 500€ als Belohnung für eine gute Note bekommen. Das Kind fing mit neun an zu rauchen und mit 12 oder 13 Alkohol in Mengen zu konsumieren. Dieses Kind hat bis heute gar nichts geschafft, nicht einmal das Abitur, und es lebt noch bei seinen Eltern, während alle anderen Freunde studieren oder eine Ausbildung machen.

Wenn wir den Kindern ständig Dinge im Überfluss kaufen, erziehen wir sie zur Unzufriedenheit. Sie werden nicht lernen, zufrieden zu sein, mit dem was sie haben und werden immer auf der Suche sein. Das bedeutet, sie werden ein unbefriedigtes Verlangen spüren, das dazu führen wird, dass sie unzufrieden und unglücklich sind. Die Kinder bekommen immer alles, was sie wollen, sie müssen gar nichts dafür tun. Dadurch erfahren sie auch keine Lustbefriedigung mehr, wenn sie das bekommen, was sie wollten. Das Glücksgefühl bleibt nur solange die Sache noch heiß ist. Danach ist es langweilig und sie wollen noch mehr, damit dieses Glücksgefühl wiederkommt. Irgendwann stumpft dieses Glückgefühl durch den Konsum materieller Dinge ab. Auf der Suche nach einem neuen Kick finden sie Drogen, Sex und Alkohol. Wir sehen, wie das Überbehüten und das Überschütten mit Luxus Kinder aus reichen Häusern seelisch zerstören! Viele dieser Kinder vergleichen sich oft mit anderen Leuten und mit dem, was die anderen haben. Sie fühlen sich minderwertig, wenn sie nicht haben, was die anderen haben. Das heißt, der übermäßige Konsum kann sich negativ auf das Selbstwertgefühl der Kinder auswirken.

Die zu teuren und unpassenden Geschenke korrumpieren die Seele der Kinder und überfordern sie. Geldgeschenke sind am Schlimmsten. Die Kinder erkennen und schätzen den Wert von Dingen nicht mehr.

Wir Eltern verschaffen den Kindern sofort immer alles, was vergänglich und seelisch sinnlos ist, aber Werte und alles, was die Kinder mental, spirituell und seelisch stark macht, werden nicht weitergegeben, nicht weiter vermittelt. Das ist doch auch viel schwerer. Es braucht Zeit, Auseinandersetzungen, Geduld und Aufmerksamkeit. Wir kaufen das Gewissen der Kinder, anstatt uns mit ihnen zu beschäftigen. Wir machen unsere Kinder unglücklich, indem wir sie mit vergänglichen Sachen glücklich machen wollen.

Übermäßiger Konsum von Fernsehen, Internet, Medien, Werbung, Mode und Gewalt in jeder Form (TV, Bücher, Spielzeug)

Viele Kinder sehen immer mehr fern, sind viel mehr im Internet, als es ihnen gut tun kann. Die Folgen für den Körper und die Psyche sind immens.

Wir müssen Kindern zuschauen, wenn sie fernsehen, am Computer spielen oder im Internet unterwegs sind. Rede mit deinem Sohn oder deiner Tochter, wenn sie vor dem Fernseher sitzen. Rufe sie, oder frage sie etwas, sie werden nicht antworten – nicht weil sie stur sind, sondern einfach, weil sie nicht zuhören. Sie sind wie hypnotisiert. Tatsächlich sind sie in einem anderen Bewusstseinszustand. Ihr Bewusstsein wird verändert. Das ist ein sehr gefährlicher Moment, da sie so im besten Zustand sind, um alles zu absorbieren, Sachen die sich schnell festsetzen und in Zukunft das Verhalten der Kinder unbewusst manipuliert. Viele Kinder verlieren so das Gefühl für die Realität. Gewaltszenen, die sie ständig absorbieren, in denen die Menschenwürde keine Rolle mehr spielt, führen dazu, dass die Kinder gefühlskalt werden und ihre Gewissensgrenzen für das Gute und Gesunde schnell nach unter sinkt. Sie werden immer unruhiger, haben Konzentrationsschwierigkeiten und leiden oft unter Schlaflosigkeit.

PlayStation, Smartphone, Computerspiele sind heute fast unverzichtbar für unsere Kinder.

Die Internetgeneration, wie diese Kinder heute genannt werden, wird, falls es so weitergeht, schwere seelische und körperliche Beschwerden haben.

Ich persönlich verdamme diese neuen Medien nicht. Sie sind Teil unserer Kultur geworden und helfen uns auch sehr und erleichtern uns in manchen Bereichen das Leben.

Kinder können viel aus Medien lernen. Sie können ihnen sehr hilfreich sein und bei der Bildung helfen, aber sie können auch sehr gefährlich sein und Kinder kaputt machen. Eine zu frühe, exzessive, unkontrollierte Nutzung der Medien schadet den Kindern.

Die visuellen und technischen Effekte (Bilder, Belichtung, Ton usw.) können meiner Meinung nach der Gesundheit der Kinder auf die eine oder andere Art seelischen und körperlichen Schaden zufügen.

Die Inhalte

Viele Sendungen sind nicht immer altersgerecht, auch wenn eine Altersbegrenzung darauf steht. Ich habe manche Filme – die angeblich für Kinder ab vier waren – gesehen, die Szenen hatten, die mich selbst als Erwachsener erschrocken haben. Allein wie die Spannungen erzeugt wird, wäre sogar für Kinder sogar ab 15 eine Zumutung.

Manche Inhalte funktionieren wie eine Gehirnwäsche bei Kindern. Der Film, das Spiel oder die Sendung werden so gemacht, dass die Kinder sich mit dem, was sie sehen, identifizieren und dadurch werden manche Kinder regelrecht abhängig.

Viele Jugendliche haben erst schwere Straftaten begangen, nachdem sie bestimmte Bilder in Filmen gesehen, oder Spiele mit grausamen Inhalten konsumiert hatten.

Es gibt Kinder, die nach dem Konsum eines Films Wahnvorstellungen und Angst bekommen, die sich gelähmt fühlen und denen der Mut geraubt wurde, etwas anderes zu tun. Ich kenne die Geschichte eines Kindes, das sehr gern Fußball spielte. Er hatte dann unbeabsichtigt einen Film im Fernsehen gesehen, der ihm so Angst machte, dass er sich nicht mehr traute Fußball zu spielen. Er konnte nicht mehr frei in die Zweikämpfe gehen, und hatte bei allem nur noch Angst. Er musste mit Fußball und Sport aufhören. Manche Kinder haben nach der Nutzung von Medien Schlafstörungen, Panik, Krämpfe usw.

Kinder benutzen diese Medien auch immer häufiger, um sich gegenseitig fertigzumachen. Das Mobbing mit dem

Handy oder bei Facebook ist rasant gestiegen. Ein neues Phänomen, das man „Sexting" nennt, ist entstanden. Jugendliche werden durch Nacktfotos erpresst, die sie vorher selbst eingestellt haben oder es sind Bilder, die heimlich aufgenommen wurden. Diese Bilder werden dann im Internet verbreitet.

Manche Computerspiele, Filme, Internet-Inhalte können Eigenschaften, Werte und die Persönlichkeit von Kindern verändern oder Kindern gar eine andere Identität geben, wie die ihrer neuen Idole im Netz oder im Computer.

Studien haben gezeigt, dass zu häufige und exzessive Nutzung von Medien die Kinder dumm macht. Es schadet ihrem Gedächtnis, sie haben Konzentrationsschwierigkeiten, sie haben schlechtere Noten in der Schule, haben weniger reale Freunde, sind sozial inkompetent, sie haben Schwierigkeiten sich in der Gesellschaft zurecht zu finden und die gesellschaftlichen Normen zu akzeptieren. Die Kinder finden im Netz eine Welt, die es real nicht gibt. Es gibt kaum oder sehr wenige Gespräche in der Familie, weil die Kinder ständig online oder vor dem Fernseher sind. Die Bindungen in der Familie gehen somit kaputt.

Weitere Folge des übermäßigen Medienkonsums sind Depression, erhöhte Gewaltbereitschaft, manche werden gewalttätig und andere apathisch. Dazu kommt, dass sie viel sitzen und sich wenig bewegen und dabei noch Chips und ähnliches essen, dadurch werden sie fett und bekommen Beschwerden, die mit dem Mangel an Sport und Bewegung zu tun haben.

Nicht nur Fernseher, Handy und Co, verbreiten Gewalt. Das bedeutet, nicht nur bewegte Bilder sind für die Psyche der Kinder gefährlich. Manche einfachen Zeichnungen in Büchern, manches Spielzeug, sogar die Drucke auf Kleidung können viele schlimme Folgen für Kinder haben. Das sind Gefahren, die wir bewusst nicht wahrnehmen und über die wir uns keine Gedanken machen, weil sie doch harmlos erscheinen: Es können blutige Bilder in einem Kinderbuch sein, bösartige Zeichnungen in Heften oder auf Textilien, Spielzeug und Spiele mit viel Gewalt, mit Figuren, die unmenschliche und übernatürliche Kräfte besitzen, die mit bösen Blicken anderen Figuren zerstören, usw.

Gewalt kann sich sogar in einfachen Geschichten verstecken. Gewalt kommt nicht nur in aktiven Sachen und Szenen vor.

Die meisten Menschen, egal ob Befürworter oder Gegner der Nutzung von Medien durch Kinder, sind mit einem einverstanden: exzessive und unkontrollierte Nutzung des Fernsehers, des Internets, des Handys und so weiter schadet den Kindern mehr als sie ihnen hilft und macht sie unglücklich.

Veränderte Freizeitaktivitäten

Im Zeitalter von Internet, Smartphone und Co. verändern sich auch die Freizeitaktivitäten der Kinder rasant.

Die Kinder verbringen mehr Zeit am und Computer und vor dem Fernseher. Soziale Kontakte werden sogar in der eigene Familie immer weniger, weil die Kinder keine Zeit mehr haben, mit den Eltern oder Geschwistern gemeinsam zu essen, spazieren zu gehen, zu spielen.

Sie finden im Internet eine virtuelle Welt, Freunde, Geschwister, Eltern. Diese Isolation trägt sich auch nach innen. Die Kinder werden immer einsamer ohne es zu bemerken und zerstören so ihr Sozialverhalten.

Die modernen Freizeitaktivitäten unserer Kinder und die viele und übertriebene Nutzung von Facebook, YouTube, PlayStation, PC-Spielen, Smartphones machen Kinder kaputt. Sie verbringen stundenlang Zeit vor dem Computer und alle wissenschaftliche Studien haben gezeigt, dass zu viel Medienkonsum dumm und aggressiv macht, die Frustrationsgrenze senkt, die Aufmerksamkeitskraft zerstört, die geistige Leistungen senkt. Die Kinder haben Konzentrationsschwierigkeit, leiden unter Stress usw.

Manche Computerspiele tragen in sich „das Böse" würde ich sagen und sie verändern die Seele von Kindern drastisch.

Viele Kinder, die sehr lange am Computer sitzen, leiden auch unter Essstörungen. Oft haben sie keine Zeit richtig zu essen und nehmen zu viele ungesunde Sachen, wie Chips, Cola, Süßigkeiten zu sich. Und da sie sich kaum bewegen und wenig Sport betreiben, werden sie fett und krank.

Wir Eltern tragen kräftig dazu bei. Manche Eltern setzen Kinder schon im sehr frühen Alter stundenlang vor den Fernseher, kaufen den Kindern alle Spielkonsolen und Spiele, die sie stundenlang spielen dürfen, nur damit sie (die Eltern) ihre Ruhe haben (ein weiterer Fall von Energievampirismus) und sie wissen nicht, dass sie die Gehirnzellen der Kinder beschädigen und damit die Kinder programmieren, unfähig zu werden.

Eine unkontrollierte und nicht dem Alter angepasste Nutzung dieser neuen Freizeitaktivitäten und ein übermäßiger Konsum von Fernsehen machen unsere Kinder unglücklich und gefährden sogar ihre Gesundheit (seelisch und körperlich)

Sport und Freizeitaktivitäten können allerdings auch Druck in Kindern erzeugen und ihnen schaden. Ab Seite 260 habe ich detailliert darüber geschrieben.

Überbewertung der Pubertät

Die Pubertät ist eine ganze normale Entwicklung der Körper und Seelen unserer Kinder, die die Kinder zum Heranwachsenden führt.

Sie ist genetisch bedingt und wird hormonell ausgelöst, kann aber auch durch Einwirkungen von außen beeinflusst werden. So wird z.B. vermutet, dass das immer frühere Einsetzen der Pubertät mit der Verstädterung, dem Lärm und der ständigen Reizüberflutung zu tun haben könnte. Auch der im Plastik enthaltene Weichmacher Bisphenol A könnte eine Rolle spielen, da er dem Geschlechtshormon Östrogen ähnelt.

In Phase der Pubertät werden die Geschlechtshormone verstärkt aktiv und lassen die Kinder unruhiger werden.

Stimme, Körper, usw. verändern sich (Körperbehaarung, Brustwachstum, Stimmbruch, Menstruation, usw.).

Bei mir selbst, wie ich mich noch gut erinnere, war die Pubertät, die mit ca. 15-16 anfing, gar nicht so besonders und lief gut, bis auf die ständige sexuelle Erregung. Es war die größte Schwierigkeit, diese Erektion zu verstecken. Ich konnte mich kaum setzen, wenn Leute dabei waren. Wenn ich in Bewegung war, war es kein Problem, aber sobald ich mich hinsetzte, kam die Erektion und nahm kam Ende. Ich wollte dann unbedingt mit einer Frau schlafen, aber das passierte erst ein Jahr später, ungefähr zu der Zeit, als sich alles wieder beruhigte.

Was mir noch einfällt ist, wie stolz und glücklich ich war, als ich die ersten Schamhaare und einen Bart bekam. Wir redeten nicht mit unseren Eltern darüber, aber unter uns Jungs zeigten wir uns unsere Geschlechtsorgane. Ich erinnere mich, wie wir uns abmaßen und darüber lachten, wer den Größten, den Steifesten hatte.

Sonst erinnere mich nicht, dass ich oder meine Brüder und Freunde irgendwie schwieriger, oder sogar schlimm verhaltensauffällig geworden wären, wie es in den westlichen Ländern üblich ist.

Ich glaube, die Tatsache, dass diese Veränderungen nicht explizit thematisiert wurden und die Gesellschaft sie als normal ansah und keinen Grund zur Aufregung sah, ließ uns kaum die „Chance" bzw. die Möglichkeit, diesen natürlichen Zustand auszunutzen, um negativ aufzufallen, uns negativ zu programmieren und Sachen zu tun, die uns und unseren Mitmenschen geschadet hätten.

Da ich mich – wie oben schon erwähnt – intensiv mit meiner Kindheit auseinandergesetzt und mich bewusst entschieden habe, nur das Beste davon meinen Kindern weiterzugeben, tat ich das Gleiche mit meinen Kindern. Ich redete damals mit meiner Frau, die sich schon 1000 Sorgen machte, wie es mit zwei Söhnen in der Pubertät werden würde. Ich erklärte ihr, wie es in Kamerun funktionierte, wie es bei mir gewesen war und wie es für alle entspannt sein kann. Auch heute ist sie immer noch erstaunt, dass die Kinder überhaupt keine Probleme in der Pubertät machten. Alles easy, sagt sie.

In meinen Coachings und Gesprächen auch mit Jugendlichen habe ich festgestellt, dass wir Eltern es sind, die die Pubertät zu einem Problem machen. Die Art, wie wir darüber sprechen, appelliert regelrecht an die Kinder, in dieser Zeit zu rebellieren und sich negativ zu verhalten. Nicht nur, dass alles Negative schlecht für die Seele und den Körper ist, manche Bindungen und Beziehungen gehen in dieser Zeit so kaputt, dass die Kinder und Eltern auch Jahre später noch die Folgen dessen tragen.

Eine Frau kam zu mir und wollte, dass ich sie coache, da ihre Tochter ausraste, seitdem sie das erste Mal ihre Tage bekommen hatte. Sie lud mich zu sich nach Hause ein und wir tranken Tee, als ihre Tochter von der Schule kam und ihre Schultasche auf den Boden warf, ohne jemanden zu begrüßen. Ich machte der Frau ein Zeichen, dass sie ruhig und gelassen sein und weder Panik noch Sorge vermitteln sollte.

Die Tochter ging in die Küche, bediente sich vom Mittagessen, kam an den Tisch, wo wir saßen und sagte, es schmecke gar nicht gut.

Ich musste eingreifen, bevor ihre Mama noch einmal den Fehler machte, ihr für dieses schlechte Verhalten auch noch Aufmerksamkeit zu schenken. Auf afrikanische Art sagte ich zu der Tochter:

„Du musst nichts essen, wenn es dir nicht schmeckt, aber deine Mama wird dir auch nichts anderes geben, und du wirst dir auch nichts anderes machen."

Sie antwortete ungefähr so: „Du bist nicht mein Vater und ich kann hier sagen und tun, was ich will."

Ich sagte ihr: „Du hast recht, dass du sagen kannst, was du willst, aber du kannst nicht alles tun, was du willst."

Wie abgemacht sagte die Mutter nun: „Herr Dantse, verstehen Sie doch, sie ist in der Pubertät."

Ich antworte: „Das ist doch wunderbar, dass sie nun zu einer großen Frau wird, und dementsprechend sollte sie sich benehmen und Gott danken, dass sie so etwas Natürliches durchlebt. Darüber kannst du dich freuen, Melanie. Ich freue mich sehr für dich und von nun an wird mir deine Mutter jeden Tag erzählen, was du schön gemacht hast, als heranwachsende Frau."

Sie hatte nichts mehr gesagt, hatte fertig gegessen, dabei merkte man, wie sehr sie nachdachte und dass sie wusste, dass sie „verloren hatte". Dann ist sie in ihr Zimmer gegangen.

Ihre Mutter war so erstaunt, dass sie nicht ausgerastet war und ruhig geblieben war.

Das Mädchen verhielt sich seit dem Vorfall nicht mehr so auffällig wie früher, jetzt, da sie wusste, dass sie etwas Schönes und Wunderbares durchlebte, das so natürlich ist, dass man es nicht ständig thematisieren muss.

Wir Menschen haben die Pubertät aus verschiedenen Gründen zu einem Problem gemacht. Wir haben die Kinder so erzogen, dass sie in dieser Phase zu kleinen Teufeln werden und auch selber darunter leiden.

Gefahr von Krebs und weiteren Krankheiten durch die elektromagnetische Strahlung von Handy, Tablet, Laptop, W-Lan und weiteren Mobilgeräten

In meinem Handbuch über Krebs „Die verkrebste Generationen" habe ich ausführlich darüber berichtet, welche Gefahren wir durch Elektrosmog ausgesetzt sind.

Elektromagnetische Strahlung – Funkwellen, Handy, Handy und Funkmast, gefährliche Mikrowellen – können Krebs (Brust, Hoden) und weitere Beschwerden verursachen.

Die IARC, das Krebsforschungsinstitut der Weltgesundheitsorganisation WHO, warnt und sagt, Handystrahlen können Krebs verursachen:

„Das Telefonieren mit einem Handy ist ‚möglicherweise krebserregend'. Zu diesem Schluss kommt eine Expertenkommission der internationalen Krebsforschungsagentur IARC in Lyon. Die 31 Fachleute aus 14 Ländern hatten eine Woche lang nahezu sämtliche verfügbaren wissenschaftlichen Untersuchungen zum Thema Krebs durch Rundfunk- und Handystrahlung ausgewertet. Im Ergebnis stufen die Experten hochfrequente elektromagnetische Strahlung, wie sie von Handys, aber auch von Rundfunk und Radar verwendet werden, als möglicherweise krebserregend ein," kann man auf der Webseite von RTL lesen.

Besonders bei Kindern ist die Gefahr noch viel größer, weil ihre Organe noch so empfindlich sind und somit die Strahlen schneller aufnehmen können.

Ein Kind sehr früh mit Handy, Laptop, Tablett auszustatten, damit es dies jede Minute und die ganze Zeit bei sich trägt, kann dazu führen, dass dieses Kind später nicht nur an Krebs, sondern auch an anderen Krankheiten erkrankt.

Mobbing – wenn Kinder Kinder krank machen

Warum Kinder andere Kinder fertig machen? Es gibt viele Gründe, warum Kinder andere Kinder mobben. Sie können von Aggression über Frustration, selbst erlebte häusliche Gewalterfahrungen, Unzufriedenheit, Langweile bis zu Minderwertigkeitskomplexen, bzw. der Suche nach Anerkennung und Aufmerksamkeit reichen.

Täter und Opfer können Kinder aller sozialen Schichten sein. Dieser Eindruck, der gerne propagiert wird, dass nur Kinder aus Problemvierteln, von der Hauptschule oder mit

Migrationshintergrund betroffen sind, ist nach meinen Recherchen nicht zutreffend. Die einen agieren vielleicht stärker körperlich und man sieht es sofort und die anderen machen es subtiler, intelligenter und psychischer (Auslachen, Gerüchte, Ausgrenzen, Facebook-Mobbing, usw.), so dass man es nicht sofort sieht und sogar nur schwer einschreiten kann. Die Täter gehen dabei meist sehr psychologisch vor und suchen sich ihre Opfer nicht zufällig aus.

Ich habe nach Gesprächen mit Eltern und einigen Kindern festgestellt, dass Kinder, die bereits ängstlich erscheinen, eine ängstliche Körpersprache ausstrahlen, die nicht selbstbewusst auftreten und zu nett sind und allen gefallen wollen, schneller Opfer werden. Wenn du einmal schon gemobbt wurdest und alle Kinder es wissen, hast du eine größere Chance wieder gemobbt zu werden, auch wenn du die Schule wechselst. Mobbing passiert auch nicht nur in der Schule sondern auch überall da, wo die Kinder sich versammeln, um ihrer Freizeit nachzugehen (Sport zum Beispiel).

Mobbing macht Kinder unglücklich. Mobbing ist für die Opfer eine große Belastung.

Kinder werden gedemütigt, erpresst, beleidigt, ihnen wird Angst gemacht, gedroht, sie werden bedroht, geschlagen, manche sogar sexuell misshandelt. Eine neuere Variante unter Jugendlichen ist das Cybermobbing. Das finde ich sehr perfide, sehr gemein und sehr verletzend. Die Kinder werden über Internet, Facebook und andere soziale Netzwerke, Chaträume, oder mit Handy Bildern gedemütigt. Über ihr privates Leben werden erlogene und erfundene

Einzelheiten im Internet eingestellt und über das Handy verbreitet, so dass Millionen von Menschen weltweit dies sehen können. Es ist für Kinder vielleicht das Schlimmste, dass man diese Daten niemals mehr löschen kann.

Manche Kinder lassen sich aus Angst durch Mitschüler zu Straftaten (klauen, unterschlagen, Freunde misshandeln usw.), verleiten und werden somit auch Täter.

Das Mobbing verursacht seelische Verletzungen bei den Kindern, die dann folgende Reaktionen zeigen: Scham, Angst, Schlafstörungen, Selbstverletzung, Essstörungen, Aggressivität gegen sich selbst, gegen die Eltern und die Gesellschaft.

Mobbing macht Kinder krank und bringt manche sogar dazu, sich das Leben zu nehmen.

Kinder, die Mobbing erleiden sollten betreuen werden, damit die Folgen nicht bleiben. Andernfalls könnte es das Leben dieser Kinder so beeinflussen, dass diese langfristig unglücklich sind und bleiben.

Negative Haltung unserer Gesellschaft Kindern gegenüber

Wird die Gesellschaft immer kinderfeindlicher?

Ohne lange zu überlegen, würde ich sagen, dass die Gesellschaft Kindern gegenüber immer intoleranter, rücksichtsloser und unduldsamer wird, nicht nur weil viele Frauen es immer häufiger bevorzugen ohne Kinder zu sein, sondern auch, weil die Menschen das Verhalten von Kindern in der

Gesellschaft nicht akzeptieren wollen. Sie wollen nicht sehen, dass ein Kind ein Kind ist und kein Erwachsener.

Kinderreiche Familien werden auf der Straße, im öffentlichen Verkehr, auf Spielplätzen schräg angeschaut, aus dem Bus hinausgeworfen, weil die Kinder zu laut sind. Sie bekommen nur mit vielen Mühen eine Wohnung, haben weniger Geld zum Leben, als eine Familie mit nur einem oder gar keinem Kind. Es wird immer häufiger mit Slogans wie „kinderfreies Café" oder „Hotel nur für Erwachsenen" geworben.

Manchen Kindertagesstätten mussten schon umziehen oder teure Lärmschutzwände einbauen, weil die Menschen den Lärm der Kinder nicht ertragen wollten. In Hamburg wurde deswegen sogar eine Kita verboten.

Die Gesellschaft braucht die Kinder, aber die Menschen haben immer größere Schwierigkeiten, Kinder Kinder sein zu lassen und sie als solche zu sehen. Das heißt, als Wesen, die gerne lachen, rennen, hüpfen, springen, schreien, weinen, streiten – die einfach lebendig sind. Nur so entwickeln sie sich natürlich und glücklich.

Ich habe den Eindruck, dass wir Wesen züchten wollen, die sich nicht mehr kindlich Verhalten dürfen. Sie müssen Kinder sein, sich aber wie die frustrierten launigen und unglücklichen Erwachsenen verhalten, die keine Freude mehr kennen und verlernt haben, sich zu amüsieren.

Ich weiß, was ich hier sage wird viele Eltern und manchen Experten ärgern. Aber ich habe mir immer gesagt, um das Wohl der Erwachsenen und die Eltern zu schützen, wurde die Hyperaktivität als Krankheit definiert. Dazu muss man auch gleich die neu erfundene Tablette verkaufen. Wer gibt uns das Recht, die Natur eines Kindes durch Medikamente zu verändern? Nur damit es sich so verhält, wie der Erwachsene es will. Ich kenne viele Kinder, bzw. Eltern, die ihren Kinder, solche Tablette, geben, weil ihre Kinder hyperaktiv seien.

Die Intoleranz der Gesellschaft gegenüber Kindern beeinträchtigt die gesunde Entwicklung der Kinder, und deswegen habe ich mich sehr gefreut, als der Gesetzgeber es erschwert hat, gegen Kinderlärm in der Wohnung zu klagen. Das ist auch richtig so!

Kinder haben eben mehr Energie als wir Erwachsenen und diese Energie muss zirkulieren, sonst staut sie sich in ihnen auf und sie werden dadurch krank, oder dann erst richtig aggressiv und eine Gefahr für die Gesellschaft.

Die Eltern spüren die Intoleranz der Gesellschaft auch, zum Beispiel bei der Wohnungssuche. Es wird immer schwieriger für Familien mit vielen Kindern, eine geeignete Wohnung zu finden. Viele Vermieter – aus „Rücksicht" auf die anderen Erwachsenen – bevorzugen immer häufiger Familien ohne Kinder oder mit nur einem Kind. Ja, ein Kind allein, wird keine Spielkameraden haben und somit wird es auch nicht so viel herumrennen und schreien.

Dies führt dazu, dass immer mehr Paare nur noch ein Kind haben. Ich persönlich fände es schlecht, wenn ich ein Einzelkind gewesen wäre. Es hätte mir jemand gefehlt, mit dem ich wie ein Kind spielen konnte. Ich wäre auf jeden Fall nicht glücklicher gewesen.

Wenn Kinder nicht genug Platz haben um zu spielen und sich wohlzufühlen entfalten sie sich auch nicht richtig. Sie werden deprimiert und unglücklich.

Die Gesellschaft entwickelt außerdem immer häufiger Arbeitszeitmodelle, die nicht kinderfreundlich sind, oder die nicht dazu motivieren Kinder zu bekommen.

Kinder haben einen Anspruch darauf, Kinder sein zu dürfen. Wenn wir das nicht zulassen, wird gerade das, was wir vermieden wollten, passieren. Die Kinder werden immer unglücklicher und uns in erwachsenem Alter noch mehr schlaflose Nächte bereiten, als als sie klein waren.

Rassismus, Diskriminierung, Ausgrenzung

Ein wichtiges Thema, dass aber bei der Kindererziehung zu häufig vernachlässigt wird, ist Rassismus.

Ich sprach viele Menschen mit Migrationshintergrund an und fragte sie, was sie am meisten unglücklich gemacht hat, als sie Kinder waren. Viele von ihnen sprachen von Rassismus in Form von Diskriminierung, besonders in Form von Ausgrenzungen.

Viele Eltern erzählen mir, wie sehr ihre Kinder darunter leiden, dass sie, trotz Anstrengungen, „nicht dazugehören", nicht zu Kindergeburtstagen eingeladen werden und bei Spielen in der Pause nicht miteinbezogen werden.

Ich möchte von einem klaren Fall von Diskriminierung berichten, bei dem man das Gefühl hat, dass der Lehrer die Noten nach der Herkunft der Kinder gibt, besonders in Fächern, in denen es schwierig ist nachzuweisen, dass er ungerecht und unfair gehandelt hat.

Eine Frau serbischer Herkunft nahm Kontakt mit mir auf, weil ihre achtjährige Tochter verweigerte, weiter in die Schule zu gehen und nicht darüber reden wollte, warum. Zuerst hatte sich das Mädchen fast zwei Wochen krank gefühlt und als erwiesen war, dass sie nicht mehr krank ist, wollte sie trotzdem nicht zur Schule gehen.

Im Gespräch erst wurde ihrer Mutter bewusst, dass etwas gewesen sein muss, da ihre Tochter innerhalb weniger Wochen über 10 Kg zugenommen hatte, keinen Sport mehr trieb und Fingernägel kaute. Das Mädchen war einfach psychisch am Boden und total unglücklich. Alles das innerhalb der ersten Monate nach Schulanfang in der neuen Klasse, mit neuem Lehrer. Merkwürdigerweise war sie sofort nach dem Halbjahreszeugnis krank geworden.

Nachdem ich mit dem Mädchen geredet hatte, ahnte ich, woher das Problem kommen könnte. Sie wollte nicht so recht reden, und das ist typisch bei solchen Fällen. Zum einem haben die Kinder Angst, zum anderen – und das ist der viel wichtigere Grund – schämen sie sich zu sagen, dass sie nicht gemocht werden. Sie schämen sich, nicht wertvoll zu sein.

Auf jeden Fall nahm ich Kontakt mit dem Lehrer auf und wir sprachen über das Kind. Er war froh, dass endlich einmal Kontakt zu ihm gesucht wurde, aber er versuchte sein Verhalten zu verteidigen und von sich aus, ohne dass ich das Wort genannt hatte, sagte er „Herr Dantse, ich diskriminiere kein Kind hier und meine Note sind nicht herkunftsbedingt". Damit gab er mir wichtige Informationen und ich konnte das Mädchen nun besser verstehen Ich riet dem Lehrer, das Mädchen in Zukunft besser einzubeziehen, auf sie zuzugehen und ihm zu zeigen, dass das, was er mir gerade gesagt hatte, auch stimmte. Es ging nicht darum zu sagen, dass man nicht so oder so handelt oder nicht, sondern darum, dass das Mädchen das Gefühl haben muss, dass es nicht ausgegrenzt wird.

Nach dem Gespräch mit dem Lehrer und seinem Hinweis auf „herkunftsbedingte Noten", frage ich die Mutter nach allen Zeugnissen der Tochter. Ich bemerkte anhand der Noten sofort eine Leistungsminderung besonders im Fach Deutsch. Bis zu diesem Schuljahr war ihre schlechteste Note in Deutsch eine zwei gewesen, ansonsten hatte sie immer Einsen gehabt. Für mich wurde das Verhalten des Mädchens langsam sehr klar, zumal ich öfter solche Geschichten gehört hatte und sie auch kannte. Als ich nun mit dem Mädchen redete, Andeutungen in diese Richtung machte, und ihr sagte, dass ich sie verstehen würde, fing sie unter Tränen an, mir alles zu erzählen. Der Lehrer würde sie ignorieren, er würde kaum mit ihr reden, sie könne ihre Hand so lange hochhalten wie sie wollte, wenn sie eine Antwort wusste, aber drankommen würde sie nie, beim Theater bekäme sie immer nur die einfachste und kleinste Rolle, bei der sie nur einen Satz sagen müsse, im Sport, wo sie so gut war, gab er ihr immer eine 3, in Deutsch auch immer nur Dreien. Sie würde es unfair finden. Mit dieser Information konfrontierte ich gemeinsam mit der Mutter den Lehrer und drohte, zur Direktorin zu gehen. Wie durch ein Wunder war danach alles wieder okay und das Mädchen konnte auf einmal wieder gut Deutsch reden, schreiben und verstehen.

Meine Nichte, 9, beklagte sich auch, dass sie es doof findet, wie ihre neue Lehrerin mit ihr spricht, als ob sie ein Kind wäre, als ob sie nicht richtig Deutsch verstehen und sprechen würde, obwohl sie sehr gut Deutsch spricht, schreibt und versteht, wie man an den Hausaufgaben sieht, die sie immer fast ohne Fehler macht, und obwohl sie im Diktat kaum Fehler macht. Das Problem nahm erst ein Ende, als meine Schwester ein ernstes Wörtchen mit der Lehrerin redete.

Kinder erzählen auch von abwertenden und abfälligen Bemerkungen anderer Kindern und Eltern zu ihrer Herkunft, ihren Heimatländern und manche Kinder beschimpfen sogar ihre Mitschüler ganz offen rassistisch.

Solche Erfahrungen kommen manchmal auch in Sport und Freizeit vor und generell in der Gesellschaft. Das sind Erfahrungen, die Kinder, wenn sie noch nicht innerlich gestärkt sind, fertigmachen und bei einigen verursachen sie sogar psychosomatische Beschwerden.

Negative Programmierungen

Negative Wörter, negative Autosuggestionen und Hypnose, lasche Axiome, negative Du- und Ich-Botschaften, Verfluchungen oder Warnungen mit Fluch-Charakter, negative sexuelle Programmierung

Kinder übernehmen unbewusst viel von den Eltern, seien es positiv oder negative Eigenschaften. Was wir den Kindern vorleben, wird morgen auch Teil der Kindern sein. Worte, die wir mit und vor den Kindern benutzen beeinflussen – positiv wie negativ – die Gedanken der Kinder und dadurch ihr Verhalten.

Ich fragte einmal eine Klientin:

> **Frage**: Wenn du dich jetzt siehst und vergleichst mit deinen Eltern: welche Eigenschaften hast du mehr von welcher Seite?
>
> **Antwort:** Meine Angst, und die vielen negativen Gedanken, die ich mir über das, was andere Menschen denken könnten mache, habe ich von meiner Mutter. Das geringe Selbstbewusstsein, spiegelt sich ein bisschen in ihr. Meine Mutter ist sehr fleißig und klug, ich denke diese Eigenschaften hat sie mir auch weitergegeben.
>
> Von meinem Vater habe ich die Gutmütigkeit und die Freundlichkeit, er liebt Tiere, ich auch.

Wir programmieren unbewusst unsere Kinder. In diesem Kapitel werden wir erfahren, wie wir Eltern unsere Kinder negativ programmieren und sie somit kaputtmachen und wie dies wie ein Fluch von Generation zur Generation weitergegeben wird. Ja, die Kinder tragen alles in sich und geben es der nächsten Generation weiter, wie eine Seuche. Hier erleben wir einen klaren Fall von Energievampirismus.

Ich erzähle die Geschichte einer Klientin, die mir wegen ihrer erst dreijährigen Nichte schrieb:

„Ich glaube, ich weiß nun, warum meine Nichte so wütend, so unglücklich ist. Es ist das Hänseln und Ärgern. Ich sagte bereits, dass sowohl mein Bruder als auch seine Frau die Kinder ständig nachäffen und ärgern. Und mein Bruder provoziert die echt auch.

Wie soll Anne sich wehren? Sie ist ihnen in jeglicher Hinsicht unterlegen und das Schlimmste was dazu kommt: Es sind ihre Eltern, sie ist abhängig.

Wir waren heute einen Ausflug machen. Ich überlegte lange, ob ich mitgehen sollte oder nicht. Ich entschied mich dafür, da ich sowieso auch raus wollte.

Wir gingen spät los, fuhren in den Wald und spazierten zu einer Burgruine. Als wir dort waren, dämmerte es bereits, es war halb fünf.

Wir tranken dort etwas in der Burgschenke. Und da kam dann die Situation, in der ich kurz davor war, aufzustehen und den Laden zu verlassen. Ich riss mich aber zusammen.

Wir saßen also dort und Anne saß neben mir auf der Bank.

Es war erst einmal so, dass Anne eine Fanta hatte und nicht mit ihrem kleinen Bruder teilen wollte. Arnie (ihr Vater) nahm sie ihr ab und füllte etwas in die Babyflasche von Nick, was ich schon krass fand. Fanta für ein wenige Monate altes Kind und noch dazu in der Flasche! Das gab bereits Geschrei. Grundsätzlich finde ich gut, dass sie teilen muss, aber die Art und vor allem, dass es einfach keine Erklärung, keine klaren Worte gab, gefiel mir nicht.

*Anne kam dann ungeschickt an ihr Glas und es fiel auf den Boden. Sie begann zu weinen und das einzige, was mein Bruder machte war, ein genervtes Gesicht zu ziehen und einen genervten Kommentar abzugeben. Während er die Scherben zusammenkehrte, sagte er: "Was hast du da gemacht, du **Dummerle**, typisch du, das ist echt blöd, blöd, blöd, das habe ich dir schon öfter gesagt." Seine Frau sagte nicht viel, sondern blieb gelassen, ruhig, lächelte ein wenig und später sagte sie „irgendwann bist du auch mal nett, oder?"*

Die Kleine tat mir Leid, und ich nahm sie dann in den Arm und sagte: „Es ist nichts passiert, es ist nur ein Glas kaputtgegangen." Das Kind flüsterte „ja, es ist passiert, weil ich dumm bin."

Arnie sagte „Siehst du, das kommt davon, dass du Nick nichts abgeben wolltest. Geiz macht halt dumm."

Ich weiß gerade gar nicht mehr, was dann gesagt wurde. Ich glaube, dass es darum ging, dass Nick etwas zu essen hatte, was Anne auch wollte. Arnie sagte irgendetwas dazu, er äffte wieder nach, seine Frau machte mit, sie lachten Anne ständig aus. Vielleicht fällt es mir wieder ein. Es waren auf jeden Fall respektlose Worte, es war so provozierend. Ich verzog keine Miene, aber man sah mir an, dass ich innerlich brodelte. Vor allem finde ich das so übel, dass auch die Mutter immer mitmacht. Sie zeigen einem kleinen Mädchen ihre Macht.

Auf der Heimfahrt überlegte ich mir, was ich das nächste Mal sagen möchte: „Bitte redet nicht so, wenn ich dabei bin." Sie werden verwundert sein. Ich werde dann sagen: „Ich will das nicht hören." Sie werden fragen: „Was?" Ich werde sagen: „Dieses Nachäffen, Ärgern und Provozieren der Kinder. Ich will das nicht hören, ich habe damit ein Problem." Ich sage weiter: „Ihr könnt das gerne weiterhin machen, aber bitte nicht, wenn ich dabei bin. Und falls ihr es doch macht, müsst ihr damit rechnen, dass ich aufstehe und gehe, ganz einfach, weil ich das nicht sehen und hören will."

Als wir von der Burgruine herunterliefen, war es bereits dunkel. Es war echt ein wenig unheimlich, starker, lauter Wind, dunkle Schatten. Wir liefen los. Mein Bruder lief mit seinem Sohn im Kinderwagen vor. Ich war ein Stück dahinter und dann kam Martina, die Mutter, mit Anne an der Hand. Martina sagte leicht lachend „Anne hat Angst, teilen kann sie nicht, Angst kann sie". Was ist das für eine Aussage einer Mutter? Das Kind ist erst drei Jahre alt, mein Gott. Dann macht man halt, dass das Kind keine Angst mehr hat. Ich verstand dann nicht, was sie zu ihr sagte, doch das Ergebnis war, dass das Kind zunächst weiterhin Angst hatte und sich gar nicht mehr bewegen konnte. Zumal mein Bruder Arnie dann auch noch anfing, gruselige Geräusche zu machen und sie zu erschrecken. Ich nahm dann die andere Hand von Anne, damit sie in der Mitte war und sagte ein paar ruhige Sätze, und dass ihr nichts passieren könne, weil der liebe Gott auf sie aufpasst. Danach wollte sie dann weiter.

Auch später machten sie sich nochmals über die Angst der Tochter lustig, in einer anderen Situation.

Heute Morgen erzählte ich übrigens meinem Bruder die Sache mit Anne und der Krippe. Es war aus dem Zusammenhang heraus, wir redeten gerade über diese Krippe. Dum-

merweise hörte Anne das, sie war auch im Raum. Mein Bruder sagte „Stimmt das, Anne, warst du böse? Bist du ein böses Mädchen?" Oder sowas ähnliches.

Ich sagte: „Arnie, darum geht es nicht. Lass, wir reden später drüber, das ist gerade der falsche Zeitpunkt, sorry."

Später redeten wir nochmals kurz darüber. Ich fragte, warum Anne mit nur drei schon so aggressiv sei, so wütend. Mein Bruder war verwundert „Echt? Ist sie aggressiv? Lisa, das sind halt Kinder." Seine Frau hatte dann eine Erklärung dafür. Dabei machte sie ein Gesicht, als ob das der Grund wäre und sie dagegen eben nichts unternehmen könne: „Ja, die Anne ist aggressiv. Der Nick ist seit ein paar Monaten jetzt aktiver und mischt sich immer ein, das ärgert sie, das stört sie eben."

Ich sagte nur: „Aha, der Nick macht ihr Angst, der Nick lacht sie ständig aus, der Nick nennt sie dumm, blöd, böse – das ist ja interessant!"

Als ich sagte, dass sie mit drei Jahren schon Fingernägel kaut, sagte mein Bruder: „Ja, die Anne kaut Fingernägel, weil sie nichts zu essen bekommt, gell, Anne?"

Dabei kaut die kleine ihre Fingernägel blutig und lacht kaum.

Ich möchte hier erwähnen, dass die Eltern dieses Mädchens studiert haben und beruflich sehr erfolgreich sind. Dem kleinen Mädchen mangelte es nicht an materiellen Dingen, sie hat nur die teuersten Dinge.

Dies war ein Beispiel, wie Arnie und Martina das Mädchen und später den Jungen auf Krankheit, Unglücklichsein und

Angst programmieren. Die Kinder werden seelische Störungen haben, weil sie von Kindheit an so konditioniert wurden. Anne wird sich als böse und dumm betrachten. Sie wird Minderwertigkeitskomplexe haben und ihr wird das Selbstbewusstsein fehlen.

> **Die Kinder, die unglücklich sind, sind nicht unglücklich gezeugt und geboren. Wir Eltern sind diejenigen, die sie zum großen Teil zum Unglücklichsein programmiert haben.**

Es fängt bereits in der Schwangerschaft an, wie ich im ersten Kapitel gezeigt habe.

Besonders in den Industrieländern ist das Unglücklichsein ein Volksgefühl geworden. Viele Menschen in den westlichen Ländern waren schon einmal bei einem Psychologen. Man sagt, es gibt mehr Psychologen in den westlichen Ländern als Ärzte.

Warum sind wir und unsere Kinder so unglücklich? Ich habe mit vielen Erwachsenen über die Gründe ihres Unglücklichseins geredet. Ich habe mit vielen Eltern geredet, die sich beklagten, dass ihre Kinder unglücklich sind, obwohl sie alles getan haben. Zusammen mit meinen Erfahrungen als Vater, komme ich zu dem Schluss, dass ein Hauptgrund, warum unsere Kinder unglücklich sind und es bleiben, die negative Programmierungen sind, denen wir sie ausgesetzt haben.

Ob die Kinder sich nicht mögen, an sich zweifeln, ein geringes Selbstbewusstsein und eine geringe Selbstachtung haben, hat zum größten Teil mit den Erlebnissen direkt in der Familie zu tun. Was wir ihnen vorleben, erzählen, über uns und über sie sagen, wie wir uns selbst sehen, sie nennen, bezeichnen und qualifizieren, wie wir in Situationen wie Angst und Gefahr reagieren, ist das, was sie mitnehmen werden. Sie saugen all das auf, wie ein Schwamm und werden so von uns programmiert.

Wir hypnotisieren unsere Kinder jeden Tag, mit dem was wir sind und was wir essen, was wir tun, was wir sagen.

Wir benutzen Sätze, die extrem gefährlich sind – manche sind schlimmer als Schläge für die Kinder.

Es ist in vielen Familie fast normal und alltäglich, folgende Wörter zu benutzen: „blöd, scheiße, verrückt, schlimm, usw." Dass solche Wörter einen starken Fluch-Charakter haben, ahnen wir nicht. In meinem Buch „Die Kraft des Wortes" erkläre ich genau, was ein Wort in unserem Gehirn provozieren kann. Vergessen wir nicht, dass die Welt (für die, die an einen christlichen Gott glauben) aus einem einzige Wort Gottes entstanden ist. Man sagt am Anfang war das Wort. Das Wort war mit Gott, das Wort war Gott. Die Macht des Wortes in unserem Unterbewusstsein ist gigantisch. Ich möchte nicht viel weiter auf das Thema eingehen, sonst sprengt es den Rahmen dieses Buches. Aber es ist sehr interessant, mein Buch zu lesen, um zu wissen, wie mächtig das Wort ist.

Wir hören oft Eltern ihren Kindern folgende Äußerungen sagen. Es wirkt auch schon negativ auf die Kinder, wenn man sie nicht direkt anspricht, das heißt, wenn man nur in ihrer Anwesenheit diese Wörter und Ausdrücke zu sich selbst sagt. Ich meine Äußerungen wie:

„Ha, das ist so blöd."

„Das ist echt scheiße."

„Bist du blöd, oder was?"

„Du benimmst dich wie ein Hund."

„Du isst wie ein Schwein."

„Du schmatzt wie ein Schwein, kannst du wie ein gut erzogenes Kind essen?" (Unbewusst versteht das Kind es so: ich bin unerzogen)

„Du bist unerzogen/ungezogen…"

„Das ist dumm, was du da machst" (das Kind versteht es so: ich bin dumm)

„Du Idiot."

„Dummer Kerl."

„Du bist ein Versager, eine Null!"

„Du solltest Dich was schämen."

„Du Blödmann, gib das her."

„Idiot, verschwinde direkt in dein Zimmer."

„Du kannst nur nerven."

„Du machst deinen Mund auf und es kommt nur Blödsinn raus."

„Das ist blödsinnig, was du da sagst."

„Rede kein dummes Zeug."

„Du kriegst einen Hirnschaden."

„Kannst du es nicht so machen, wie deine Freundin Elise?"

„Du wirst wie dein Vater werden." (Wohlgemerkt, der ist gewalt-tätig)

„Du kannst es einfach nicht schaffen."

„Wir legen uns krumm – und du?"

„Du taugst nichts."

„Du ein böses Kind."

„Du machst mich verrückt."

„Ihr macht mich fertig."

„Du machst mich irre."

„Ich werde gaga."

„Ich kann nicht mehr mit euch."

„Ich habe es satt mit euch."

„Hast du noch alle? Ist in deiner Birne noch alles in Ordnung?"

„Ach, von dir habe ich nichts anderes erwartet"

„Aus dir wird nix."

„Du bist so lahm wie eine Ente. Kannst du nicht rennen wie Paul? Der ist gut."

„Schau mal Anne, siehst du, wie sie ihren Eltern zuhört? Wie gut sie sich kleidet?"

„Du kannst es eher nicht schaffen."

„Mach dich nicht lächerlich, dein Arsch sieht so scheiße darin aus."

„Lisa, meine liebe Tochter, verstehe einfach, dass kurze Röcke nichts für deine Beine sind."

„Es ist doch normal, dass er schneller rennt als du. Er ist eben dünner."

„Nicht schlimm, Mathe ist sowieso nicht dein Ding, auch dein Papa hatte keine Ahnung davon, aber er verdient Geld."

usw.

Es gibt auch vermeintliche gute Warnungen, die mehr Drohungen und Verwünschungen sind:

„Was dabei herauskommt, wirst du ja sehen."

„Du wirst es bereuen, wie du…"

„Pass auf, dass du es nicht wie ich bereust, dich als Mädchen immer nach vorne zu drängen. Du siehst doch, was das aus mir gemacht hat." (Meine Klientin hörte oft solche Warnungen von ihrer Mutter und deswegen entschied sie sich, nicht Pilotin, ihr Traumberuf, zu werden und es fällt ihr immer schwer, vor Menschen sich und ihr Können zu zeigen)

„Du wirst mehr leiden als ich, wenn du…"

„Ja sag mal, du hast ja das Wissen einer erwachsenen Frau. Wie alt bist du? 10, 12? Dann sagte ich: Pass auf, ich dachte auch mal, ich würde alles wissen. Irgendwann wurde ich dann vorsichtig, weil mein Wissen mir nur Unglück brachte." (Diese Äußerung wurde einem Mädchen wirklich gesagt und das veränderte ihr Leben sehr negativ. Sie wurde ängstlich, unsicher, und weil Wissen eben Pech bringt, machte sie sich unbewusst dümmer)

„Pass auf, dass du nicht irgendwann stolperst"

„Pass auf, dass…"

„Pass auf, pass auf, pass auf!!!"

Solche Wörter, Sätze und Warnungen verschwinden nicht nach dem Aussprechen. Nein, sie kleben in der Psyche der Kinder. Sie pflanzen sich in ihrem Unterbewusstsein ein und wachsen darin. Bald werden sie die Macht über ihre Handlungen übernehmen und sie werden sich genau so verhalten, und alles das über sich sagen und denken, wie es in unseren Äußerung gemeint waren.

Alle, was wir den Kindern sagen ist für sie wie eine Hypnose, da wir als Eltern ihre Bezugspersonen sind. Wir sind ihre Götter. Sie glauben uns zuerst alles. Sie gehen davon aus, wir wissen es besser und kennen die Wahrheit. Alles, was wir sagen ist auch wahr und richtig. Sie nehmen unsere Meinungen und Äußerungen fast eins zu eins in sich auf. Sie helfen mit ihrem Glauben an und in uns, dass sich unsere Äußerungen in ihrem Kopf festsetzen. Unsere negativen Äußerungen werden somit zu ihren Glaubenssätzen, an die sie auch fest glauben. Das heißt, diese Äußerungen wirken nun nicht nur in ihrem Unterbewusstsein, sondern auch in ihrem Bewusstsein (Ja, Mama hat Recht, ich bin dumm, ich weiß, ich bin nicht gut in Mathe, wie der Papa. Dicke Beine sehen nicht schön aus im Rock, ich werde lieber meine Beine in Jeans verstecken, wie die Mama auch…). Sie sind negativ programmiert.

Manche dieser Kinder machen mehrere Therapien und finden leider keine Lösung, weil sie sich und uns Eltern nicht in Frage stellen wollen, besonders, wenn sie von uns emotional und finanziell abhängen. Immer sind andere Leuten schuld: die verschiedene Partner, die sie austauschen ohne, dass sich etwas ändert, ihre eigenen Kinder sind schuld, dass es ihnen schlecht geht, es ist das schlechte Wetter, das schöne Wetter, das schlechte Essen, der Schnee im Winter usw. Hauptsache sind nicht Vati und Mutti, und so lassen sie die einzige wahre Chance liegen, doch irgendwann einmal glücklich zu werden, nämlich die Eltern in die Verantwortung zu nehmen.

Es sind auch negative Programmierungen, wenn wir über uns selbst fluchen. Wenn wir genervt negative Wörter fallen lassen, wenn Kinder dabei sind: scheiße, doof, verdammt, blöd, usw., wenn zum Beispiel eine Arbeit schwer ist, wir uns den Fuß stoßen, wir eine schlechte Nachricht bekommen. Diese Worte wirken im Beisein der Kinder negativ auf sie. Sie wirken sowieso schon negativ auf uns, aber in diesem jungen Gehirn sind sie noch schädlicher.

Mit solchen negativen Äußerungen verfluchen wir unsere Kinder regelrecht und machen somit ihre Zukunft und die der kommenden Generationen sehr schwer. Ja, dieser Fluch geht dann von Generation zur Generation, denn wir selbst haben das sehr wahrscheinlich von unseren eigenen Eltern übernommen und unsere Kinder werden zum großen Teil das Gleiche mit ihren Kindern machen, und irgendwann einmal wird man gar nicht mehr nachvollziehen, woher unser Unglücklichsein kommt.

Es tut den Kindern nicht gut, wenn wir Eltern bestimmte Situationen sehr negativ kommentieren und wir uns mit bösen Wörtern äußern.

Beispiele sind: „Hey Kinder, das ist Terror…, du terrorisiert mich…, ihr bringt mich um…, du machst mich verrückt…, ich werde verrückt…, ich kriege die Krise…, ihr seid unmöglich…" Diese Sätze wirken destruktiv auf die Psyche der Kinder. Manchmal sagen wir das gar nicht direkt zu den Kindern, aber wir beklagen uns vielleicht in einem Telefonat mit unseren Eltern und die Kinder bekommen mit, wie schlimm über sie geredet wird.

Wir belasten damit die Kinder sehr. Wir bringen den Kindern bei, ein schlechtes Gewissen zu haben. Sie fühlen sich schuldig. Sie bekommen mit der Zeit das Gefühl, dass sie böse sind, nicht liebenswert. Das frustriert sie und gerade deswegen werden sie noch heftiger, noch unsensibler, wenn sie nach ihrer Meinung das Gefühl haben, dass sie nichts falsch gemacht haben. Viele Kinder fangen dann an, an sich zu zweifeln, kein Selbstvertrauen aufzubauen. Kinder, die sich nicht mögen, die immer anders aussehen wollen, die ihren Körper hassen haben dies subtil und meist unbewusst von ihren Eltern gelernt.

Negative Bilder in Spielen, auch Videospielen, im Fernsehen, im Internet, in Büchern, können unsere Kinder auch im Hintergrund negativ programmieren. Wir kennen Geschichten von Kindern, die nach einem Film oder einem Videospiel schlimme Straftaten begangen haben.

Wir können unsere Kinder auch mit vermeintlich guten und liebevollen Äußerungen negativ programmieren. Diese Art von Programmierung kann sogar schlimmere Folgen haben als die von vornherein als gefährlich erkannten Äußerungen.

Beispiele für diese Äußerungen sind:

„Oje, meine Kleine, du bist traurig, gell?" (Das Kind war nur müde und still. Sie wollte sich nur ausruhen. In Zukunft wird sie interpretieren, dass sie traurig ist, wenn sie eigentlich nur müde ist, und so assoziiert sie in ihrem Unterbewusstsein Müdigkeit und Traurigkeit.)

„Du siehst fertig aus, soll ich dir helfen?"

„Oje, Anne, mein Schatz, du bist am Ende mit deinen Nerven, gell?"

„Ja, ich weiß, das tut wirklich sehr weh, ich bringe dir …"

„Es ist doch nicht so schlimm, nur wenige Frauen sehen wie Heidi Klum aus." (Sagte eine Mutter ständig zu ihrer Tochter, als sie sich über ihren Körper beklagte oder wenn ein Mann sie verlassen hatte. Damit bestätigte die Mutter, dass ihre Tochter nicht schön sei und befeuerte ihre Tochter, sich ständig mit Heidi Klum zu vergleichen, um doch immer wieder festzustellen, dass sie „hässlich" ist.)

„Du schaffst das nicht, oder? Ich weiß, es ist so schwer."

„Pass auf, Patrick, am besten fährst du mit dem Bus hin und nicht mit dem Fahrrad. Die Straße ist so glatt" und Patrick antwortete: „Aber Mama, es geht schon, andere Menschen fahren auch." Mama: *„Ich habe gestern gelesen, wie ein LKW-*

Fahrer auf dem Schnee ausgerutscht ist und ein Kind, das auf Rad war, zerquetscht hat und es war auf der Stelle tot. Es ist echt gefährlich." Dann schnappt sich Patrick seine Tasche und läuft zu Fuß.

„Mein Schatz, pass bloß auf, dass du nicht runterfällst. Es tut so weh, du könntest dir auch die Beine brechen."

Kind: *„Mama, mein Bauch zwickt ein bisschen."* Mama: *„Oje, leg dich hin, du hast Bauchschmerzen, ich bringe dir eine Wärmeflasche."*

Das Kind jammert und jammert die ganze Zeit, der Vater versucht es zu beruhigen: *„Ja, ich weiß, dass es nicht einfach ist. Ja ich verstehe, dass du jammerst. Bei mir war es auch so schlimm. Ich musste sogar ins Krankenhaus …"*

Mama: *„Gerhard, was sagst du da? Warum schimpfst du noch mit ihr? Siehst du nicht, dass sie am Ende ihrer Nerven ist, Miriam ist fertig. Sie ist total fertig und kann nicht mehr?"* Und plötzlich verhält sich Miriam genauso, wie Mama gesagt hat. Sie stellt sich unbewusst auf „fertig" ein, um Mitleid, Mitgefühl der Mutter zu bekommen. Miriam ist aber über 30.

Das Kind hat ein paar Schwierigkeiten, weil es sich bei den Übungen nicht Zeit genug nimmt und deswegen nicht konzentriert ist:

„Lisa, Mathe ist nicht deine Stärke, gell?" Lisa versteht es so, dass sie sich nicht mehr in Mathe bemühen muss und erzählt dann überall, wie von der Mama gelernt: „Mathe ist nicht meine Stärke."

„Anton, du hast es nicht so mit Deutsch, oder? Schreiben ist nicht deine Leidenschaft, gell?"

Solche Äußerungen scheinen liebevoll zu sein und sind auch so gemeint, aber leider sind sie schlimmste negative Programmierungen mit negativen Auswirkungen auf die Kinder. So fängt das Kind zum Beispiel an, Schnee als etwas Gefährliches zu sehen und irgendwann ist es nicht mehr nur ein Gedanke, sondern wird auch so gefühlt und gelebt. Im Winter ist so ein Kind unglücklich, weil es Angst vor dem Schnee hat. Es könnte doch sterben, wenn ein Lkw ausrutscht.

Unsere exzessiven Warnungen und unser übertriebener Schutzdrang lassen Ängste und Unsicherheit in Kindern entstehen. Da unsere Kinder durch unsere ständigen Warnungen nicht ihre Grenze getestet und nichts riskiert haben, haben sie kein Vertrauen in sich und in ihre Umwelt. Ohne Vertrauen in sich selbst gibt es kein Selbstvertrauen und Selbstwertgefühl. Viele solche Kinder haben Minderwertigkeitskomplex. .

Wie ich geschrieben habe, hypnotisieren wir unsere Kinder jeden Tag. Wenn wir unseren Kindern negative Suggestionen sagen, oder aus Liebe zu ihnen ihre negativen Autosuggestionen bestätigen, hypnotisieren wir sie negativ. Und, wie bei jeder Hypnose, werden sie sich so verhalten, wie diese Suggestionen ihnen nahelegen.

„Ich bin müde Mama." Und die Mama sagt: *„Ja, mein Schatz du bist sehr müde, deswegen bist du schlecht gelaunt und unmöglich zu mir. Ich verstehe dich."*

Das Kind wird somit ermutigt, schlecht gelaunt zu sein und seine Mutter schlecht zu behandeln und bekommt dafür nun auch noch eine Entschuldigung.

„Ich kann es nicht schaffen, Mama, es ist zu viel und ich habe keine Kraft dafür." Die Mama bestätigt: *„Ja Liebling, es ist wirklich sehr viel, wie konntest du nur glauben, dass du es schaffen kannst? Niemand erwartet es von dir. Natürlich kannst du es nicht schaffen."* (So eine Äußerung, die im ersten Moment so lieb klingt, so fürsorglich erscheint, ist giftig. Das Unterbewusstsein des Kindes versteht es zum einen so, dass ihm niemand etwas zutraut, und zum anderen, dass es unfähig ist. Ein Kind, das so „geschützt" wird, wird ein geringeres Selbstvertrauen haben).

„Ich fühle mich nicht so gut und überlege, ob ich zum Arzt gehen soll." Eltern: *„Oh, du Arme, ja wir sehen es in deinen Augen, es geht dir schlecht, gell? Wir machen uns so Sorgen. Du musst unbedingt zum Arzt. Sollen wir dich zum Arzt fahren?"* (Erst dann gerät das Mädchen in Panik und erst dann wird es ihm bewusst, dass einfache Migräne anscheinend fast „tödlich" ist. So verliert es das Vertrauen in die Fähigkeiten seines Körpers, kleine Beschwerden selbst zu beseitigen. Die Folgen für das Mädchen muss ich hier nicht mehr erwähnen.)

Mit der Wiederholung und der Bestätigung der negativen Aussagen (Schritte der Hypnose) greifen wir in das Unterbewusstsein ein. Wir sind dabei, das Kind aus Liebe zu ihm leider negativ zu programmieren. So ein Kind wird sich immer unfähig fühlen, bei Kleinigkeiten keine Kraft und keinen Mut finden. Bei kleinsten Schwierigkeiten wird es überfordert sein.

Bei solchen Situationen ändern wir auch unsere Sprechart und unsere Körpersprache, damit sie sich unsere Äußerungen anpassen. Wir reden und verhalten uns wie ein Kind, um dem Kind noch mehr unser Mitgefühl zu zeigen. Das Kind sieht das alles, nimmt solche Bilder auf und verhält sich immer öfter so, weil es weiß, dass es dadurch die Aufmerksamkeit der Eltern bekommt. Irgendwann wird es nun eine Gewohnheit, mit gebeugten Schultern und verzogener Miene zu laufen.

Wenn die Eltern immer alles negativ sehen und unglücklich sind, programmieren sie ihre Kinder auch negativ und zum Unglücklichsein

Auch Aussagen, die in den Kindern Schuldgefühle erzeugen sind gefährliche Programmierungen:

„Warum tust du mir so etwas an?"

„Ihr saugt meine Energie aus."

„Du machst mich krank."

„Ich bin am Ende meiner Kräfte."

„Willst du, dass ich mich umbringe?"

„Was werden nur die Nachbarn über uns denken?"

„Ihr seid unmöglich zu mir, eurer Mutter!"

„Hast du kein Mitleid mit deiner Mutter?"

„Seht ihr nicht, dass ihr eure Mutter traurig macht?"

Dabei sind wir selbst schuld, dass die Kinder uns nicht respektieren und gehorchen. Unser inkonsequenter Erziehungsstil am Anfang – der oft aus unserer eigenen Kindheit kommt – als wir den Kindern keine Grenzen gezeigt haben, führt oft automatisch dazu, dass die Kinder sich so verhalten. Anstatt dass wir die Verantwortung dafür tragen, versuchen wir, den Kindern die Schuld zu geben für unsere Unfähigkeit. Wir sollten unseren Eltern die Schuld geben und nicht unsere Kinder mit solchen Äußerungen seelisch zerstören. Kinder, die so unter Druck gesetzt werden, reagieren oft mit mehr Härte. Sie verteidigen sich und so entsteht negative Energie, die sie schwach macht.

Kinder und Menschen, die von den Eltern zum Unglücklichsein programmiert worden sind, können sich nur durch eine Abnabelung von ihren Eltern befreien.

Wir „loben" die Defizite der Kinder. Wir pflanzen Defizite in sie und nähren diese und sind dann erstaunt, oder tun so, wenn diese Kinder es alleine, ohne uns, nicht schaffen wenn sie groß sind, uns für alles brauchen, ständig krank sind, gestörte Beziehungen haben, unter Essstörungen leiden usw. Wir machen sie schwach und hilfsbedürftig. Solche Kinder werden von uns abhängig sein und so zulassen, dass wir Eltern ihre Energie aussaugen, indem wir ihnen immer helfen, um uns als etwas Besseres darzustellen. Über die Schwäche unserer Kinder zeigen wir unsere Kompetenz. Das gibt uns ein schönes Gefühl, da wir so unsere eigene Defizite übersehen, denn es gibt andere, denen es schlechter geht. Wir nehmen die Energie unsere Kinder, um uns wohlzufühlen. Es ist auch egal, ob dies bewusst oder unbewusst passiert. Die negativen Konsequenzen für die Kinder sind in jedem Fall da.

Was ist dann mit der negativen sexuellen Programmierung?

Im Kapitel über sexuelle Belästigung, ab Seite 173, habe ich bereits beschrieben, dass manche Kinder schon sehr früh sexuelle Erregungen erleben können.

Ab Seite 353 schreibe ich über die sexuelle Frustration mancher Kinder als Auslöser bestimmter allgemeiner Frustrationen und Unzufriedenheit.

Ich habe in Gesprächen mit Erwachsenen festgestellt, dass sie sich schon sehr früh, besonders im heranwachsenden Alter, Gedanken über die Sexualität ihrer Eltern gemacht haben. Eltern können, ohne es zu wissen, die Sexualität ihrer Kinder negativ oder positiv mitprägen.

Überforderung und Versagensängste der Kinder

Erziehung kann Kinder überfordern.

Überforderte Kinder sind schnell frustriert und verlieren rasch die Lust. Genauso wie bei der Überhütung verlieren sie das Urvertrauen. Und ohne Urvertrauen kein Selbstvertrauen.

Zu große und übermäßige Erwartungen, zu viele Herausforderungen erzeugen negativen Druck auf Kinder

Leistungsdruck kann seelische und körperliche Beschwerden bei Kindern verursachen.

Wenn wir viel auf einmal von unseren Kindern wollen und fordern (schon in der zweiten Klasse mehrere Fremdsprachen lernen, die besten Noten in allen Fächern haben, bei den Freizeitaktivitäten immer vorne sein, so viele Freunde, wie möglich zu haben, sich immer und überall super benehmen und anständig sein, usw.) schaden wir ihnen am Ende schwer: Die Kinder haben Angst und diese Angst hat negative Folgen für ihre psychische und körperliche Entwicklung. Die Kinder bekommen den Eindruck, dass sie nur etwas wert sind, wenn sie den Erwartungen der Eltern entsprechen und zum Beispiel in der Schule immer nur die besten Noten haben, nach dem Motto: „Je besser meine Noten sind, desto mehr werde ich geliebt." Sie leben in ständiger Angst und entwickeln einen Drang zur Perfektion.

Es ist wichtig, dass Eltern ihre Kinder fordern, und dass die Kinder auch herausgefordert werden. Ich finde es gesund, bestimmte Erwartungen an die Kinder zu stellen. Ich glaube zum Beispiel, dass es gut ist, nach der Schule die Hausaufgaben der Kinder zu kontrollieren, mit ihnen zu üben oder ihnen da zu helfen, wo sie etwas nicht verstanden und Schwierigkeit haben. Es ist für das Kind wichtig, erzählt zu bekommen, dass gute Noten wichtig sind, und dass es dafür lernen muss. Es ist legitim, die Kinder zu motivieren, sich für das zu begeistern, wofür sie ein Talent haben und was sie gerne tun. Ich finde, es ist vollkommen okay und gut für das Wohl der Kinder, wenn man sie auch einmal anschiebt, damit sie versuchen, über sich selbst hinauszugehen und versuchen, noch mehr aus sich herauszuholen, als immer nur das Nötigste. Doch wenn Eltern dabei zu übermotiviert vorgehen, schaden sie den Kindern. Diese fühlen sich überfordert und spüren Stress, Frust und haben Versagensangst.

Wenn wir den Kindern immer vermitteln, dass sie schlecht sind, wenn sie in der Schule nicht nur Einser haben, oder beim Fußball nicht das Siegtor geschossen haben, dann fühlen sich die Kinder unter Druck und bauen Minderwertigkeitskomplexe und die Angst zu versagen auf.

Doch nicht nur wir Eltern können unsere Kinder überfordern, auch die Lehrer, oder zum Beispiel die Trainer können es tun.

Die Folgen der Überforderung sind: Kopf- und Bauchschmerzen, Schlafstörungen, innere Unruhe und Anspannung, Essstörungen, Verspannungen, Einnässen, Schmerzen an verschiedenen Körperstellen, Gliederschmerzen, Schweißausbrüche, Aggression, usw.

Unpassende und sehr ehrgeizige Wünsche und Träume der Eltern, die nicht immer die Wünsche der Kinder sind: Die Kinder sollen die Träume der Eltern verwirklichen

Kinder sind für manche Eltern eine emotionale und finanzielle Investition in die Zukunft, oder sie sollen ein Grund sein, bei Freunden und im Familienkreis mit ihnen anzugeben und stolz auf sie zu sein.

Die Kinder sollen genau in die Fußstapfen der Eltern treten, die Praxis, das Unternehmen, das Erbe übernehmen. Oder sie sollen erreichen, was die Eltern nicht geschafft haben und wofür sie sich schämen. Oder sie sollen es einfach besser haben, damit sich die Eltern dann deswegen besser fühlen können. Um all dies zu erreichen geben die Eltern dann Gas, ohne Rücksicht auf Verluste, wohlgemerkt.

Wie viele Kinder weltweit werden von uns Eltern auf Hochleistungen gedrillt und gequält, sei es im Sport oder in der Schule, nur damit sie das erreichen, was wir uns wünschen?

Das Wohl und die Rechte der Kinder werden regelrecht missachtet, nur damit wir Geld verdienen oder mit dem Erfolg der Kinder angeben und somit unser Ego aufpolieren können.

Michael Jackson ist ein Beispiel dafür, wie ehrgeizige Wünsche und Träume der Eltern fatale Folgen für die Kinder haben können. Man könnte den Fall Jackson sogar Kindermisshandlung nennen. Die Fälle Michael Jackson oder auch

Britney Spears sind die bekanntesten, aber bei weitem nicht die Einzigen. Wir sehen besonders im Sport und im Showbusiness eifrige Eltern, die vor nichts zurückschrecken und bereit sind, ihren Kindern schlimmste Schmerzen zuzufügen, damit sie Erfolg haben und im Rampenlicht stehen. Millionen von Kindern leiden darunter, dass sie unsere Träume verwirklichen müssen.

Wir sehen im Fernsehen Kinder, die in verschiedenen Shows ihre Talente zeigen. Wir stellen uns nicht vor, was dies für manche bedeutet. Viele Kinder, die an solchen Shows teilnehmen, erleiden Traumata, die sie ihr Leben lang mit sich tragen. Meistens gehen sie auf Wunsch ihrer Eltern, Betreuer, Agenten usw. zu solchen Veranstaltungen und müssen Unmengen an Leid ertragen. Wir haben keine Vorstellung davon, was es psychisch für sie bedeutet, vor Publikum ausgelacht zu werden! Wie verkraften kleine Kinderseelen Sieg und Niederlage? Welches seelische Drama ist der Tag danach für diese Kinder, wenn sie „blöd" verloren haben und ihre Mitschüler sich über sie lustig machen?

Man muss aber gar nicht so weit gehen, um Fälle zu sehen, in denen die Eltern die Kinder kaputt machen, damit ihr eigenes vertanes Leben doch noch einen Sinn hat.

Ich kenne eine Frau, die mit den besten Noten ihr Maschinenbaustudium abgeschlossen hatte und Doktorandin an einer der weltweit besten Unis war. Alles lief gut, aber die Frau war von Jahr zu Jahr unglücklicher. Sie zwang sich, den Traum ihres Vaters – der gerne Maschinenbauingenieur gewesen wäre – bis zum Ende zu führen und dabei machte sie sich kaputt. Seelische und körperliche Beschwerden, begleiteten sie seit ihrem Abitur, seitdem sie dieses Fach studiert hatte, anstatt das zu tun, worauf sie immer Lust gehabt hatte: Journalistin werden.

Erst nachdem sie mit dem „Quatsch" aufgehört hatte, ihre Eltern mit klaren Worte in ihre Schranken verwiesen hatte, verschwanden alle schlimmen psychischen Krankheiten, die sie hatte. Erst als sie ablehnte, den Traum ihrer Familie weiter zu verfolgen und nun ihren eigenen Weg nahm, wurde sie befreit. Sie musste erst so einen Aufstand machen, bis sie endlich frei und gesund sein konnte.

Wir rauben den Kindern ihre Kindheit, wenn wir sie für unsere Träume einspannen und das bleibt nicht ohne Folgen für sie: eine zerstörte Persönlichkeit, schlechte und falsche Wahrnehmung von sich selbst, Perfektionswahn, Kontrollzwang, psychische und körperliche Schmerzen, Depressionen, Frustrationen, Migräne, Bauchschmerzen, schmerzhafte Regel, sowie Konsum von Drogen und Alkohol.

Schule kann krank machen: Leistungsdruck und exzessive Erwartungen überfordern die Kinder; Kindermobbing und Lehrerverhalten verursachen Stress

Eigentlich sollten sich Kindererziehung und Schule ergänzen. Eltern und Lehrer sollten zum Wohl des Kindes zusammenarbeiten, damit sich das Kind auf dem Weg zum Erwachsensein gesund entwickelt.

Die Schule sollte ein Ort sein, wo das Kind weitere wichtige Lehren des Lebens bekommt, aber leider ist allzu oft das Gegenteil der Fall: für viele Kinder ist die Schule die Hölle mit schlimmen Folgen und seelischen und körperlichen Beschwerden.

Gewalt, Einschüchterung, Erpressung, Mobbing durch Schulkameraden, das nicht sachgemäße Verhalten der Lehrer, der Lernstoff und das Lerntempo machen Kinder krank. Eine Ursache für Selbstmordversuche bei Kindern ist die Überforderung durch Erlebnisse in der Schule, wie eine Studie der Universitäts- und Poliklinik für Kinder und Jugendliche der Universität Leipzig bestätigt hat.

Leistungsdruck und hohe Erwartungen der Eltern können Kindern schaden

Übermäßig und übertrieben motivierte Eltern, die ausschließlich auf die Noten ihrer Kinder fixiert sind, überfordern diese und sind deswegen ein Problem und keine Lösung. Viele Kinder stehen heute unter einem Leistungsdruck, den sie kaum noch meistern können. Früher sprechen, früher rechnen, früher lesen, mehrere Fremdsprachen sprechen, nur Einser schreiben – ja, so müssen „gut erzogene" Kinder aus „guten Familien" heute sein, denn viele Eltern sehen die Leistungen ihrer Kinder als Symbol für ihren eigenen Erfolg.

Die Kinder werden unter Druck gesetzt. Ein Eins minus ist so schlimm! Eine Zwei? Das ist eine Katastrophe! Es entsteht Angst. Aus Furcht zu versagen, haben die Kinder Kopf-, Bauch-, Gliederschmerzen und Stress. Ihnen wird übel und sie schlafen schlecht. Sie fühlen sich ausgebrannt, müde und erschöpft. Dies führt dazu, dass die Kinder häufig das Gefühl haben, dass einfach alles zu viel ist, was man in der Schule von ihnen erwartet.

Objektiv gesehen ist es nicht so, dass die Schule zu viel erwartet. Wenn ich die Situation der Kinder hier in Deutschland zum Beispiel mit der in Kamerun vergleiche, wo der Schulunterricht viel intensiver ist und von 7:30 Uhr bis 16:00 Uhr geht, jede Woche Testarbeiten in verschiedenen Fächer geschrieben werden und im Abitur mindestens sieben Fächer geprüft werden und die Kinder dennoch viel gelassener und entspannter sind, dann schließe ich daraus, dass es nicht darum geht, dass die Schule zu viel erwartet, sondern darum dass die Kindern weniger können und aushalten. Ich finde sogar, dass deutsche Schulkinder viel mehr Freizeit haben als Kinder in anderen Ländern, und dass das Schulsystem viel lockerer ist. Trotzdem ist es eine Tatsache, wenn auch eine subjektive, dass dieses Gefühl den Kindern hier Druck macht und sie überfordert.

Der schlechte Umgang mancher Lehrer mit den Kindern, die lasche Erziehung der Eltern, die Vollzeitbeschäftigung beider Elternteile, der ständige Druck der Eltern auf die Lehrer, der mangelnde Dialog zwischen Lehrern und Eltern, der Versuch der Eltern, die Lehrer als Ersatzeltern zu benutzen, ihnen aber die Machtmittel dazu zu nehmen, der

Versuch, die Lehrer verantwortlich zu machen für eigenes Versagen, der Vergleich der Noten mit anderen Kindern oder das Lerntempo können Kinder sehr stressen und krank machen – all dies trägt dazu bei, dass Schule für Kinder eine Belastung ist.

Worte können für Kinder schlimmer sein als Schläge: „Du hast nichts auf dem Gymnasium zu suchen, du bist ein dummes Kind, was gibt es da nicht zu verstehen?" sagen manche Lehrer zu einzelnen Schülern. Etwas Ähnliches habe ich von einer Mutter gehört. Sie erzählte mir, der Lehrer hätte mehrmals zu ihrem zehnjährigen Sohn gesagt: „Du bist zu fett" oder – vor anderen Kindern – „fette Sau, Ruhe jetzt!" Die anderen Kinder machten sich seitdem über das Kind lustig und nannten ihn „unser fette Sau". Er wollte nicht mehr zur Schule gehen, war nun ständig krank (er klagte über Bauchschmerzen, Kopfschmerzen), meistens erfunden, um nicht zur Schule gehen zu müssen, nahm innerhalb von drei Wochen extrem zu und sagte ständig über sich, er würde sich hassen und behauptete, niemand würde ihn lieben

Auf jeden Fall wirken solche Sätze tiefer in den Kindern, als wir uns vorstellen können. Sie greifen ihr Selbstwertgefühl und ihr Selbstvertrauen direkt an.

Lehrerverhalten – Rassismus in der Schule?

Manche Kinder werden von ihren Lehrern regelrecht gedemütigt, beleidigt, gekränkt und sogar gemobbt, weil sie anders aussehen oder eine andere Herkunft haben. Vielleicht kommt es in den Medien nicht so oft vor, aber dieses

Thema ist an manchen Schulen für die Kinder tägliche Realität. Wie fast überall in der Gesellschaft gibt es leider auch in der Schule diskriminierende Handlungen von manchen Lehrern gegenüber Kindern.

Ich kenne viele Kinder aus Migrantenfamilien, die sich über Ungerechtigkeiten der Lehrer ihnen gegenüber beschweren. Eltern beklagen, dass die Kinder unterschätzt werden und die Toleranzgrenze der Lehrer ihnen gegenüber sehr niedrig ist. Bei den kleinsten Fehlern greifen sie härter durch als bei „deutschen" Kindern. Manche haben das Gefühl, dass sie schlechtere Noten in bestimmten Fächern bekommen, nur weil sie einen Migrationshintergrund haben.

Anhand eines Diskriminierungsfalles lässt sich verdeutlichen, wie Lehrer Kinder kaputtmachen können

Dies ist die Geschichte von Sarah, einem sehr intelligenten Mädchen, mit afrikanischem Vater und deutscher Mutter. Sie sollte schon zweimal die Klasse überspringen, schreibt nur Einser, ist sportlich topfit und kann alle Sportarten „mit links". In der 8. Klasse bekam sie einen Lehrer, der ihr in Sport immer eine Drei gab. Sarah konnte das gar nicht begreifen, da sie in noch keinem Fach je eine schlechtere Note als eine Eins gehabt hatte. Sie beklagte sich mehrmals bei dem Lehrer. Sie würde sich genauso viel Mühe geben wie früher, in der Klasse und der ganzen Schule wisse jeder, dass sie sehr sportlich sei, dafür würde man sie auch anerkennen. Warum bekomme sie jetzt immer eine Drei? Aber der Lehrer ließ sich auf gar keine Diskussion mit ihr ein.

Erst die energische Intervention des Vaters brachte Sarah wieder eine Eins.

Ein Jahr später bekam Sarah einen Deutschlehrer, der ihr immer eine mündliche Drei gab. Das war ganz neu für sie, weil gerade Deutsch ihr bestes und liebstes Fach war und auch hier hatte sie immer eine Eins gehabt. Sie fand die Notengebung persönlich sehr unfair und weinte jedes Mal.

Es wurde so schlimm, dass Sarah sich weigerte, weiter den Deutschunterricht zu besuchen, später wollte sie gar nicht mehr in diese Schule gehen. Ihr Vater beschloss, nachzuhaken, da er bereits von einer ähnlichen Geschichte mit einem anderen ausländischem Kind gehört hatte, das deswegen sogar die Schule wechseln musste. Er bat den Lehrer um ein Gespräch.

Bei diesem Gespräch sagte der Lehrer zu Beginn sehr freundlich und süffisant, dass er finde, Sarah mache das für ein ausländisches Mädchen toll in Deutsch und mit einer Drei könne sie doch wirklich glücklich sein. Ob der Vater denn nicht wisse, dass die meisten nicht-Muttersprachler es viel schwerer haben? Sie schneiden viel schlechter ab. Sarah mache sich schriftlich gut, sie würde insgesamt ganz sicher die Note Zwei bekommen. Dann erklärte er, er gehe davon aus, dass sie mündlich nicht besser abschneide, weil zu Hause wahrscheinlich kein Deutsch gesprochen würde. Das verstehe er gut und da mache er auch keine Vorwürfe. Kinder können mehrsprachig aufwachsen. Sie solle einfach mehr Kontakte zu deutschen Kindern bekommen, mehr mit ihnen sprechen und dann würde schon alles gut werden.

Der Vater blieb cool und sachlich und sagte, er wolle nur wissen, nach welchen Kriterien die mündlichen Noten gegeben würden, damit sie ihrer Tochter zu Hause besser helfen können, damit sie sich verbessere. Dann fügte er hinzu, dass er gerne wissen würde, aufgrund welcher Merkmale der Lehrer entschieden habe, Sarah als „ausländischer Herkunft" einzustufen? Es fehlte dem Lehrer offensichtlich eine gute Erklärung, da er Zeit brauchte, bis er lediglich antwortete: „Sie beteiligt sich während des Unterrichts mündlich nicht aktiv."

Daraufhin war der Vater sauer auf seine Tochter, die sich anscheinend tatsächlich nicht genug anstrengte. Auf afrikanische Art holte er auf der Stelle seiner Tochter zu dem Gespräch hinzu und schimpfte mit ihr. Sarah wurde ebenfalls wütend und sagte: „Aber Papa, ich hebe meine Hand immer und immer. Er nimmt mich nie dran. Manchmal wusste niemand die Antwort, außer mir, aber meine Hand blieb in der Luft hängen und irgendwann habe ich meine Hand halt nicht mehr gehoben."

Offensichtlich stimmte das, was Sarah sagte, da der Lehrer nichts mehr dazu sagen wollte.

Der Afrikaner sagte: „Meine Tochter öfter dranzunehmen wäre eine Möglichkeit gewesen zu überprüfen, ob das Kind Muttersprachlerin ist oder nicht. Nur weil das Kind gemischt ist, haben Sie das Wissen und Können dieses Kindes auf sein Aussehen reduziert und ihm eine Note gegeben, die zu einer Nichtmuttersprachlerin passen würde. Dass Sie damit als Erzieher dem Kind psychischen Schaden zufügen, ist ihnen egal. Es geht mir nicht um die Note, es geht da-

rum, diesem kleinen Mädchen nicht das Gefühl von Ungerechtigkeit zu vermitteln."

Da der Lehrer nicht einsichtig war, wandte der Vater sich
daraufhin an den Direktor. Als der Lehrer nun hörte, dass
das Mädchen bei ihrer deutschen Mutter, getrennt vom Vater, lebte und sie zu Hause deutsch und nicht „afrikanisch" redeten, entschuldigte er sich. Ohne sich wirklich zu
schämen sagte er anklagend zu dem Afrikaner: „Warum
haben Sie mir das denn nicht gleich gesagt?" Ab da bekam
Sarah zwar wieder die Note Eins, wie sie sie es verdiente,
aber ihre Hand hing leider immer öfter umsonst in der Luft.

Diese Situationen hatten ihr so zugesetzt, dass sie am Ende
des Schuljahres die katholische Elite-Schule verließ. Sie war
fertig, hatte keine Lust mehr zu lernen, weinte und sagte zu
ihrem Vater: „Ich habe den Eindruck, dass ich Leute nerve,
weil ich gut bin." Sie war frustriert und sehr unglücklich.

Wir lesen auch von Lehrern, die ihre Schüler/innen sexuell
belästigen. Das sind zwar sehr wenige Fälle, aber es gibt sie
trotzdem und sie belasten Kinder, die davon betroffen sind
sehr.

Gewalt von Kindern an Kindern, Mobbing in der Schule

Ganz hart für Kinder ist es, wenn sie in der Schule von anderen Kindern fertiggemacht werden. Körperliche, seelische, sexuelle Gewalt von Kindern gegen Kinder nimmt
drastisch zu. Kinder, die gemobbt werden, sind anfällig für
Ängste, Depressionen, psychosomatische Beschwerden,
Essstörungen und vieles mehr.
Siehe auch das Kapitel „Mobbing in der Familie".

Sport und Freizeitaktivitäten können krank machen: Leistungsdruck, hohe Erwartungen, wenig Wertschätzung, unfaire Behandlung und Diskriminierung überfordern Kinder - Trainer/ Betreuer können Kinder kaputt machen

Sport und Freizeitaktivitäten sind sehr wichtig für eine gesunde Entwicklung der Kinder, sei es körperlich oder seelisch. Mit Sport kann man sogar Krankheit heilen und viele Therapieformen nutzen den Sport. Aber es stecken auch viele Gefahren darin, die unsere Kinder unglücklich machen können.

Zum Beispiel kann der Druck, der in bestimmten Sportarten herrscht, sehr schnell Essstörungen wie Bulimie oder Magersucht bei Kindern vorantreiben. Dies sind Sportarten, wo zum Beispiel geringes Körpergewicht hilft, wie Turnen, Ballett, Eiskunstlauf, Radsport, Leichtathletik usw.

Leistungsdruck im Sport haben die Kinder, wenn es alles nur ums Gewinnen geht, wenn Wertschätzung und Liebesbeweise von Ergebnissen abhängen, wenn viel Konkurrenz herrscht und mehrere Belastungen auf einmal auftreten, zum Beispiel Schule, Freizeit und Freunde unter einen Hut zu bringen. Zu hohe Erwartungen, unfaire Behandlung der Betreuer, wenn sie zum Beispiel andere Kinder bevorzugen, ständig kritisieren und die Kinder bei geringen Fehlern schon ins Abseits stellen, oder auch finanzielle Belastungen in der Familien und Mobbing im Team können Druck erzeugen.

Die Konsequenzen dieses Drucks können nicht nur psychische Beschwerden sein, sondern auch die körperliche. Ich kenne Kinder, die sich verletzt haben, aus Angst, am Samstag zu spielen. Sie haben so viel Angst, etwas falsch zu machen oder kritisiert zu werden, dass ihr Körper versagt.

Es ist umso wichtiger diesen Bereich, die Sport und Freizeitaktivitäten im Leben unserer Kinder, zu betrachten, weil er fremdbestimmt ist. Es sind die Trainer, Betreuer und Mitspieler, die einen großen Einfluss auf unsere Kinder haben. Diese Einflüsse passieren, wenn wir selbst nicht dabei sind und wir müssen oft einfach auf unsere Intuition vertrauen, weil Kinder ungern darüber reden, was ihnen der Trainer oder der Mitspieler gesagt oder getan hat.

Wie Trainerverhalten im Sport ein Kind zerstören kann, erzähle ich mit der Geschichte meines eigenen Sohnes – es ist schockierend, aber es ist die Realität

Schwere und negative Erfahrungen meines Sohnes: Wie Leistungsdruck und Trainerverhalten im Fußball im frühen Alter und unsere falschen Handlungen die Fußballkarriere unseres Sohnes und unseren Sohn selbst beinahe zerstört hätten - eine Geschichte, die zum Nachdenken anregt

Bei meinem eigenen Sohn sah ich, wie Druck im Sport und unpädagogische Trainer ein Kind zerstören können, ohne dass die Eltern etwas tun können.

Mein Sohn war fußballbegeistert und talentiert. Er liebte Fußball und spielte sehr gerne. Alles ging gut, bis er mit acht ein Angebot eines großen Vereins aus der Region bekam. Wir, meine damalige Frau und ich, waren glücklich für ihn, da es eine Anerkennung seiner Leistungen war, aber wir hatten ein bisschen Sorge, weil er woanders spielen würde, wo alles neu war. Wir waren aber ruhig und gelassen und machten kein Problem daraus. Wir sagten dem Trainer des anderen Vereins, dass wir es uns überlegen und uns melden würden.

Es war auch Zeit, seinen jetzigen Trainer über das Abwerben seines besten Spielers in der Mannschaft zu informieren. Ab da fingen die Probleme an. Seine Reaktion war unprofessionell und unpädagogisch. Vor uns tat er so, als ob er sich freuen würde, zumal auch in der lokalen Presse darüber berichtet wurde. Er schien stolz zu sein und überzeugte uns sogar, dass es zum Wohl des Kindes besser wäre, wenn es noch ein Jahr in seiner Mannschaft spielte und erst in der nächsten Saison zu der großen Mannschaft ginge. Meine Frau fand die Idee gut, ich weniger. Ich traute ihm nicht so recht und es wäre mir am liebsten gewesen, wenn unser Sohn sofort gegangen wäre. Um ihn zu schützen, einigten wir uns jedoch so, dass er zur nächsten Saison.

Im Nachhinein war diese Entscheidung ein großer Fehler gewesen. Was wie eine gute Idee seines damaligen Trainers erschien war, war tatsächlich ein perfides Spiel. Das haben wir erst im Laufe der Saison gemerkt. Eines Tages kam unser Sohn nach Haus und erzählte uns Unglaubliches.

Der Trainer hätte ihm vor versammelter Mannschaft Druck gemacht: er solle nicht gehen, so etwas würde man nicht machen, er könne seine Mannschaft nicht im Stich lassen, die Mannschaft würde auf ihn zählen, dies wäre ein Vertrauensbruch, ein Betrug der Mannschaft usw. Und er solle uns, seinen Eltern, sagen, dass er nicht wechseln will und wenn er doch unbedingt gehen wolle, dann müsse er jetzt sofort gehen (er wusste genau, dass die Wechselzeit vorbei war). Er würde in diesem Fall nicht mehr auf ihn zählen, und er würde nicht mehr weiter spielen. Als wir das hörten waren wir fassungslos, wir konnten nicht glauben, dass jemand, der selbst Kinder hat und dessen Sohn auch in der Mannschaft mitspielte, so etwas tun konnte. Wir konfrontierten ihn mit dieser Aussage und waren tieftraurig darüber, da wir sogar mit ihm vereinbart hatten, während der ganzen Saison nicht über dieses Thema zu reden. Er entschuldigte sich bzw. tat er so, als ob er sich entschuldigte. Aber sein böses Spiel fing gerade erst an.

Das nächste Mal kam der Sohn nach Hause und erzählte uns, dass der Trainer gesagt hätte, er (mein Sohn) wäre nur durch Glück von der anderen Mannschaft ausgesucht worden, er wäre gar nicht so gut, wie man denken würde.

Nun ging das Mobbing gegen unseren Sohn erst richtig los und leider reagierten wir zu spät. Während der ganzen Saison versuchte der Trainer mit allen Mitteln das Selbstvertrauen des Jungen zu zerstören. Er schrie ihn ständig an, kritisierte ihn bei Spielen nur noch, ließ ihn auf Positionen spielen, auf denen er nie gespielt hatte, damit er Fehler machte. Auf der Position, auf der er seit Jahren spielte, wo er so gut spielte, dass die Presse ständig darüber schrieb, da wo er die Aufmerksamkeit auf sich gezogen hatte, durfte er nicht mehr spielen. Mein Sohn war damals der Motor der Mannschaft und mischte sehr gut vorne und hinten mit. Nun durfte er nur noch hinten bleiben, bei der ersten Bewegung nach vorne wurde er laut angeschrien.

Unser Sohn war nach einem Spiel oft so fertig, dass er nur noch weinte. Er wurde immer schlechter, sein Selbstvertrauen ging den Bach runter und irgendwann war es uns zu viel. Wir sprachen mit dem Trainer der großen Mannschaft darüber, und er sagte uns, dass unser Sohn sofort kommen könne. Er würde keine offiziellen Spiele mitspielen, da man voll in der Saison sei, aber er könne mittrainieren und Freundschaftsspiele mitspielen und so würde er wieder an Selbstvertrauen gewinnen. Wir stimmten dem sofort zu, aber leider ein bisschen zu spät, wie die Ereignisse der Zukunft zeigen werden. Von heute auf morgen ging unser Sohn nicht mehr zu seiner Mannschaft und zum ersten Mal in der Saison hatte das Kind wieder Lust auf Fußball. Er war so glücklich, dass er dort weg war.

Im Nachhinein haben wir gehört, dass der alte Trainer, damals als wir mit ihm über das Angebot gesprochen hatten, überall erzählt hätte, dass er alles tun würde, damit unser Sohn in nächster Saison so schlecht wäre, dass die andere Mannschaft ihn nicht mehr wollen würde. Ob das stimmt oder nicht, wissen wir nicht. Was er meinem Sohn als Verrat dargestellt hatte, nämlich die Mannschaft zu wechseln, war auf einmal kein Verrat mehr, als er versuchte seinen eigenen Sohn in der nächsten Saison ebenfalls zu der neuen Mannschaft meines Sohnes zu bringen. Leider antwortet ihm der Trainer dort, sein Sohn wäre dafür nicht gut genug. Jeder kann sich nun denken, warum er sich so verhalten hat.

Es ist aber eine Tatsache, dass das, was er in einigen Monaten unserem Sohn angetan hatte, die Gefühle und die Spielweise meines Sohnes bis heute beherrscht. So kann man ein Kind zum Scheitern programmieren. Wir mussten sehr, sehr hart arbeiten, um unserem Sohn diese Erfahrung aus dem Kopf zu nehmen.

Das war aber noch nicht alles. In der neuen Mannschaft lief alles gut, er wurde schnell integriert und gewann viele seiner Qualitäten wieder zurück, aber seine Spielweise, die der andere Trainer kaputtgemacht hatte, fand er nie mehr wieder. Wir hätten anders handeln müssen, aber damals wussten wir nicht wie. Wir dachten einfach, der Wechsel reicht und alles wird wieder okay. Er zählte auch sehr schnell zu den Leistungsträgern in der neuen Mannschaft, wurde Stammspieler, aber die Sache mit dem alten Trainer war doch ein bisschen in seinem Kopf geblieben. In der neuen Mannschaft versammelten sich die Besten der Besten der Region. Das heißt, die Konkurrenz war schon mit neun Jahren sehr hoch, aber er setzte sich immer durch und der Trainer hatte Vertrauen in ihn. Dann kam eine Zeit, in der die Leistungen schwankten und Verletzungen dazu kamen. Eine schwierige Zeit für ein Kind, wenn es einen Trainer hat, der nur auf volle Leistungen und Ergebnisse steht. Nichts anderes soll existieren außer Fußball. Der Druck war maximal für die Kinder und die Eltern. Einige begabte Kinder gaben einfach auf, weil sie psychisch nicht mehr mithalten konnten. Unser Sohn fing an, seine Fingernägel zu kauen, und auf einmal hatte er Problem mit dem Atmen. Er, der früher ohne Pause gerannt war, ohne müde zu werden, konnte nun nach einem Sprint keine Kraft mehr mobilisieren. Er erlebte sehr schwierige Momente während seiner Verletzungen, in denen er von seinem Trainer null Unterstützung bekam. Er war zweimal schwer verletzt, einmal musste er vier Monaten pausieren und das zweite Mal sogar sechs Monate. Nicht einmal rief der Trainer an, um zu fragen, wie es ihm ginge, oder dass er sich freue, wenn er wieder da sei. Irgendein motivierendes Wort, wie es sogar Trainer von Profispielern machen. Er war doch noch ein Kind, er war erst 12 (zum Vergleich: mein Sohn spielt heute aktiv in Amerika, wo er auch studiert. Nur zwei Monaten nach dem Start in der Mannschaft zog er sich eine Knieverletzung zu. Aber der Trainer redete viel mit ihm, motivierte ihn und gerade in dieser Phase sagte er ihm „die Mannschaft braucht dich, wir freuen uns, wenn du wieder kommst und ich überlege, dich sogar als Kapitän einzusetzen" diese Worte motivierten meinen Sohn sehr und machten ihm Druck, aber positiven Druck, da er sich richtig darauf freute).

Auf jeden Fall schaffte er es nach seinen Verletzungen nie mehr richtig, in die Mannschaft zurückzukommen. Aber das war nicht seine große Sorge. Sein Problem war eher, dass er den Eindruck hatte, sein Trainer würde ihn bestrafen, weil er verletzt war oder weil er ihn nicht mögen würde. Stimmt mit 100% Sicherheit nicht, da ich den Trainer kenne.

Aber da er sogar bei diesem Alter nur Augen und Achtung für die Leistungen der Kinder hatte, hatte man den Eindruck, nichts anderes im Leben der Kinder sei ihm wichtig. Krank sein durftest du nicht! Nicht zum Training kommen, weil du mit der Schule einen Ausflug hast? No way. Das Gefühl war wirklich so, dass die Kinder keinen Fehler machen durften, immer Leistung bringen mussten und bald konnten Kinder nicht mehr richtig. Wir Eltern bemerkten das nicht. Ich sah zwar, dass mein Sohn darunter litt und versuchte auch ihm zu helfen, aber heute würde ich es anders machen. Damals war meine Hilfe ungeeignet.

Erst mit 19 gab er mir gegenüber zu, dass er keine Lust mehr hätte Fußball zu spielen. Dass er zwei Tage vor einem Spiel nicht mehr schlafen könne und nur Alpträume hätte. Er betete dann die ganze Zeit, dass das Spiel ausfiele. Damals – mit 11 bis 14 – hatten wir das nicht richtig mitbekommen, dass er so unter Druck war. Ich wusste, dass sein Selbstvertrauen down war und versuchte, ihn immer aufzubauen. Er hätte etwas anderes gebraucht als das, was wir ihm gaben, aber wir wussten es nicht.

Nach der zweiten Verletzungen (die der Grund war, warum er das Gefühl hatte, dass der Trainer sauer auf ihm wäre, weil er so lange verletzt war), die mehr als 6 Monaten dauerte, bekam er vom Trainer null Beachtung, als er zurück zur Mannschaft kam. Nicht einmal ein „wie geht es dir?" gab es. Keine Begrüßung, nur eine totale Gleichgültigkeit. Er war Ende 13 oder 14. Es war für meinen Sohn eine sehr schwierige Situation, da er beinahe keinen Fußball oder Sport allgemein mehr gemacht hatte. Die Verletzung in der Leiste war fies gewesen. Wir waren bei fast allen Sportmedizinern in der Region und umliegenden Städten gewesen. Man wusste nicht, was los war.

Man kann sich vorstellen, wie das für ihn war und welche Freude er nun hatte, als die Schmerzen weg waren und er zu seiner Mannschaft zurückkehrte. Er kam gegen Ende der Saison zurück und bekam keine Chance mehr, bei einem Punktspiel eingesetzt zu werden. Das fand ich okay, aber mein Sohn fand es nicht mehr okay, als es nach der Saison belanglose Spiele und Turniere gab, bei denen er ebenfalls nicht mitspielen durfte. Er wollte spielen, um seine Kondition und Spielpraxis wieder zu sammeln, aber bekam keine Gelegenheit, obwohl jeder im Training sagte, dass er nach seiner Verletzung noch viel besser geworden wäre.

Noch schlimmer war es dann, als sie im Urlaub mit der ganzen Mannschaft nach Italien fuhren und dort in Freundschaftsspielen zum Spaß gegen andere Mannschaften spielten. Alle Spieler wurden eingesetzt, bis auf meinen Sohn.

Sie spielten mehrere Spiele und nicht eine Sekunde durfte mein Sohn auf den Platz und bis heute wissen wir nicht warum. Andere Eltern riefen uns an, um zu fragen, was los sei. Ob der Sohn mit dem Trainer Problem hätte? Aber wir hatten null Probleme mit dem Trainer, mit dem ich mich bis heute gut verstehe. Und der Junge hat ihm gehorcht. Er allein weiß, warum er das getan hat.

Wir verzichteten darauf, mit dem Trainer zu reden, da er nach der Saison die Jungs nicht mehr trainieren würde. Aber die Situation war für meinen Sohn sehr, sehr schwer und belastend. Er fühlte sich erniedrigt und ignoriert. Aber da waren wir schon besser darauf vorbereitet und reagierten glaube ich besser.

Mein Sohn wurde wie alle Kinder, deren Eltern sich schriftlich über die Methoden des Trainers beschwert hatten, in die B2-Mannschaft der U15 des Vereins geschickt, anstatt wie erwartet in die B1. Für die B1 unter neuen Trainern, wurden lieber Spieler woanders geholt. Er war ganz klar eine Strafe. Das war fußballerisch ein Rückstritt, aber als wir den neuen Trainer der B2 kennenlernten wussten wir, dass es ein großer Fortschritt für unseren Sohn sein würde.

Der neue Trainer war menschlich, konnte mit Kindern umgehen, und so machte er aus der Mannschaft eine erfolgreiche Familie. Es machte wieder Spaß Fußball zu schauen. Es war allen Eltern egal, ob die Kinder gegen eine C oder noch schwächere Mannschaft spielten. Es war einfach schön, dass die Kinder wieder locker waren und viel miteinander machten. Der Trainer variierte die Trainings, mal war das Training im Schwimmbad, mal grillte man einfach oder schaute zusammen ein Fußballspiel. Dieser Verein erlebte eine der erfolgreichsten B2- Mannschaften seiner Geschichte.

Leider mussten die Kinder nach einem Jahr entweder gehen, oder in die B1 Mannschaft aufsteigen. Der Jugendleiter bestand nach unserer Information darauf, dass Spieler der B2 in die B1 aufgenommen werden müssen. Die Trainer der B1 Mannschaft, die die Mannschaft schon das Jahr davor betreut hatten, waren sehr jung und es fehlte ihnen das Gefühl für Kinderpädagogik. Sie wollten die Verbannten lieber nicht aufnehmen, mussten es aber tun. Deswegen erfanden sie eine erniedrigende Prozedur für diese Spieler, die seit fünf Jahren für den Verein spielten und gut bekannt waren. Es hieß nun, sie müssten ein Probetraining bei der B1 absolvieren, wie fremde Spieler. Wie? Probetraining? Ja, sagte mein Sohn und ich sah ihm schon an, dass er keine Lust drauf hatte, sich billig zu verkaufen. Er meinte nur „Papa, sie kennen mich doch seit 5 Jahren!"

Die Trainer luden immer einen Spieler zum Probetraining. Mein Sohn war auf der Liste, aber wann er an der Reihe sein würde wussten wir nicht. Er wäre doch so einfach gewesen, einen Kalender auszuhängen und jedem mitzuteilen, wann er an der Reihe sein würde. Nein, das war wieder eine Druckmethode auf die Kinder. Eine Methode der Machtdemonstration, der Demütigung. Die Kinder sollten Angst haben, Zweifel haben, lange warten und immer am Telefon bleiben, um den ersehnten Anruf nicht zu verpassen, während die Frist, sich bei anderen Mannschaft anzumelden, immer näher kam.

Ich rief einen der Trainer an und fragte ihn, wann mein Sohn an der Reihe wäre und er antworte mir, bald noch in dieser Woche. Ich sagte ihm dann, was ich die ganze Zeit von dieser Methode gehalten hatte, und dass es unpädagogisch wäre und man so nicht mit Kindern umgehen würde. Ich sagte ihm, dass, würde meinen Sohn mich fragen, ich ihm raten würde, nicht unter ihnen zu spielen. So könne man keinen Erfolg haben.

Er fragte mich dann: „Meinst du wir brauchen deinen Sohn also nicht mehr zum Probetraining einzuladen? Ich glaube, dass er Chancen hätte aufgenommen zu werden." Ich antworte: „Probetraining? Er spielt seit fünf Jahren im gleichen Verein, seinen Leistungsspiegel kennt ihr, ihr habt ihn schon mehrmals spielen sehen. Es ist nicht normal, dass die Kinder ein Probetraining machen müssen, wie neue Spieler, die von woanders kommen. Ich bin ziemlich sicher, dass mein Sohn zu stolz und zu gut ist für dieses Probetraining. Danke für die Einladung. Entscheiden werde ich sowieso nicht, er ist 15 und wird selbst entscheiden, aber ich gehe davon aus, dass er eure Einladung dankend ablehnen wird."

Er war sichtlich schockiert. Er hatte das nicht erwartet. Er hatte erwartet, dass ich ihn anbetteln und um Kulanz bitten würde, weil er wusste, dass die Kinder alles tun, um zu diesem Top-Verein zu kommen. Ich war aber froh, dass ich meinem Sohn seine Würde zurückgegeben hatte, und er den Verein doch als Gewinner verließ. Als derjenige, der nicht mehr wollte. Als ich meinem Sohn von dem Gespräch erzählte, war er so glücklich, so stolz, dass er überall damit angab. Das tat seinem Selbstwertgefühl sehr gut, zumal alle seine Freunde, die nach dem Probetraining aufgenommen worden waren, unter diesen Trainern weiter gedemütigt wurden. Es war für mich wie eine Revanche für meine falsche Reaktionen von früher, als ich ihn besser hätte schützen sollte, aber nicht gewusst hatte wie.

Er wechselte dann den Verein und endlich entfaltete er sich. Meine Ex-Frau und ich unterstützten ihn nun richtig. Wir haben aus unseren Fehlern gelernt und wussten nun genau, wie wir reagieren würden, wenn etwas ähnliches noch einmal passierte. Ich fuhr ihn zwar immer noch zum Training, zog mich aber allmählich zurück und ging nur noch gelegentlich zu seinen Spielen, damit er tat, was er wollte, wie er es wollte. Aber Interesse zeigte ich weiter, da er mich nach jedem Spiel anrief und wir darüber redeten. Aber nur noch loben? Nein, ich bin nicht der Vater, der bei allem nur „gut" sagt und gar keinen Druck ausübt. Ich wurde nun positiver kritisch.

Endlich fand er wieder richtig Spaß am Fußball mit Trainern, die einfach wussten, dass Kinder Kinder sind. Solche unschönen Erfahrungen erlebte er nie mehr, bzw. konnte sie mit unserer Hilfe immer sofort abwehren, bevor sie zu groß wurden. In jeder Fußballklasse U17, U19, Hessenliga usw. musste er immer hart kämpfen und auch Druck spüren. Er musste sich immer durchsetzen. Nichts wurde ihm geschenkt, aber er war frei, er war glücklich und sein Selbstvertrauen kam wieder. Er wurde immer besser und wurde immer bekannter und anerkannter. Wäre es nicht sein Wunsch gewesen, zuerst zu studieren und dann vielleicht Profi zu werden, wäre er heute viel weiter. Diese Anerkennung seines Könnens hat ihn nun nach Amerika gebracht, wo er als Leistungsträger weiter Fußball spielt und dabei studiert. Heute liebt er diesen Sport wieder abgöttisch, der ihn fast zerstört hätte, auch wenn es schwer ist, ihn mit dem Studium eines so schwierigen Faches wie Maschinenbau zu kombinieren. Aber er ist bis jetzt erstaunlich erfolgreich, weil er glücklich ist.

Erst jetzt in Amerika hat er die Folgen der Behandlung durch seinen ersten Trainer endgültig überwunden und spielt wieder so, wie er als Achtjähriger gespielt hatte. Es war ein langer Weg!

Mit diesem Beispiel, das tausende von Kindern in allen Sportarten erleben, will ich zeigen, wie unkontrollierter Leistungsdruck (wie beim zweiten Trainer des großen Vereins) und schlechte Betreuer (wie der erste Trainer) Kinder kaputtmachen können.

Der Sport braucht mehr Pädagogen und Kinderpsychologen. Sie müssen schon sehr früh eingebunden werden, bzw. die Trainer und Jugendbetreuer müssen sich ständig in diesem Gebiet weiterbilden und lernen, wie man mit Kindern umgehen muss.

Mangel an Glauben

Ein Kind ohne Glauben ist im Erwachsenenalter ein gefundenes Fressen der Psychologen und Esoteriker

Der Glaube an irgendetwas Geistliches ist sehr wichtig, da der Glaube Kindern Halt und Sicherheit gibt. Ich meine hier nicht unbedingt den Glauben an Gott, obwohl dieser das Beste für die Kinder wäre, ich meine hier Glaube im allgemeineren Sinne.

Ich finde, der Glaube ist ein sehr wichtiges Element, eine nützliche Kraft im Leben. Wenn man eine feste innere Stabilität haben möchte, ohne Furcht leben will, wenn man keine Angst vor der Angst, keine Sorge vor der Sorge haben möchte, ist der Glaube an irgendetwas unabdingbar. Dazu gehört auch der Glaube an sich selbst. Ohne Glauben ist auch ein starkes Selbstvertrauen schwierig zu erlangen. Was für Erwachsene gilt, gilt auch für Kinder.

Kinder kommen schutzlos auf die Welt und müssen einfach daran glauben und darauf vertrauen, dass alles hier auf dieser neuen Welt so geregelt ist, dass es ihnen gutgehen wird. Sie haben einen Urglauben, der ihnen Sicherheit gibt. Sie können nichts mit Begriffen und Rationalität erklären. Sie verstehen viel mit Bildern und Gefühlen und Wahrnehmungen. Aber ihr Gespür dafür, was gut und was schlecht ist, dafür, was Wahrheit ist, ist sehr entwickelt.

Wenn wir ihnen diesen Glauben nicht bestätigen, bekommen sie Angst und fühlen sich unsicher. Kinder brauchen den Glauben für eine gesunde Entwicklung.

Manche Beispiele zeigen uns, wie der Glaube an etwas Kindern guttut.

Kinder glauben an den Osterhasen. An den Nikolaus, an den Weihnachtsmann, an die Zahnfee und es tut ihnen gut

zu wissen, dass es sie gibt und dass sie ihnen Gutes brin-
gen. Das gibt ihnen Hoffnung, motiviert sie bei bestimmten
Anlässen, gibt ihnen Freude. Wir sehen, wie eifrig sie ihre
Schuhe selbst putzen, wenn der Nikolaus kommt.

Sie glauben an die Stofftiere, die mit in ihrem Bett schlafen
und ihnen ein Gefühl von Sicherheit und Schutz geben.

Die ersten Personen, an die Kinder glauben, sind wir, die
Eltern. Sie glauben an alles, was von uns kommt und sie
fühlen sich so in Sicherheit. Das gibt ihnen Kraft und ein
Schutzgefühl.

Wir haben alle mit unseren Kindern bestimmte Rituale, die
ähnlich wie religiöse Rituale sind. Immer um die fast gleiche Uhrzeit zusammen essen. Unsere Gute-Nacht-
Geschichten und Schlaflieder sind ähnlich wie Gebete.
Dadurch beruhigen sich die Kinder und verabschieden sich
vom Tag. Die Kinder fühlen sich sicher, gelassen und können in Ruhe einschlafen.

Wir sehen daran, dass Kinder sehr offen und gut mit Ritua-
len und Gewohnheiten, die mit dem Glauben zu tun haben,
umgehen.

Es ist wichtig, den Kindern einen Glauben zu geben, um sie
zu stärken.

**Der Mangel an Glauben macht schwach und kultiviert
Angst, Sorge und Zweifel.**

Ich nehme als Beispiel den Glauben an Gott, weil er alle Eigenschaften besitzt, die die Seele und die Fantasiewelt der Kinder am meisten ansprechen.

Ich wurde als Kind nicht religiös (d.h. ich musste nicht jeden Tag, zu jedem Anlass beten, musste nicht jeden Sonntag zur Kirche), aber christlich erzogen und man lehrte mich sehr früh an Gott zu glauben. Meine Eltern erzählten mir vom Glauben an Gott auf praktische, helfende Art. Sie erklärten mir wer Jesus war, was er getan hatte und was Gott für mich tun könne. Ich verliebte mich schon sehr früh in Gott, weil ich wusste, dass er immer für mich da sein würde. Mein Vater sagte mir schon als Kleinkind immer: „Wenn du traurig bist, wenn du Angst hast, deine Mama und dein Papa nicht da sind, wende dich an Gott, und sofort wird er kommen und dich schützen. Deine Mama und ich würden dich, egal was passiert, sofort schützen, damit dir nichts passiert. Wenn eine riesige Schlange (in Afrika haben wir mehr Angst vor Schlangen als vor Löwen) sich in deine Nähe verirrt, wenn wir dabei sind, brauchst du keine Angst zu haben. Ich würde mich vor sie werfen, damit du nicht gebissen wirst. Nun stelle dir einmal Gott vor! Ich habe dir gesagt, Gott ist viel, viel stärker als ich. Gott wird es sogar so machen, dass die Schlange gar nicht erst den Weg zu dir findet, da er sieht, was ich nicht sehe. Und dazu liebt Gott Kinder wie dich sehr. Deswegen: wenn du sagst „Gott komm, ich habe Angst, Papa und Mama sind nicht da," dann kommt er sofort und du hast keine Angst mehr."

Ich fragte ihn einmal: „Wie bekommt er dann die Angst weg, Papa?" Er antwortete mir: „Indem du einfach keine

Angst mehr hast. Du spürst nur, wie du stark und mutig
wirst. Da du weißt, dass er immer für dich da ist und dich
beschützt, reicht es wenn du ihn rufst, um die Angst sofort
zu verjagen. Im Moment, wo du denkst *Gott ich habe keine
Angst mehr, weil du da bist*, brauchst du keine Angst mehr zu
haben. Auch wenn die Angst da bleibt, macht sie dir keine
Angst mehr, denn du weißt, dass Gott gekommen ist und
unsichtbar neben dich steht und wacht. Du fühlst, dass es
dir gutgeht. Deswegen handle immer so, dass es dir gutgeht, dann war Gott da und hat dich geschützt."

Ich fragte noch einmal: „Heißt das, wenn ich Angst habe
und traurig bin, muss ich Gott rufen, dass er kommt? Und
ich muss keine Angst mehr haben, weil ich weiß, dass er
gekommen ist, auch wenn ich ihn nicht sehe?"

Er antwortete: „Ja, mein Sohn, weil Gott dich liebt. Wenn
Gott mit dir ist, kann niemand dich besiegen. Du bist immer der Sieger, auch wenn du verlierst. Schau mal, wenn
ich vor dir stehe, kann jemand dich schlagen?"

Ich sagte: „Niemals Papa, du bist der stärkste Mann der
Welt."

Er sagte: „Siehst du, du hast das Gefühl, bzw. du weißt,
dass dir nichts passieren kann, weil ich da bin. Das ist so,
weil du an mich glaubst. Schauen wir nun auf Gott, der
noch Millionen Mal stärker ist als ich. Wenn du hinter ihm
stehst, kann dir auch die größte Boa der Welt nichts antun."

Solche Geschichten gingen mir nie mehr aus dem Kopf. Ich
beschäftigte mich ständig damit. Und wirklich das wirkte.

Mein Vater holte aus der Bibel immer Geschichten hervor, die dazu führen sollten, dass wir Kinder keine Angst hatten, uns keine Sorgen machen mussten, und immer wussten, dass Gott will, dass wir (persönlich) erfolgreich und glücklich sind. Gott will, dass man auch an sich selbst glaubt, wenn man an ihn glaubt, und das stärkte mein Selbstvertrauen und den Glauben an mich selbst. denn wer an sich glaubt, kann vieles, wovon er träumt erreichen.

Mein Vater fragte mich einmal: „Was träumst du Kind?" „Ich träume davon, Bücher zu schreiben, aber es ist so schwer," ich war 8 oder 9 und liebte es zu lesen und für mich war ein Buch etwas Unglaubliches, Großartiges. Wie konnte man so viel schreiben? Er sagte mir: „Glaube an dich, denn wenn du an Gott glaubst, glaubst du an dich und Gott sagt, wenn du an dich glaubst, kannst du alles schaffen, was dir guttut und den anderen nicht schadet. Wenn du Bücher schreiben willst, glaube dran, dass Gott es auch will, und dann wirst du Schriftsteller sein. Du glaubst an Gott doch, oder? Du wirst Bücher schreiben. Nein, ich sage dir schon jetzt, du bist einen Schriftsteller. So mag es Gott. Das ist das stärkste Zeichen dafür, dass du glaubst, dass du deinen Traum jetzt ansprichst."

Ich antwortete: „Ja."

Dann sagte er noch: „Sag ihm doch einfach *Gott ich möchte Schriftsteller werden, ich bin es schon und ich glaube an mich, wie du von uns Menschen verlangt hast.* Und du wirst es sein."

Ich war seitdem sicher, dass ich irgendwann Bücher schreiben würde, ich habe dran geglaubt und war fest überzeugt, dass Gott mich verstanden hatte, weil er Kinder liebt, wie der Weihnachtsmann, der mir jedes Jahr schöne Geschenke brachte. 37 Jahre später schrieb ich mein erstes Buch und wurde Autor. Es war gar nicht einfach. Denn niemand glaubte, dass ich Bücher auf Deutsch schreiben könnte. Ein Literaturagent, dem ich mein erstes Manuskript sandte, riet regelrecht ab davon. Er meinte, er würde seinen Job quittieren, wenn ein Verlag in Deutschland mein Buch verlegte und wenn ein Deutscher mein Buch läse. Ich sollte lieber auf Französisch schreiben und das Buch ins Deutsche übersetzen lassen.

Meine Kindheitserinnerungen kamen wieder hoch. Der Glaube an Gott gab mir Vertrauen und selbstbewusst schickte ich mein Manuskript an ein paar deutsche Verlage und prompt waren drei davon interessiert und einige Monate später hatte ich mein erstes Buch auf dem Markt. Ich sandte dem Agenten ein Exemplar. Er meldete sich nie wieder, aber seinen Job hat er bis heute nicht aufgegeben. Und heute bin ich selber Verleger deutscher Bücher. Das war nur möglich, weil ich wusste, dass Gott es will. Ich wusste es, weil ich an ihn glaube. Der Glaube an ihn gab mir den Glauben an mich. Alles was die anderen sagten war mir egal, denn Gott liebt mich und will das für mich, was mir gut tut und will, dass ich meine Ziele erreiche, damit ich glücklich bin.

Seit meiner Kindheit hatte ich immer das Gefühl, dass ich keine Angst haben brauchte. Dass ich einfach leben sollte und an mich glauben muss, weil ich an den glaube, der mich am meisten liebt, nämlich an Gott. Dieser Glaube, dass mir nichts passieren kann, wenn Gott bei mir ist, hilft mir schwierigste psychische und körperliche Krisen, die manche Menschen zum Selbstmord gebracht hätten, aus eigener Kraft unversehrt zu überstehen und weiter glücklich zu sein. In schwierigeren Zeiten meines Lebens habe ich vieles versucht, um Ruhe zu finden. Ich habe viele Wege ausprobiert, viele Methoden, aber letztendlich wurde nur der Glaube mein Retter. Ich wusste es doch. In schlimmsten Zeiten, wo ich von Menschen regelrecht abgeschoben wurde und nirgends Liebe fand, schaffte ich es ohne Psychologen aufzustehen, nur weil ich mich an das erinnerte, was mein Vater mir als Kind beigebracht hatte: wenn Gott mit dir ist, wirst du wieder glücklich. Ich sagte mir dann immer „Gott liebt mich, er liebt Kinder und auch Erwachsene" und dieser Glaube gab mir die nötige Geduld, Ausdauer und Gelassenheit zu warten, bis alles wieder gut wurde.

Dafür musste ich und muss auch jetzt nicht Anhänger einer religiösen Richtung sein und nicht jeden Tag zur Kirche gehen oder beten, denn ich glaube, dass der, der da oben ist, auch ohne ständiges Gebet zu mir steht. Ich muss nur mit ihm reden und ihm meine Schwierigkeiten erzählen und ihm meine Dankbarkeit zeigen, indem ich glücklich und fröhlich bin. "Wenn du an Gott glaubst, glaubst du an dich. Wenn du an Gott glaubst, zeige es ihm. Du zeigst es ihm indem du glücklich bist. Wenn du glücklich bist, liebst du. Du liebst dich und du liebst deinen Nächsten. Das ist die einzige Dankbarkeit, die er von dir erwartet. Er will nur, dass du glücklich bist, auch in schwierigen Zeiten, die im Leben eines Menschen nie fehlen," sagte mein Vater immer.

Es reicht nicht, die Kinder in die Kirche zu schicken und ihnen Passagen der Bibel vorzulesen, jeden Tag zu beten, ohne ihnen bewusst beizubringen, was sie daraus stark macht und warum.

Irgendwann im Leben jedes Menschen, ohne Ausnahme, kommt eine Zeit von Zweifel, Niederlage, Kummer. Zeit, in der man das Gefühl hat, es wird nicht mehr weitergehen. Die ganze Welt ist gegen einen. Mit dem Glauben übersteht man solche Perioden einfacher als mit Besuchen beim Psychologen. Es ist besser an einen Stein zu glauben als an nichts. Dieser Stein wird dir mehr helfen als jede Therapie der Welt.

Als ich für dieses Kapitel mit Menschen redete, fand ich auch da sehr schnell eine Verbindung zwischen mangelndem Glauben und Unzufriedenheit, Unglücklichsein und Mangel an Selbstliebe. Klar ist das nicht repräsentativ. Aber in meiner Studie stellte ich fest, dass die Mehrheit derjenigen, die größere seelische und körperliche Beschwerden, Zukunftsängste, wenig Selbstvertrauen, noch weniger Selbstliebe und viele Körperkomplexe hatten, die sich ständig Sorgen machten, die in ihrem Leben mindestens drei Therapien gemacht hatten und ständig Horoskope, Yoga, und weitere esoterische Handlungen durchführten, folgendes Verhalten der Eltern in der Kindheit erlebt hatten:

- entweder sie sind aktiv gegen den Glauben an Gott vorgegangen. In der Familie wurde immer aktiv davon geredet, dass es Gott nicht gibt, dass so etwas nicht existiert und man nur an sich glauben soll, an die Medizin und an die

Errungenschaften der Menschen (Technik, Medizin, Psychologe, usw.).

- oder sie erzogen ihre Kinder zwar sehr religiös, Kirchengang jeden Sonntag, aber ohne, dass sie ihnen die nützlichen Inhalte beigebracht hätten. Es wurde zwar gebetet und jeden Sonntag in die Kirche gegangen, aber kaum drüber geredet, was und wie den Glauben stark macht. Diese Kinder, bzw. diese Erwachsenen hatten trotzt der Religiosität Störungen und Mankos, die mit dem mangelnden Glauben an Gott und an sich selbst zu tun hatten.

Diese Erkenntnisse zeigt meiner Meinung nach, wie der mangelnde Glaube, den Glauben an sich selbst zerstört und den Kindern das Gefühl gibt, in einer „bösen und gefährlichen" Welt allein auf sich gestellt und ohne Schutz verloren zu sein.

Um Diskussion zu vermeiden: ich habe den Glaube an Gott nur als ein Beispiel gewählt.

Vielen Eltern machen den Fehler, die Kinder so zu erziehen, dass sie stärker an sinnlose Sachen glauben (materielle Dinge, Erdsachen, Spaßsachen), die ihnen aber keine Energie, null Kraft, keine Sicherheit geben können, weil sie vergänglich sind, und somit viele Frustrationspotenziale in sich tragen. Wenn die Kinder dann vor einer Schwierigkeit stehen und merken, dass ihre PlayStation, ihre iPhone, das neue Auto, die letzte Reise nach New York ihnen nicht helfen können, dann fallen sie in ein Loch. Auch der kleinste Glaube, den sie an sich selbst hatten, verschwindet und sie rennen zu Psychologen und Esoteriker.

Vermittlung von Falschen Werten und Normen

Werte stehen für das, was uns absolut wichtig ist und wofür wir uns sehr anstrengen würden. Unsere Werte geben uns einen Rahmen. Sie geben uns wichtige Werkzeuge, um in dieser Welt einigermaßen zurechtzukommen.

Die Werte, die wir unseren Kindern vermitteln, bestimmen die Art und Weise, wie sie persönlich leben, wie sie mit uns umgehen und wie sie mit der Gesellschaft auskommen.

Werten und Normen sind notwendig, damit die Kinder sich gut und gesund entwickeln können. Sei erleichtern es morgen den Kindern, Situationen und Lebensaufgabe im privaten, wie im beruflichen Leben gut zu meistern. Werte helfen Ziele zu erreichen. Sie stärken unsere Selbstvertrauen, machen uns selbstbewusst und stark. Werte helfen den Kindern, eine Orientierung im Leben zu haben, Werte geben Kraft, Mut, Hoffnung und Motivation. Werte machen uns selbstbewusst und stärken unser Selbstvertrauen. Kinder, die ihre Werte nicht kennen oder schlechte Werte leben, werden sich oft verloren fühlen, orientierungslos, antriebslos, kraftlos, sie werden unglücklich sein. Ihr Handeln – und wie andere Menschen sie sehen – wird auch negativ sein, wie ihre Werte.

Wir Eltern sind die erste Autorität bei der Wertevermittlung. Was die Kinder von uns lernen und mitnehmen prägt ihre Persönlichkeit maßgeblich. Neben den Eltern werden Werte und Normen auch von Erziehern, Lehrern, Trainern, Pfarrern usw. vermittelt.

Ein zentraler und sehr wichtiger Punkt in der Erziehung ist die Frage, welche Normen und Werte wir Eltern unseren Kindern vermitteln wollen und auf welche Art und Weise wir dies tun möchten. Das bedeutet zu hinterfragen, welche Werten wir selbst zeigen und leben, da viele Werte von Kindern unbewusst übernommen werden, weil wir sie im Alltag vorleben.

Wenn die Werte positiv sind und die Kinder danach leben, werden sie gesünder, erfolgreicher und glücklicher. Beispiele für positiven Werte sind: Liebe, Gerechtigkeit, Glück, Höflichkeit, Humor, Intelligenz, Aufrichtigkeit, Karriere, Familie, Ehrlichkeit, Kinder, Kreativität, Liebe, Mut, Lebensfreude, Harmonie, Sauberkeit, Leistung, Lernen, Freiheit, Unabhängigkeit, Respekt, Nachhaltigkeit, Offenheit, Erfolg, Toleranz, Pünktlichkeit, Vertrauen, Zuverlässigkeit, Arbeit, Ausdauer, Fleiß, Schönheit, Hilfsbereitschaft, usw.

Wenn die Werte, nach denen die Kinder leben, aber negativ sind, besteht eine große Wahrscheinlichkeit, dass sie unglücklich sind und auch bleiben werden. Negative Werte sind zum Beispiel: Geiz, Zorn, Naivität, Faulheit, Unsauberkeit, Lüge, Verschlossenheit, Komplex, Abhängigkeit, Erniedrigung, Feigheit, Eifersucht, Armut, Besorgnis, Sorge, Angst, Brutalität, Dummheit, Einsamkeit, Schuldgefühle, Feindschaft, Frustration, Intoleranz, Mutlosigkeit, Rücksichtslosigkeit, Arroganz, Überheblichkeit, Unsicherheit, Unselbständigkeit, Jammerei, Unzufriedenheit, Verlogenheit, Unzuverlässigkeit, Wut, usw.

Wenn wir zu faul sind und unseren „Arsch" nicht bewegen, um das zu erledigen, was erledigt werden muss, programmieren wir unsere Kinder genauso zu sein wie wir. Es ist zum Beispiel kein Zufall, dass Kinder von Menschen, die nicht arbeiten wollen und nur zu Hause sitzen und faulenzen, sehr schnell die Schule verlassen und irgendwann auch nur zu Hause rumhängen und keinen Antrieb finden, etwas Sinnvolles zu tun.

Eltern, die ständig zornig sind und dauernd vor den Kindern schreien, toben, wüten, schlagen (auch verbal), respektlos miteinander umgehen und die Kinder anschreien, programmieren ihre Kinder, genauso zu sein wie sie. Kinder solcher Eltern werden auch zornig, bald werden sie auch ihre Eltern anschreien und respektlos mit ihnen umgehen. Manche schlagen sogar zu. Manche Kinder werden diese Eigenschaften sogar nach außen transportieren und so auch mit der Gesellschafft umgehen.

Du wirst auch feststellen, dass Kinder, die immer schimpfen, bei jeder kleinen Schwierigkeit schon vor sich hin fluchen und die ganze Welt verdammen, Eltern haben, die auch so waren oder sind.

Wenn Kinder bereits negative Werte haben, haben sie automatische auch falsche Norme und umgekehrt.

Ich gebe hier ein Beispiel:

Die Kinder, die positive Werte haben werden zum großen Teil auch positive Normen leben:

Wert: Liebe -> Norm: „Liebe deinen nächsten wie dich selbst."

Wert: Freiheit -> Norm: „Niemand hast das Recht, dem Einen zu verbieten, das zu tun, was er will, solange dieser dem Nächsten nicht schadet." Oder auch: „Ich bestimme selbst über mich."

Wert: Leben -> Norm: „Du sollst nicht töten."

Wert: Glaube und Fleiß -> Norm: „Ich kann alles schaffen, was ich will und wofür ich hart und ehrlich arbeite."

Nun schauen wir negative Werte an und wie diese prägen, was Kinder als Normalität ansehen (von der „Norm" kommt ja auch das Wort „normal"):

Wert: Hass -> Norm: „Ich verprügele jeden, der mich ärgert."

Wert: Unfreiheit-> Norm: „Ich kann es nicht. Ich habe Angst." Oder auch: „Ich werde es mir mit Gewalt nehmen."

Wert: Einsamkeit -> Norm: „Ich hasse die Menschen, niemand liebt mich."

Wert: Faulheit -> Norm: „Ich habe keinen Bock und ich bin müde."

Es ist viel besser, die Werte vorzuleben, als nur darüber zu sprechen. Wenn Worte nicht zu unseren Handlungen passen, verwirren wir die Kinder, die irgendwann nicht mehr an uns glauben.

Viele Kinder, die es nicht schaffen, die unglücklich sind, die im Leben versagen sind so, weil sie negative Wertevorstellung beigebracht bekommen haben und diese auch weiter leben.

Unausgeglichene Verhältnisse und Rollenverteilungen in der Familie

Vermännlichung der Frau und Verweiblichung des Mannes: Wer ist Papa, wer ist Mama, wer macht was? Die Kapitulation der Väter und die immer einseitiger von Frauen dominierte Erziehung, Abschaffung der natürlichen Rolle der Mutter für die Kinder

Es ist eine Utopie zu glauben, wir könnten Kinder in einer geschlechtsneutralen Umgebung zu glücklichen und starken Menschen erziehen, wenn man in einer „Norm-Familie" lebt, mit einem Mann als Vater und einer Frau als Mutter. Es bringt die Kinder durcheinander, wenn sie nicht genau wissen, wer in der Familie wer ist.

Die moderne Gesellschaft hat die Rolle der Frauen und Männer grundlegend verändert. Vater und Mutter müssen sich neu sortieren und sich neu definieren. Alle Veränderungen können gut sein, aber sie sollten nicht dogmatisch sein. Es sollte kein Kampf sein. Es ist gut, jahrtausendealte Gewohnheiten der jetzigen Realität anzupassen und die Gleichstellung von Frauen und Männern voranzubringen. Aber Gleichstellung bedeutet nicht, dass es eine Gesellschaft gibt, in der Frauen keine Frauen und Männer keine Männer mehr sind. Der oder die eine muss sich nicht aufgeben und die Eigenschaften des oder der anderen übernehmen, um zu zeigen, dass man gleichberechtigt ist. Jeder hat mit den von der Natur gegebenen Tatsachen eine wichtige Rolle zu spielen. Zum Beispiel hat eine Mutter, die ein Kind 9 Monaten in sich getragen und es unter Schmerzen geboren hat, selbstverständlich eine andere Bindung zu dem Kind als der Vater. Genauso haben die Kinder eine andere Bindung zu ihr als zum Vater, ohne dass man im Vergleichsmodus landen muss. Diese Blutsverbindung zwischen Mutter und Kind führt dazu, dass die Mutter für das Baby die erste Bezugsperson ist und daraus entsteht eine Liebe, die der Vater gar nicht fühlen kann, auch wenn er es begreift. Das ist eine natürliche Realität, und keine Theorie oder Ideologie der Welt kann dies widerlegen, nur um ein bestimmtes Ziel zu verfolgen.

Die Bindungen in der Familie entwickeln sich aber weiter, durch Einflüsse andere Faktoren, die am besten jede Familie für sich selbst definieren und in dieser Entwicklung können dann die Beziehungen des Kindes zu allen Familienmitgliedern, inklusive der Mutter, hin und her verschoben werden.

Allein diese Tatsachen sprechen dagegen, dass man Kinder neutral erzieht, als ob es keine Mutter und keine Vater gäbe.

Das ganze Problem liegt meiner Meinung nach weniger darin, dass der Mann auch kochen darf/muss und die Frau auch arbeiten darf/muss. Es liegt vielmehr darin, dass wir die Dinge dogmatisch und mit (Geschlechts-)Kampf ändern möchten und nicht durch Überzeugung unter Darstellung der positiven Auswirkungen der Veränderungen. Die Menschen werden nicht vorbereitet, es wird nur mit Druck verlangt neue Realität zu akzeptieren und mit parteiischen Studien versucht, Einfluss auf uns zu nehmen, ohne an die Kinder zu denken. Dies erzeugt Widerstand und viele Familien geraten mit diesen neuen Rollen in Schwierigkeiten. Kinder verlieren die Orientierung in diesen orientierungslosen Familien und dem unklaren Erziehungsstil. Wir sehen heute immer häufiger Kinder mit schwach ausgeprägtem Selbstbewusstsein, was oft vom Vater, seinem Rollenverständnis und seinen Rollenzweifeln kommt.

Es wäre falsch und utopisch zu glauben, man könnte eine Gesellschaft nur durch Gesetzte, materielle Anreize und

Ermutigungen dauerhaft und gesund verändern. Man kann nicht durch Druck etwas Natürliches verändern. Jede Veränderung, damit sie gesund ist und glückliche Effekten bringt, muss sich unbedingt an der Natur orientieren. Danach muss sie individuell jedem einzelnen angepasst werden. Es reicht nicht, dass etwas schön klingt, damit wir denken, dass es auch gut ist.

Der Druck der Gesellschaft, Medien und Politik zwingen viele Eltern, Rollen zu übernehmen, die sie unglücklich machen. Wenn man etwas nicht aus Überzeugung tut, ist man unglücklich. Es entstehen im Inneren viele Kräfte die sich bekämpfen und somit der Person die Energie raubt und sie seelisch und körperlich fertigmacht.

In meinen Beratungen, Umfragen und Erfahrungen habe ich festgestellt, dass Frauen und Männer im Grunde nur Frauen und Männer sind und sein wollen. Sie wollen gar nicht anderes sein. Kaum ein Mann hat etwas dagegen, dass die Frau arbeitet, im Gegenteil, und die Frau ist stolz auf das, was der Mann beruflich erreicht hat und erwartet nicht, dass er nur Hausmann wird, wenn er nicht will. Beide wünschen sich einfach gegenseitige Unterstützung – nicht nur im Haushalt. Die Kindererziehung muss nicht nur als alleinige Aufgabe der Frau betrachten werden, nicht mal als nur die von Mutter und Vater, sondern von der ganzen Familie und der gesamten Gesellschaft.

Ich glaube wirklich, dass das Problem erst entsteht, wenn es Einmischung von außen in die Familie gibt. Studien und Theorien, die die Bedürfnisse und die Wünsche von allen Menschen gleichstellen wollen.

Was der Mensch A gut findet, kann und darf der Mensch B auch nicht gut findet. Da liegt aber das große Problem, weil man will, dass wir alle in die gleiche Richtung denken, fühlen und handeln. Deswegen erfindet man ständig neue Rollen, die aber viele Paare, anstatt ihnen zu helfen, überfordern und Streit in Beziehung und Familie bringen. Sobald man anfängt mit „du musst auch dies und das machen", fangen auch die Schwierigkeiten an und die Kinder leiden am meisten darunter.

Die Paare müssen sich immer wieder in den neu definierten Rollen finden, aber man merkt am Ende doch, dass es so schwierig ist, entgegen der „natürlichen" Gewohnheiten zu schwimmen.

Ich nehme dafür zwei Beispiele: die Elternzeit für Väter und die Anwesenheit der Väter bei der Geburt des Kindes.

Meine Beispiele drehen sich nicht um Eltern, bei denen alles geklappt hat, sondern um Eltern, die gerade aufgrund dieser neuen Konzepte kaputtgegangen sind. Es geht darum, dass keinen subtilen Druck mehr an Menschen ausgeübt wird, dies und das zu machen. Auch ein finanzieller Anreiz ist eine subtile Art Druck zu machen

Elternzeit kann gut für manchen sein, aber auch ein Horror für andere

So gut sie klingt, die Elternzeit für Väter hat manche Beziehungen und Familie zerstört, auch wenn in den Medien und in der Politik gerne einseitig nur über die Erfolge geredet wird. Ich habe mit vielen Männern gesprochen, die Elternzeit genommen haben. Es war bei den meisten so, dass sie es sich anders vorgestellt hatten und eher unglücklich in dieser Situation waren. Es gibt inzwischen viele Männer, die das seelisch nicht verkraftet haben. Einige Männer, mit denen ich sprach, verloren ihren Job. Es wurde nicht gesagt, dass es wegen der Elternzeit sei, aber während der Elternzeit war auf einmal ihr Job aus irgendwelchen Gründen wegrationalisiert worden. Viele Männer fühlten sich gedemütigt, sie schämten sich in dieser neuen Rolle, für die sie nicht vorbereitet waren.

Viele waren von den Aufgaben mit dem Kind einfach überfordert und waren am Ende doch keine so gute Erziehungsperson und Vorbilder für das Kind. Das heißt, am Ende brachte diese Erfahrung nichts Gutes. Die Kinder hatten von den frustrierten, unzufriedenen Vätern, die langsam Minderwertigkeitskomplexe („ich bin kein richtiger Mann") entwickelten, nicht das mitbekommen, was sie glücklich gemacht hätte. Wären aber diese Männer darauf vorbereitet gewesen, bin ich mir sicher, dass es auch gut gelaufen wäre. Man kann nicht jahrtausendealte Gewohnheiten einfach so leicht umschreiben und erwarten, dass das ohne negative Auswirkungen läuft.

Diese unklare Rollenverteilung in der Familie und die unvorbereiteten Eltern lassen eine Generation von Kindern heranwachsen, die immer schwächer und unglücklicher wird.

Väter im Geburtssaal, Trauma und Alptraum für manche Väter

Ein weiteres Beispiel, das bei manchen Paaren das Familienglück und dadurch auch das Kinderglück zerstört hat, ist die „Anwesenheits(fast)pflicht" des Vaters bei der Geburt. Heutzutage, besonders in den westlichen Ländern, ist es eine Liebesbekundung und die Pflicht eines normalen modernen Vaters, nicht nur bei der Geburtsvorbereitung dabei zu sein, sondern auch während der Geburt. Für manche Männer ist das kein Problem, für andere ist das aber der Horror. Aber der Druck der Gesellschaft zwingt sie mitzumachen. Viele sagten mir, dass sie mit mir darüber reden, weil ich sie als Afrikaner besser verstehen könnte.

Viele Männer, mit denen ich mich ausgetauscht habe, haben mir von ihren Erfahrungen während der Geburt erzählt. Sie empfanden dabei oder auch danach Ekel oder Mitleid mit der Frau, da sie den Anblick der Geburt auf physischer Ebene (und auf dieser Ebene ist es eine eher unschöne Sache!) nicht verarbeiten konnten.

Die erste Konsequenz war dann, dass die sexuelle Lust komplett abstarb, da sie dieses Bild nicht mehr aus ihrem Kopf bekamen. Ein Mann erzählte mir zum Beispiel, dass er danach nicht mehr in der Lage war, seine Frau oral zu befriedigen, und Sex nun immer mit Gewalt und Schmerzen assoziierte. Im Angesicht der sexuellen Organe der Frau erlebte er wieder dieses Wunde- Geburtstrauma, wie er selbst sagte. Diese Erfahrungen machten viele Männer und Beziehungen kaputt.

Einige erzählten mir, dass sie danach den Respekt für die Frau verloren hatten. Schlimmer aber war, dass die emotionale Beziehung zu dem blutigen herausgekommenem Kind sehr belastet blieb. Manche dieser Männer verließen nur

wenige Wochen nach der Geburt die Familie für eine andere Frau.

Das große Problem, warum diese Gründe in Statistiken und
Studien über Väter, die die Familie nur einige Monate nach
der Geburt eines Kindes verlassen, nicht vollständig erfasst
werden, liegt, denke ich, darin, dass diese Männer lügen
und das Geheimnis allein mit sich tragen – auf Druck der
Gesellschaft: Du musst einfach dabei sein, sonst bist du
verantwortungslos, liebst dein Baby und deine Frau nicht,
usw. Wie gesagt, sie konnten sich mir anvertrauen, da sie
davon ausgingen, dass es in meiner Herkunftsgesellschaft
anders läuft und ich sie deswegen „nicht komisch ansehen"
und sie nicht als unmoderne Männer abstempeln würde.

Ein weiteres neues Phänomen, das Familienglück zerstört
und Teil der moderne Rollen der Paare in Beziehungen ist,
ist die immer stärkere Vermännlichung der Frauen und
Verweiblichung der Männer.

Wenn Mann Frau und Frau Mann wird

Die Neudefinition der Geschlechterrollen führt oft zu Ver-
unsicherung in der Familie. Vor allem die Männer und die
Kinder sind es, die nicht mehr richtig durchblicken. Die
Männer finden zwischen Hausmann, Ernährer, „Super-
Papa" und „Super-Liebhaber" nicht mehr ihren Platz. Diese
neue Situation bewältigen Männer immer schlechter und
somit auch die Kinder, die heute immer weniger Respekt
vor ihrem Papa haben. Die Bezugsperson wird immer einseitiger die Mutter. Der Vater muss nur Geld herbeischaf-
fen. Leider macht diese Situation die Kinder nicht unbe-

dingt stabiler. Viele Kinder mit innerer Instabilität stammen aus Familien, in denen die Frau das Oberhaupt der Familie ist, auch wenn gerne das Wort „wir" benutzt wird. Wenn ihr die Korrelation bisher noch nicht gesehen habt, dann achtet jetzt einmal darauf, ihr werdet sehen, dass es stimmen könnte!

Man sieht eine nach links (in Richtung der Frau) kippende Gesellschaft, in der die Frau immer mehr Macht bekommt. Das ist zwar reell gesehen nicht wahr, da es mehr um das Reparieren einer Schieflage, die sehr günstig für die Männer war, geht und somit um die Herstellung von Gleichberichtigung, Gleichbehandlung und Gerechtigkeit. Wie gesagt, es ist keine objektive Tatsache, aber die Männer empfinden es einfach so. Der Druck wird immer größer, und die Frauen kämpfen hart dafür.

Der Mann glaubt nun, um mitzuhalten, um seiner Frau entgegen zu kommen, um ihr zu zeigen, dass er sie liebt, sollte er ihre *„natürlichen"* Eigenschaften übernehmen. Die Männer werden auf einmal Hausmann und die Frau übernimmt die Männerrolle. Vaterschaftsurlaub wird zu einem Trend. Es scheint am Anfang alles wunderbar zu funktionieren, alle Freundinnen beneiden die Frau um diesen Hausmann, der stolz verkündigt, wenn die Frau nach Hause kommt: „Schatz ich habe es heute geschafft, alle Fenster zu putzen, die Betten zu beziehen, deine Wäsche zu bügeln, sogar deine Seidenunterwäsche habe ich per Hand gewaschen und das Essen steht bereits auf dem Tisch. Kinder sind geduscht und, und, und…"

Die Männer zeigen nun auch Gefühle von Schwäche. Sie weinen wie Frauen, er redet sich ein, wie schön das alles ist, aber die Gesellschaftsstruktur lässt ihn immer mehr erkennen, dass etwas nicht „normal" ist. Du bist kein echter Mann. Das Selbstbewusstsein und der Stolz fangen an zu bröckeln; eine noch größere Folge dieser Entwicklung ist, dass die Frau selbst unbewusst den Mann nicht mehr als einen echten Kerl sieht. Im Unterbewusstsein der beiden Partner läuft die Wahrheit anders. Die Kinder spüren das auch. Draußen ist das Bild eines starken Vaters anders als das, was sie zu Hause sehen. Im Internet, in Filmen, in vielen Computerspielen, in Zeichentrickromanen sind die Männer immer die Heroes, die Stärkeren, die Unbesiegbaren, die Frauen und Kinder schützen und sie in Sicherheit bringen usw. Das heißt, das Bild der Familie von innen entspricht nicht dem Bild der Rolle der Eltern von außen. Das verunsichert die Kinder, besonders die Jungen, die sich nicht mit so einem Vater identifizieren können. Der Respekt verschwindet. Die Väter geben auf und entziehen sich ihrer Verantwortung außer selbstverständlich zu zahlen. Schauen wir in viele Familie um uns herum. Die Kinder haben immer weniger Respekt vor ihren Vätern. Auch in der Öffentlichkeit reden sie mit ihren Väter, als ob sie die Väter und die Väter die Kinder wären. Die Kinder reden oft mit ihnen, wie die Frauen mit ihnen zu Hause reden. Du kannst Anhand der Art, wie Kinder mit ihren Vätern umgehen, wissen, wie die Rollen zu Hause sind. Sie hören immer weniger auf ihre Väter. Der Vater ist ein Mann, aber sie sehen in ihren Vätern den Mann nicht mehr. Sie identifizieren sich immer weniger mit ihnen. Aber die Rolle des Vaters zur

Stärkung eines Kindes ist sehr wichtig. Das hier geschilderte ist auch ein Grund, warum unsere Kinder weniger selbstbewusst werden.

Viele Frauen halsen sich dafür Männereigenschaften auf. Die Frau ist nun nicht mehr nur Mutter und Haushälterin, sie ist wie der Mann jetzt ein Konsument und ein aktiver Bestandteil der monetarisch produktiven Gesellschaft. Sie strebt nach Macht, sie bedrängt die Männer auf ihren sicher gedachten Positionen. Viele Männer fühlen sich durch dieses erstarkte Frauenbild eingeschüchtert und können damit gar nicht umgehen. Die Frau glaubt, dadurch dass sie jetzt die „Chefin" ist. Sie hat über den Mann gesiegt.

Aber was ich festgestellt habe ist, dass in Wirklichkeit viele Männer nur aufgegeben und resigniert, aber ihre Meinung überhaupt nicht geändert haben. Den Geschlechtskampf machen sie gar nicht mit und verkommen in eine Gleichgültigkeit. Sie sehen die Frau nicht mehr als Frau, sondern nur noch als Kampfmaschine.

Und für viele Frauen geht es gar nicht darum, Männer zu werden, und deswegen kommen sie auch nicht so richtig mit dieser neuen Rolle klar. Wir sehen viele Frauen, die unglücklich sind, weil sie Männereigenschaften annehmen.

Aber: Sogenannte Frauentätigkeiten zu machen bedeuten nicht, seine Männlichkeit aufzugeben.

Ich habe eine Frau in meinem Coaching gehabt, deren Sexualität mit ihrem Mann tot war. Das war eine Belastung für die Familie. Die beiden spürten, dass etwas fehlte. Sie dachte aber einfach, wie alle, dass es daran lag, dass sie als Managerin viel arbeitete und total müde war, wenn sie nach Hause kam und keine Lust auf Sex hat.

Nach meiner Erfahrung sind dies oft Alibi-Gründe. Es kann so sein, muss aber nicht. Oft hat man keine Lust mehr auf diese Person und nicht keine Lust auf die Lust.

Diese Situation belastete den Mann, der sehr fürsorglich war, für die Frau kochte, den Haushalt machte und alles tat, was in der „ veralteten Struktur" eine Frau getan hatte – ein moderner Mann, wie man ihn uns vorschreibt. Normalerweise musste so eine Familie doch glücklich und die Kinder erfüllt sein. Leider waren die Unzufriedenheit des Mannes und seine Frustration Ursache vieler Probleme in der Familie und bald mussten auch die Kinder darunter leiden.

Im Coaching wurde schnell festgestellt, dass die Frau keine Lust auf ihren Mann hatte, weil der Mann sich sehr verweiblicht hatte. Sie fand es am Anfang schön, dass er alles im Haushalt machte, dann später kamen ihre Schuldgefühle. Dazu spürte sie auch, dass sie gerne kochen und manche Sachen im Haushalt tun würde. Es störte sie auch sehr, sagte sie mir, dass ihr Mann, wenn sie auf der Couch saßen und z.B. fernsahen, seinen Kopf auf ihre Brüste oder ihren Bauch legte und beim Filmschauen oft weinte. Sie sagte, dass sie das im Laufe der Zeit sehr anekelte, weil sie das mit der Frauenrolle assoziierte. In ihrem Gefühl sollte sie diejenige sein, die sich auf der starken Brust und an der Schulter des Mannes anlehnte und nicht umgekehrt. Sie sah ihren Mann unbewusst zunehmend als schwach, als nicht männlich und es fehlte ihr die bissige Aggressivität des Mannes. Sie fing an, Respekt vor ihm als Mann, nicht als Person, zu verlieren. Als Person respektierte sie ihn sehr. In Nachhinein stellte sie fest, dass sie einen starken Mann an ihrer Seite haben wollte, der sie kräftig unterstützte ohne seine Männlichkeit aufgeben zu müssen. Er sollte nicht Frau werden und die Frauenrolle übernehmen. Sie wollte selbst Frau sein und so behandeln werden. Sie war zwar eine Managerin aber immer noch eine Frau. Er müsste einfach Mann bleiben und dabei das tun, was bisher „Frauentätigkeit" genannt worden war.

Eine Beziehung, in der die Rollen nicht richtig definiert sind, ist eine Belastung für die Kinder. Man sollte nicht mit Kindern experimentieren, auch wenn Kinder flexibel sind und sich in verschiedene Modelle einfügen können, ist es dennoch wichtig, dass es Kontinuität gibt.

Wer ist Papa, wer ist Mama und wer macht was?

> **Die Frau ist zuständig für die Liebe und der Mann für die Selbstsicherheit der Kinder.**

In meiner Einweihung in Afrika lehrte man mich, dass Väter und Mütter unterschiedliche Rollen in der Erziehung von Kindern haben. Die Mutter ist zuständig für die emotionale Seite: Liebe, Gefühle zeigen, Freude, Fröhlichkeit,

Kommunikation, Werte und der Vater für die Persönlich-
keitsseite: Selbstvertrauen, Selbstbewusstsein, Stärke, Sicherheit, Zufriedenheit der Kinder. Wenn die beiden Elternteile das Kind zusammen erziehen ist es sehr wichtig, dass
jeder seine Rolle gut erfüllt. Tatsächlich habe ich auch diese
Erfahrung gemacht. Die meisten Menschen, die Persönlich-
keits- oder seelische Probleme haben, hatten eine unausgeglichene Kindheit. Wenn der Vater nicht seine Rolle ausge-
füllt hat, die Mutter das Oberhaupt der Familie war und die
Erziehung zu matriarchalisch wurde, hatten diese Menschen Persönlichkeitsdefizite, wie wenig Selbstvertrauen,
wenig Selbstliebe, Komplexe, Angstgefühle, Unsicherheits-
gefühle, usw. Das ist zwar nicht wissenschaftlich bewiesen,
aber wenn wir uns richtig beobachten, werden wir das feststellen. Es fällt einfach auf, dass viele Kinder mit mangelndem Selbstvertrauen in einem Haushalt lebten, in dem der
Vater nicht das Sagen hatte, wo alles nach der Nase der
Mutter lief und der Vater nur ja sagte und Geld zahlte. Man
wird zum Beispiel schnell merken, dass in Haushalten, in
denen die Mutter mehr das Sagen hatte, Mädchen dazu
tendieren, den gleichen Beruf wie die Mutter auszuüben.
Man merkt, dass die Kinder Persönlichkeitsstörungen haben, wenn der Vater keinen Einfluss auf die Kinder hat,
egal ob aus Kapitulation oder Angst, weil er sehr selten zu
Hause ist oder wegen seines Berufes. Wir sehen das auch
bei den Kindern vieler Prominenter, die, obwohl der Vater
nach außen in der Gesellschaft stark ist, trotzdem schwach
sind.

Genauso werden die Kinder Defizite in ihrer emotionalen Seite haben, wenn der Vater eine zu dominierende Rolle in der Familie hat und die Frau wenig zu sagen hat.

Die moderne Erziehung, die dazu führt, dass die Väter kapitulieren, ist fatal für die gesunde Entwicklung der Kinder. Die Väter überlassen die Erziehung mehr und mehr allein den Frauen und nehmen immer mehr die Rolle von „nur Ernährer und Finanzier" an, wie im klassischen, bzw. alten Erziehungsstil. Aber ein Kind braucht gar nicht das Geld, sondern den Vater selbst.

Vaterlosigkeit ist ebenfalls eine große Belastung für die kindliche Entwicklung, aber lieber ohne Vater sein, als einen Vater zu haben, der seine Rolle nicht ausfüllt und seine Verantwortung gegenüber den Kindern nicht wahrnimmt. Dies schadet den Kindern mehr, als wenn er gar nicht da wäre.

Eine unausgeglichene Rollenverteilung macht die Kinder unglücklich und unsicher. Laut wissenschaftlichen Studien werden Kinder immer bindungsunsicherer mit ihren Eltern und besonders mit den Vätern. Und das ist schlimm für die seelische und körperliche Gesundheit der Kinder, da wir wissen, dass, wer als Kind unsicher gebunden war, als Erwachsener 50% stärker für Krankheiten anfällig ist.

Es ist sehr wichtig für das Kind, dass die Eltern nicht die Schwäche des anderen ausnutzen, um sich vor den Kindern als der Bessere darzustellen. Dazu gehört auch, den anderen vor dem Kind schlecht zu machen, oder hinter seinem Rücken schlecht zu reden. Das ist eine egoistische Einstellung, die dem Kind später schadet.

Zum Nachdenken

Wir Eltern, bevor wir mit der Erziehung unserer Kinder experimentieren und blind die moderne Erziehung in vollem Umfang übernehmen, sollten uns fragen: Wenn die sogenannte moderne Form der Erziehung so gut wäre für unsere Kinder, warum sind dann immer mehr moderne Kinder unglücklicher als die Kinder im alten System? Warum sind die westlichen Kinder nicht glücklicher als die Menschen in der sogenannten dritten Welt? Warum sind die Kinder bindungsunsicherer mit uns Eltern als früher? Warum werden unsere Kinder schwächer als Kinder früher?

Logisch wäre es doch gewesen, wenn alle diese Maßnahmen das Glück und die Zufriedenheit der Kinder gefördert hätten? Es scheint nach Hinten loszugehen, aber wir trauen uns nicht, das zu akzeptieren, genauso wenig, wie die antiautoritäre Erziehung das Kind stark machen kann.

Verlagerung von Erziehungsinstanzen

Lehrer, Erzieherinnen, Ärzte, Psychologen, Fremde Betreuung und der schwierige Fall Großeltern/Schwiegereltern

Die Verlagerung von Erziehungsinstanzen ist für die Eltern ein Weg ihrer Verantwortung zu entgehen.

> **Wir Eltern sind die ersten Erzieher, Psychologen, Ärzte, Lehrer, Trainer unserer Kinder. Der erste Kindergarten unserer Kinder ist zu Hause bei uns.**

In keiner Kultur ist das noch eine Diskussion. Auch in den westlichen Kulturen haben sowohl die Erfahrung des Alltags, als auch die wissenschaftliche Forschungen und Studien bewiesen, dass die beste, gesündeste und glücklichste Erziehung von Kindern in der Familie stattfindet.

Die Familie, unser Zuhause, ist der Ort, an dem die Kinder alles mitbekommen, was sie brauchen um Morgen erfolgreich und ein gesunder Teil der Gesellschaft zu sein.

Wir Eltern sind die ersten Ansprechpartner, die ersten Bezugspersonen, wir sind die ersten Menschen, die unseren Kindern Moral, Werte, Kultur oder gutes Benehmen beibringen bzw. vermitteln. Alle anderen Instanzen unterstützen uns nur und bauen diese Eigenschaften weiter aus und festigen sie.

Wie immer versuchen manche Experten oder Politiker uns zu erklären, dass die Familie ein überholtes Modell sei. Das ist meiner Meinung nach sehr falsch und sogar gefährlich. Ich war selbst Kind und deswegen weiß ich, wie wichtig es für mich war, dass meine Bezugspersonen, Mutter, Vater,

Geschwister da waren. Ich weiß, wie sehr ich mich freute, wieder nach Hause zu gehen, wie schön es war, wenn es keine Schule gab und meine Mutter oder mein Vater sich frei nahmen und mit uns etwas unternahmen. Meine schönsten Erinnerungen als Kind sind daran, was ich zu Hause gemacht habe, obwohl ich sehr gern zur Schule ging, wo ich sehr beliebt war. Die Erzieherinnen im Kindergarten liebten mich sehr, aber zu Hause war es am Schönsten. Am Sichersten. Wenn ich heute darüber nachdenke, wer meine Persönlichkeit und meine Werte geprägt hat, dann sind das meine Eltern und Geschwister. An Lehrer oder Erzieher kann ich mich überhaupt nicht erinnere, aber ich kann heute immer noch sagen, dass meine Mama mir immer dies, oder mein Vater mir jenes gesagt haben, dass meine große Schwester mir half, usw. Von anderen Instanzen habe ich heute nichts mehr im Kopf Außer, dass sie mir immer sagten, dass ich gut erzogen wäre, das ich nicht bockig sei, dass ich fleißig arbeite. Dieses Lob habe ich immer noch im Kopf.

Ich erinnere mich noch daran, wie mein Vater, obwohl er als Politiker in dieser Aufbauphase Kameruns nach der Befreiung und dem Sieg über Frankreich, mehr als 16 Stunden am Tag arbeitete, doch immer Zeit fand, um uns mehr als 20 Kindern moralische und wertvolle Geschichten zu erzählen, Lieder zu singen, mit uns zu spielen usw. Ja, das hat meine Kindheit geprägt.

Als Vater habe ich dann selbst gemerkt, wie es meinen Kindern gut tat, wenn sie von der Schule kamen und ich da war, oder am Abend kam und mit denen das gleiche tat, wie mein Vater es getan hatte. Ich habe gesehen, dass es ihnen viel wichtiger ist, was ich über sie denke, was ich sage, als was die Lehrerin oder Erzieher oder Trainer gesagt hat. Obwohl sie gerne zur Schule und in den Kindergarten gehen, wo sie tolle Bezugspersonen haben, obwohl sie jedes Mal tanzen, wenn sie zu ihren Großeltern gehen, die sie sehr lieben, sehe ich, wie doch die Primärfamilie für sie der wichtigste und unverzichtbarste Halt ist.

Dass die Familie ein überholtes Modell sei sagten schon die Kommunisten früher, die dann massenweise Kinderkrippen und Betreuungsangebote aufbauten, ohne gleichzeitig die Familien zu stärken. Ziel war, die Mütter möglichst wieder rasch an ihren Arbeitsplatz zurückzuschicken. Nach dem Kommunismus hat zum Beispiel Gorbatschow, der letzte kommunistische Präsident Russlands, eingestanden, dass dies ein Fehler gewesen war und viele Probleme in der Gesellschaft entstanden waren, weil die Wichtigkeit der Familie in der Kindererziehung missachtet worden war.

Betreuungsangebote aufzubauen ohne die Familie zu stärken und zu unterstützen, ohne den Familien die Möglichkeit zu geben selbständig zu entscheiden, wie sie ihre Kinder (besonders die ganz kleinen unter drei Jahren) betreuen wollen, wird dazu führen, dass wir das gleiche Problem bekommen, wie die Kinder in den ex-kommunistischen Ländern. Wir werden immer Kinder haben, die den Belastungen der modernen Zeiten nicht gewachsen sind und am Ende wieder eine Last für die Allgemeinheit werden.

Ich bin immer der Meinung, dass alles, was gegen das Natürliche geht, den Menschen früher oder später schadet.

Die ersten, wichtigsten Personen für die Kinder sind immer die Eltern. Das ist die Primärfamilie.

Aus Bequemlichkeit, Faulheit und Egoismus versuchen wir häufiger unsere Verantwortung auszulagern, denn Erziehung heißt, mit den Kindern arbeiten, sich Zeit für die Kinder nehmen und sich intensiv um die Kinder kümmern. Das bedeutet, dass wir uns selbst einschränken müssen und das wollen und können viele Eltern nicht.

Es ist deswegen viel einfacher, die Arbeit an die Großeltern, die Lehrerinnen, Psychologen, Ärzte, Erzieherinnen, Kindermädchen, Bücher, Medien, Gesetze usw. zu delegieren.

Lustig, aber traurig ist es, wenn wir unser Versagen nicht erkennen und die anderen Erziehungsinstanzen kritisieren und verantwortlich dafür machen, dass sie unseren Kindern nicht geholfen haben. Wir kritisieren zum Beispiel die Psychologen, dass sie ihre Arbeit falsch gemacht haben. Wenn wir es nicht geschafft haben, unsere Kinder gesund zu erziehen, ist der Psychologe oder der Lehrer nicht schuld daran. Sie versuchen uns zu unterstützen und versuchen zu reparieren, was kaputtgegangen ist, was wir kaputt gemacht haben.

Das ist wie Autobauer und Automechaniker. Wenn das Auto kaputtgeht, versucht der Automechaniker es, soweit er kann, zu reparieren. Sind Teile defekt muss er Ersatzteile bestellen. Wenn das Auto aber schlecht gebaut und deswegen nicht leistungsfähig ist, kann der Mechaniker nichts tun. Wenn der Fehler ein Konstruktionsfehler ist, muss das Auto zurück zum Autobauer, damit der Fehler behoben wird. Wir hören oft, dass Autobauer Autos zurückrufen, um manche Grundfehler zu beheben. Der Automechaniker trägt in diesem Fall keine Schuld dran, dass das Auto kaputt oder nicht reparabel ist.

Genauso ist es ein Stück weit mit den Menschen. Nicht die Psychologen sind schuld, dass es unseren Kindern so schlecht geht, oder dass sie kaum therapiert werden können. Oft können sie sie nur für eine Zeit beruhigen. Wir Eltern sind zum großen Teil verantwortlich dafür, wie es unseren Kindern geht.

Ich habe viele Menschen beraten und festgestellt, dass viele ihrer Probleme in der Kindheit und in ihrer Beziehung zu ihren Eltern liegen. Ich habe bei vielen Menschen die Angst gesehen, in ihre Kindheit zu schauen aus Angst, ihre Eltern in Frage zu stellen oder ihnen Vorwürfe zu machen. Dies sind oft Menschen, die von ihren Eltern auch in fortgeschrittenem Alter – sogar mit über 30 oder 40 – noch immer kräftig finanziell unterstützt werden. Sie werden so in ein Unabhängigkeitsverhältnis gesetzt, in dem sie praktisch selbst die Fehler der Eltern tragen müssen und sich somit nicht befreien und therapieren können. Sie werden zu Energielieferanten für die Eltern, Energie, die ihnen aber fehlt, um glücklich leben zu können. Therapien für unsere Kinder, wenn sie seelische Störungen haben, würde besser anschlagen, wenn wir Eltern sie zusammen mit unseren Kindern machen würden. Wir sind Teil des Problems der Kinder und sind oft das fehlende Puzzleteil für eine erfolgreiche Therapie.

Die Verlagerung der Erziehungsinstanzen schadet den Kindern. Das ist eine Art, auf Kosten der Kinder leben zu können. Kinder zu machen um ihre Energie aufzusaugen. Wenn wir zulassen, dass die Anderen unseren Kindern Werte, Verhaltenskodexe, Moral usw. vermitteln, dann fehlen den Kindern feste Bezugspersonen und eine Kontinuität. In Konsequenz haben die Kinder Vertrauensprobleme, sind instabil, launig, unruhig, unzufrieden usw. das heißt, sie sind unglücklich.

Die andere Erziehungsinstanzen (die sekundären Bezugspersonen, nämlich die Großeltern, Lehrer, Erzieher, usw.) müssen verstehen, dass es ihre Rolle ist, die Eltern zu unterstützen und nicht, die Aufgabe der Eltern zu übernehmen. Anhaltende Graben- und Kompetenzkämpfe und der ewige Streit ums Rechthaben zwischen den Eltern und den sekundären Bezugspersonen schaden den Kindern und verunsichern sie sehr.

Ein Beispiel sind die Kinder von Helmuth Kohl, ehemaliger Kanzler, die sich bis heute als Erwachse nicht gefunden haben, wegen der fehlende Präsenz des Vaters.

Die lieben Großeltern und Schwiegereltern

Die Großeltern sind für die Kinder sehr gute weitere Bezugs- und Erziehungspersonen, die auch wichtig sind bei der Unterstützung der Eltern. Er ist bekannt, dass die Großeltern gegenüber ihren Enkelkindern ein bisschen nachgiebiger sind als die Eltern. Wenn die Eltern nein sagen, warten die Kinder, bis sie am Wochenende bei den Großeltern sind, die ohne Rücksprache mit den Eltern, aus Mitgefühl für ihre Enkel und Enkelinnen, erlauben, was sie normalerweise nicht dürfen. Dass sie so mit den Kindern unbemerkt ein Bündnis gegen die Eltern schmieden, ist vielen Großeltern gar nicht klar.

Wie viele Eltern haben schon gegen die eigenen Mütter und Väter oder gegen die Schwiegereltern rebelliert, damit dies oder das nicht gemacht wird? Wie unglücklich ist es für die Kinder, wenn sie mit vielen Dingen von Oma und Opa zurückkommen, die die Eltern aber gar nicht haben wollen? Wie viel Streit gab es schon, wenn die Großeltern Leistungen der Kinder mit Geld belohnen, obwohl Eltern solche Art von Erziehung als (Gewissens-)Kauf ansehen?

Großeltern dürfen gerne den Nachwuchs betreuen. Eltern, die Primärfamilie, tragen aber die Verantwortung. Deshalb dürfen sie auch großelterliche Entscheidungen aufheben oder ändern, ohne, dass diese beleidigt sein sollten. Die Großeltern müssen sich immer fragen, ob sie selbst solche Einmischung von ihren eigenen Eltern und Schwiegereltern damals bei der Erziehung ihrer Kinder geduldet hätten?

Für die Kinder ist der ewige Streit ums Rechthaben zwischen den Erziehenden schlecht; wenn Großeltern etwas anderes wollen als die Eltern, oder als ein Teil der Eltern, oder meinen, es besser zu wissen als die Eltern selbst.

Am Ende leiden wieder nur die Kinder, die nun in ihren Gefühlen unsicher sind und den Eindruck bekommen, dass sie sich ständig zwischen Großeltern und Eltern entscheiden müssen. Das ist eine seelische Belastung, die nicht ohne Folge bleibt.

Zeitmangel

Wenig Beschäftigung mit den Kindern, und zu viel Zeit für nach Außen orientierte Aktivitäten

Aus Bequemlichkeit verbringen wir immer weniger Zeit mit unseren Kindern. Wir beschäftigen uns wenig mit ihnen. Das hat schwerwiegende Konsequenzen für die Kinder.

Unsere Kinder können schwere Entwicklungsstörungen (Bindungsstörungen, Verhaltensstörungen, Angst- und Gefühlsstörungen, Urvertrauensstörungen hin zur körperlichen Störungen) davontragen, wenn wir uns nicht schon im Babyalter um sie kümmern und viel Zeit mit ihnen verbringen. Die Kinder haben das Recht, Zeit mit ihren Eltern zu verbringen.

In vielen Untersuchungen fragte man die Kinder, was sie sich am meisten von ihren Eltern wünschen. Die Antwort war sehr klar: MEHR ZEIT!

In meiner eigenen Umfrage im Internet, in Chats mit Jugendlichen und bei meinen Kunden, was sie in der Kindheit am meisten vermisst haben, war die Mehrheit der Antworten sehr Eindeutig: Sie hätten gerne mehr mit ihren Eltern gespielt. Besonders der Vater war selten da und wenn, war er müde und wollte nur noch seine Ruhe.

Zeit und Aufmerksamkeit sind das, was unsere Kinder am meisten brauchen und nicht Geld, Geschenke usw.

Die Menschen, die sehr schön über ihre Kindheit sprachen, identifizierten diese Schönheit mit der vielen Zeit, die ihre Eltern mit ihnen verbracht hatten und mit all dem, was sie gemeinsam und zusammen erlebt und getan hatten.

Ich konnte schnell feststellen, dass die Kinder, die mehr Zeit, mehr Beziehungszeit mit den Eltern verbachten, stabiler und glücklicher erschienen. Sie erzählten sehr gern über ihre Kindheit, mit voller Begeisterung.

Bei meinen Klienten, die seelische Störungen haben, habe ich bemerkt, dass ihre Eltern wenig Aufmerksamkeit ihnen gegenüber als Kind gezeigt, und wenig Familienzeit mit ihnen verbracht hatten.

Babys, besonders in den ersten Monaten, bedürfen ihrer Mütter so sehr und es ist sogar schon Kinderrechtsverletzung, wenn dieses Dasein nicht garantiert werden kann, weil die Mutter so schnell wie möglich wieder arbeiten muss.

Ich gehe sogar viel weiter und betrachte es als Kindermisshandlung, wenn ein Baby so früh auf die schützende und so heilsame Wärme seiner Mutter verzichten muss.

Ein Kind, dem nach der Geburt diese Wärme vorenthalten wird, könnte Störungen in seinem Verhalten, wie Schlaf-, Fütter- Schrei- oder Bewegungsstörungen haben und ich finde es unfair für diesen Menschen, schon so früh, ohne dass er sein Einverständnis geben konnte, einen schlechten Start ins Leben zu haben.

Kinderrecht bedeutet auch, Zeit für die Kinder zu haben. Man kann heute ohne zu zögern sagen, dass das Recht der Kinder in Gefahr ist.

Es ist nicht akzeptabel, dass eine zivilisierte und hoch moderne Gesellschaft das „primitivste" Recht der Kinder kippen möchte, zugunsten des Rechts der Mütter und Väter auf Beruf und Geldverdienen.

Wer kann einem Baby besser ein Sicherheitsgefühl geben als die eigene Mutter? Diese Zeit, minutenlang an der Brust der Mama, dient nicht nur der Nahrungsaufnahme. Nicht nur dass die Muttermilch die Kinder vor Krankheit und Fettleibigkeit im Erwachsenenalter schützt, das Stillen hilft auch bei der Ausbildung des Bewegungsapparates, insbesondere der Mimik, des Gaumens und des Gebisses und durch den Körperkontakt wird dem Kind das Gefühl von Wärme und Geborgenheit vermittelt, sein Urvertrauen aufgebaut und entwickelt. Und nicht zu vergessen, das Stillen ist auch für die Mutter sehr gut. Durch das Stillen werden auf natürliche Weise viele Dinge in Körper und Seele der Frauen zurückgebildet oder aufgebaut.

Sich die Zeit zu nehmen, und dem Kind diese Chance zu geben gesund aufzuwachsen, ist sehr wichtig. Wenn der Mutter die Zeit fehlt und sie dem Kind nicht so viel dieser Wärme wie möglich geben kann, wird nicht nur das Urvertrauen (und ohne dieses kann kein Vertrauen und Selbstvertrauen aufgebaut werden) des Kindes zerstört, sondern auch das Kind zahlreichen psychosomatischen Krankheiten ausgesetzt.

> **Die Kinder haben einen Anspruch auf eine Mutter, die besonders in den ersten Monaten für sie da ist!**

Häufig gehen beide Eltern arbeiten und geben die Kinder so früh in fremde Betreuung, nicht weil sie arbeiten müssen, um das Kind zu ernähren, sondern nur, um ihren Lebensstandard zu erhöhen oder auf Druck der Umwelt. Das ist fahrlässig gegenüber den eigenen Kindern.

Eine Gesellschaft, die darauf nicht achtet, ist dabei, kleine defizitäre Wesen aufzuziehen, die diese Gesellschaft von innen fressen werden.

Was Kinder brauchen ist Liebe, Aufmerksamkeit, Zuneigung und viele Zeit, viel Beziehungszeit. Vergängliche Werte, wie materielle Dinge sind für Kinder zuerst nicht so wichtig.

Sie wollen sich sicher fühlen und dies können sie nur, wenn sie feste soziale Bindungen haben. Diese feste Bindungen entsteht auch indem wir uns ständig mit unseren Kindern beschäftigen und das schon im Babyalter.

Wir nehmen uns immer weniger Zeit für unsere Kinder. Früher war zu mindestens ein Elternteil immer für die Kinder da. Heute arbeiten beide Elternteile zum Teil voll. Wenn sie wieder zu Hause sind, beklagen sich über die Müdigkeit und den Stress des Tages.

Und wenn wir es doch schaffen, uns ein bisschen Zeit zu nehmen, wird diese Zeit eher dafür genutzt, um nach außen orientierte Aktivitäten zu gestalten. Es wird sehr wenig Zeit genutzt, um etwas Persönliches mit den Kindern zu machen. Den Kindern wird keine persönliche Aufmerksamkeit entgegengebracht, wir verbringen einfach viel, viel zu wenig Beziehungszeit mit unseren Kindern.

Wir Eltern wollen neben dem persönlichen, beruflichen Erfolg auch das Leben voll genießen. Wir wollen immer unseren vollen Spaß haben, ohne Verzicht. Die Medien zeigen uns doch, dass wir nichts verpassen sollten. Beim Thema Genuss treten manche sogar in Konkurrenz zu ihren Kindern. Eltern bevorzugen dann immer mehr die Fremderziehung, z.B. um die Kinder durch Hausmädchen, das sich so lange wie möglich kümmern soll.

Ohne genügend Familienzeit, keine gesunde Entwicklung der Kinder.

Wenn wir uns Zeit nehmen, dann um mit den Kindern zu McDonald's zu gehen, oder lesend auf der Spielplatzbank zu sitzen, während das Kind alleine spielt. Dies beansprucht uns persönlich wenig und die Zeit geht schnell vorbei, ohne dass wir uns wirklich mit dem Kind beschäftigt haben.

Es fehlt uns Zeit, um mit unseren Kindern zu kommunizieren. Das wirkt sich auch auf ihre Kommunikations- und Sprachfähigkeiten aus.

Viele Familien nehmen sich kaum mehr Zeit, um gemeinsam zu Abend zu essen, den Kindern selbst erfundene Geschichten zu erzählen oder selbst erfundene Spiele zu spielen. Gerade diese Dinge sind aber so wichtig, um den Kindern Werte beizubringen oder auch um Schwächen und
Fehler der Kinder auszubügeln, ohne das Kind direkt anzu-
sprechen. In Geschichten und Spielen kann man Elemente
einbauen, die bestimmte Probleme und Schwierigkeiten der
Kinder verarbeiten, anstatt den Kindern zu sagen: *Du hast
das falsch gemacht, das ist schlecht, was du gesagt hast, das ist
schlimm, wie du dich verhältst* usw. Spielerisch werden sie
das besser verstehen, aber dies geht nur, wenn man sich
Zeit für die Kinder nimmt.

Deswegen ist es so wichtig, besonders in der Frühphase der
Kindesentwicklung, dass die Eltern mehr Zeit mit ihren
Kindern verbringen sonst sehe ich unsere Kinder immer in-
stabiler werden.

So zerstören wir das Urvertrauen der Kinder, und das Urvertrauen ist der Vorbote des Selbstvertrauens.

Aufmerksamkeitsdefizite führen dazu, dass die Kinder sich
allein fühlen, keine Bindung zu sich selbst, zu den Eltern
und zur Umwelt aufbauen können, sich unsicher fühlen
und misstrauisch werden. Sie öffnen sich mit der Zeit kaum
noch. Sie haben das Gefühl, nicht geliebt zu werden und
leiden unter Minderwertigkeitskomplexen, Angsterkran-
kungen, Selbstverletzungen, Essstörungen, Zwangskrankheiten, Depressionen. Wie gesagt, viele können keine normale Verbindung eingehen, sie verweigern Beziehungen
oder sie gehen wahllos Beziehungen ein, auf der Suche

nach Aufmerksamkeit, ohne das etwas Ernstes daraus entsteht. Sie lassen sich oft demütigen und sogar misshandeln, um das Gefühl geliebt zu werden zu spüren.

Wenn wir, besonders in ihrer Frühphase, kaum oder wenig Zeit mit unseren Kindern verbringen, zerstören wir ihr Urvertrauen, das die erste Stufe des Selbstvertrauens ist.

Urvertrauen und Vertrauensstörungen

Schutzlosigkeit und Aussterben der natürlichen Schutzinstinkte der Eltern

Ist das Urvertrauen eines Kindes zerstört, kann das Kind kein Vertrauen ausbilden und somit auch kein Selbstvertrauen haben. Kinder ohne Urvertrauen haben wenig Selbstvertrauen und können Minderwertigkeitskomplexe haben. Bindung fängt nicht mit der Geburt an. Das Urvertrauen aufzubauen fängt meiner Meinung nach schon an, wenn das Kind noch im Bauch der Mutter ist.

Nun da es wissenschaftlich bewiesen ist, dass Kinder im Bauch unsere Emotionen mitbekommen und auch davon beeinflusst werden, ist es sehr wichtig schon in der Schwangerschaft unsere Emotionen, die wir niemals 100% kontrollieren können, zu pflegen.

Viele Dinge können das Urvertrauen der Kinder zerstören oder schwer belasten. Wir müssen uns nur vorstellen, welch ein Schock es für ein Neugeborenes ist, aus dem Bauch der Mutter zu kommen, das Licht zu sehen und das erste Mal Beinen und Füßchen, Arme und Händchen auszustrecken.

Das Kind weint, alles ist neu, kalt, unsicher, fremd. Das ist ein Moment, in dem der Körper der Mutter so wichtig ist für das Baby. Die Trennung der Kinder von ihren Müttern unmittelbar nach der Geburt kann für das Kind emotionale Konsequenzen haben. Die sichere Bindung in dieser Phase ist sehr wichtig, um das Urvertrauen der Kinder aufzubauen.

Mütter, die nach der Geburt ihr Baby sofort alleine lassen, fügen ihren Kindern Schaden zu, auch wenn die Medien, die Wirtschaft und die Politik uns solche Mütter, die sofort wieder in den Beruf zurückkehren, als moderne, emanzipierte, selbstbewusste, starke Frauen darstellen möchten. Ja, vielleicht ist die Mutter als Arbeits- und Produktionswerkzeug modern, aber als Mensch tun sie sich und ihren Kindern nichts Gutes.

Die Wirtschaft und die Politik, die vorantreiben, dass die Kinder so schnell wie möglich von ihren Bezugspersonen getrennt werden, spielen ein Spiel, das sich gegen sie selbst wenden wird. Sie werden dann Morgen zusehen müssen, wie sie mit diesen Kindern umgehen, wenn sie erwachsen sind und ihren Tätigkeiten nicht so nachgehen können, wie ihre Mütter oder Väter das konnten. Wie viele Milliarden geben sie aus, um diese seelisch schwächeren Menschen psychologisch zu behandeln? Wie viele Krankheits- und Leistungsausfälle muss die Wirtschaft verkraften, weil Menschen wegen innerer Instabilität nicht mehr richtig können?

Die natürliche Verbindung über die Nabelschnur macht die Mutter-Kind-Verbindung und Bindungen im frühen Alter einzigartig und stärkt das Urvertrauen der Kinder. Dieses Urvertrauen wird durch die Aufnahme der aus den Brüsten der Mutter tropfende Muttermilch weiter gefestigt. Dieser Vorgang des an der Brust Trinkens dient nicht nur der Nahrungsaufnahme, sondern auch dem Aufbau von Bindungen der Babys sowohl zu ihrer Mama, als auch zur Natur und zu ihrer Umwelt. Dieser Akt ist am Anfang vielleicht das wichtigste Element zur Bildung frühkindlichen Vertrauens. Schauen wir einmal hin, wie das Baby beruhigt ist, sobald es die Brustwarze der Mutter in seinem Mund hat! Schauen wir hin, wie glücklich, ruhig, entspannt das

Kind in diesem Moment ist! Es gibt ihm Sicherheit und es fühlt sich beschützt und geschützt. Dies sind Gefühle, die neben Streicheleien, Berührungen, Liebe und Aufmerksamkeit notwendig sind, damit ein Kind Vertrauen zu seiner Umwelt, das heißt zu seinen Mitmenschen entwickeln kann.

Wir wissen, dass frühkindliche Beziehungen zu Bezugspersonen eine natürliche Sehnsucht bzw. ein Grundbedürfnis von Kindern sind, dass das Kind Schutz und Geborgenheit sucht. Dieses Bedürfnis ist biologisch verankert.

Früh erworbene Bindungen sind manchmal so fest, dass sie auch weiter halten, wenn sie von diesen Personen schlecht behandelt werden.

Eine nicht vorhandene oder negative emotionale Bindung kleiner Kinder zu einer Bezugsperson (Mutter, Vater usw.) hat einen großen negativen Einfluss auf ihre Weiterentwicklung und ihre spätere Persönlichkeitsstruktur und erschwert es, Vertrauen zu anderen Menschen aufzubauen.

Wechselnde Bezugspersonen (Großeltern, Kindermädchen usw.), sowie wechselnde Partnerschaften und ständig neue Beziehungen und ein neues Umfeld können das Vertrauen der Kinder schwer belasten und Kinder sogar traumatisieren.

Der aussterbende, natürliche Instinkt der Eltern, den Kindern Schutz und Geborgenheit zu geben, macht es für die Kinder so problematisch, Urvertrauen und Vertrauen aufzubauen. Die Eltern haben mehr Vertrauen in Bücher, Medien, Psychologen, Experten, Politiker, usw. als in ihre eigene Bauchstimme.

Eine unsichere Bindung fördert die soziale Inkompetenz und schwächt das Selbstvertrauen. Eine unsichere Bindung im Kindesalter setzt die Kindern leicht in Abhängigkeiten von anderen Menschen, Dingen, Drogen, usw.

Eine unsichere Bindung von Kindern zu ihren Eltern kann auch Ursache von Verhaltensauffälligkeiten und seelischen Störungen sein, wie: Aggressivität, Aggressionen, Unruhe, fehlende Konzentration, Verschlossenheit, Antriebslosigkeit, Minderwertigkeitskomplexe, ungesundem Perfektionsdrang, Selbsthass und Hass, Unselbständigkeit und Ängsten.

Komplexe aller Art

Minderwertigkeitsgefühle, Mangel an
Selbstbewusstsein und Selbstvertrauen

Aufgrund meiner Beratungs- und Coachingarbeit, meinen Erfahrungen und meinen Beobachtungen würde ich sagen, dass die Ursachen eines geringen Selbstwertgefühls nicht nur in den Genen liegen, wie manche Wissenschaftler sagen, sondern dass sie auch in den familiären Beziehungen zu suchen sind. Sie gehen bis in die frühe Kindheit zurück.

Kinder mit Komplexen und keinem Selbstvertrauen werden teilweise fast dazu erzogen. Sie sind so, weil wir Eltern im Grunde auch so sind. Nur wenn wir auch voller Komplexe stecken, an uns zweifeln und uns das nicht eingestehen, dann können wir diese negativen Gefühle unseren Kindern weitergeben. Leider trauen sich sehr wenige Eltern, die Probleme der Kinder mit sich selbst zu assoziieren. Da wir das aber unbewusst spüren, handeln wir weiter so, dass wir nicht hinschauen und an uns selber arbeiten müssen. Dadurch werden die Kinder aber gezwungen, weiter in diesen Emotionen zu bleiben.

Wir sind immer da für sie, wir trauen uns nicht sie zu kritisieren, wir helfen ihnen mehr als sie wollen und brauchen. Wir bieten uns ständig an und jede Schwierigkeit der Kinder wird mit materiellen Dingen sofort behoben. Wir haben so große Angst, dass die Kinder sich Zeit nehmen, um sich mit uns auseinanderzusetzen, dass wir sie dazu bringen bedürftig zu werden und abhängig von uns. So rauben wir unseren Kindern die Energie, da wir uns als Helfer hinstellen und das Kind als Bittsteller. Wir überdecken unsere eigene Schwäche, denn durch die Bewunderung für unsere Hilfe und durch die Anerkennung der Kinder und fühlen wir uns als etwas Besonderes.

> **Auch sehr erfolgsreiche Eltern können ihren Kindern Minderwertigkeitsgefühle, Ängste und Zweifel vermitteln.**

Ein Minderwertigkeitskomplex hat nichts mit Erfolg zu tun. Erfolg kann uns stark machen, aber ich kenne viele Kinder mit schlimmen Komplexen, deren Eltern beruflich oder gesellschaftlich sehr erfolgreich sind. Nur weil sie erfolgreich sind und nach Außen wie Powereltern erscheinen, heißt das nicht, dass sie sich im Innern nicht total minderwertig fühlen. Wir können erfolgreich sein und dennoch sehr wenig Selbstvertrauen haben. Das richtige und gefestigte Selbstvertrauen liegt in uns, es liegt im Inneren. In meinem Beruf habe ich Menschen betreut, die im Vorstand waren, aber Schwierigkeiten hatten, weil sie sich trotzdem minderwertig fühlten, manchmal sogar gegenüber der Empfangssekretärin, das heißt gegenüber einer Mitarbeiterin, die ganz unten in der Hierarchie steht.

Wir Eltern geben uns viel Mühe, damit unsere Kinder unter idealen Bedingungen leben, aber das allein garantiert nicht, dass die Kinder ein starkes Selbstwertgefühl und Selbstbewusstsein haben werden. Da wir nur das Beste wollen für unsere Kinder, tun wir alles, damit die Kinder sich nicht mit negativen Dingen beschäftigen müssen. Wir halten sie von Fehlern fern. Wir versuchen, sie noch mehr zu schützen, ihren Wünschen sofort nachzugeben. Bei Problemen – zum Beispiel in der Schule, mit Lehrern oder Mitschülern, im Sport mit dem Trainer usw. – ergreifen wir sofort die Seite der Kinder, um ihnen das Gefühl zu geben, dass wir immer für sie da sind. Solche Aktionen machen das Kind schwach und tragen nicht dazu bei, das Selbstvertrauen der Kinder zu stärken.

Ich habe gemerkt, dass die Kinder aus sogenannten „Problemvierteln" und mit Eltern, die nicht zu sehr auf sie aufpassen, ein stärkeres Selbstbewusstsein haben, als die sehr wohlbehüteten Kinder aus sogenannten „guten Familien".

Als ich dieses Buch schrieb und mich deswegen mit vielen Menschen unterhielt, bemerkte ich, dass Kinder der „guten Familien" häufig mehr mit sich selbst zu kämpfen haben, als die Kinder, die „fast auf der Straße" aufwachsen und wenig Unterstützung von ihren Eltern und von der Umwelt bekommen. Diese Kinder sind mutiger, furchtloser und glauben, sie können alles.

Ich habe außerdem festgestellt, dass viele der Menschen, die sich während meiner Umfrage bei mir meldeten und zum Beispiel mit Selbstmordgedanken und Drogen zu kämpfen hatten, Kinder von Ärzten, Rechtsanwälten, Professoren, erfolgreichen Künstler usw. waren. Das heißt, Kinder aus sehr guten Familien. Viele von ihnen sind sehr unzufrieden mit sich selbst, nehmen ständig Drogen, trinken viel, haben Lebensängste usw. Das schlimmste aber ist, dass ihnen wegen ihrer sozialen Herkunft nicht geholfen wird, zumindest nicht sofort. Ja, es ist schwerer für sie, als für Kinder sogenannter „ schlechter Familien", weil solche Probleme in diesen Kreisen nicht thematisiert werden dürfen. Alles was man zu lesen bekommt, handelt nur von

Kindern aus schlechten Verhältnissen. So wurden Probleme immer zu spät erkannt, manchmal erst, wenn die Kinder zu kaputt waren, ein Suizidversuch unternommen wurde, oder gar erst nach einem Selbstmord.

> **Wir Eltern programmieren die Kinder dazu, Minderwertigkeitskomplex zu entwickeln Wir können unsere Kinder so erziehen, dass sie unsicher werden.**

Wir Eltern fördern Minderwertigkeitskomplexe in unseren Kindern, indem wir sie ständig mit ihren Fehlern und allem, was nicht so optimal ist, wie wir es gerne hätten, konfrontieren. Mit „du"-Botschaften schaffen wir es, die Kinder zu überzeugen, dass sie nicht perfekt sind:

Du hast zugenommen? Du hast zu lange Beine, du musst aufpassen dies oder das zu machen, wie siehst du heute aus?

Ziehe vielleicht ein langärmeliges Hemd an, damit man deine Sommersprosse nicht so sieht, es gefällt dir doch nicht, wenn alle darauf starren, oder?

Ich möchte dir nur helfen, du hast einen fetten Hintern in dieser Hose, dein Busen ist zu klein, wenn du nicht aufpasst wirst du zu einer Tonne, wie kann man nur so doof sein?

Immer nur Blödsinn redest du, stell dich doch nicht so dumm an, du bist immer tollpatschig, du kannst nie etwas richtig machen, du bist zu feige, warum bist du nicht mutig?

Mit dir wird es nie was, das ist klar, du kannst das ja nicht, das weiß doch jeder usw.

Oder die Kinder beklagen sich zum Beispiel *„Mama, ich fühle mich dick"*, dann antwortete die Mama, *„ha das ist doch normal, oder? Nicht jede Frau sieht aus wie Heidi Klum!*
„Mama, er hat mich beleidigt, er hat gesagt, dass mein Beine nicht schön sind." Und die Mama antwortet: *„Liebes Kind, jeder ist so, wie Gott ihn gemacht hat. Der ist doof. Das ist sein Problem und nicht deines."*

Alle Antworten sind zwar gut gemeint, aber sie verfehlen ihr Ziel und tragen, dazu bei, dass die Kinder sich vergleichen und an sich selbst zweifeln.

Noch schlimmer sind für mich die Versuche, das schönzureden, was offensichtlich nicht so ist, nur um das Kind zu unterstützen. Ich habe Eltern gesehen, die ihre Kinder in ihrer Schwäche bestärken, weil sie das Kind nicht traurig machen wollen, anstatt die Stärken und die positiven Seiten des Kindes in den Vordergrund zu stellen und Lösungen und Chancen zu finden:

Beispiel 1:

„Papa ich trau mich nicht, ich habe Angst…"
Papa: *„Ich verstehe dich, mein Liebling, ja du hast Recht, das macht wirklich Angst, wäre auch für mich zu viel, ach, du Arme, komm her, lass dich von Papa drücken…"*

Besser wäre es, das Kind zu fragen, wovor genau es Angst hat und was man tun könnte, mit dieser Angst umzugehen: *„Was macht dir Angst? Was kann dir helfen, keine Angst mehr zu haben? Was können wir tun, damit der Mut wiederkommt?"*

Beispiel 2

„Mama ich fühle mich fett!" Das Kind ist wirklich fett und jeder sieht es und das Kind spürt und weiß es; die Mama: *„Nein, Kindchen, mach dir keine Sorgen, du bist so schön."*

So ein Lob, das nicht der Wahrheit entspricht, verursacht mehr Schaden in den Kindern als den Mund zu halten und nichts zu sagen. Am besten wäre ein Gespräch mit dem Kind darüber, wie es dazu kam und vor allem, welche Lösungswege es gibt, damit das Kind sich wieder wohlfühlt.

Warum fühlst du dich so? Woran könnte das liegen? Was können wir tun, dass du dich nicht mehr fett fühlst? Weniger Pommes? Mehr Sport?"

Von der Pubertät bis in die 20er Lebensjahren können schlechte Erfahrungen in Bezug auf Person und Aussehen besonders Mädchen sehr prägen. Es wird schwer werden, sich in Zukunft von den negativen Gefühlen aus dieser Zeit zu befreien, wenn sie nicht zeitnah beseitig werden. Verliebt sich in dieser Phase ein Mädchen, das nicht zierlich ist, in einen Jungen, der es ständig wegen seines Aussehens beleidigt oder es sogar deswegen verlässt, wird das Mädchen und später die Frau sehr lange damit kämpfen müssen. Es wird schwierig zu erreichen, dass sie sich als hübsch betrachtet. Solche Kinder werden sich öfter unterlegen fühlen, sie werden sich immer kritisieren und ein negatives Selbstbild haben, finden, dass alle Menschen besser sind als sie selbst. Sie werden eine negative Persönlichkeitsstruktur entwickeln, Angst haben, sich nicht trauen, einen Drang zur Perfektion haben und sie werden öfter als andere Kinder psychosomatische Krankheiten, wie Migräne haben. Sie

werden Schwierigkeit haben, normale Beziehungen zu führen, viele werden Depressionen entwickeln und einen
Drang zum Suizid haben. Sie werden unglücklich sein.

Wenn wir

- unseren Kindern nicht gesunde Anerkennung und
  Liebe geben
- unsere Kinder ohne Glaube erziehen
- Kindern keinen gesunden Rückhalt geben
- nicht zulassen, dass sie selbst durch ihre Fehler
  lernen
- ihnen alles abnehmen wollen
- sie zu sehr schützen oder sie zu sehr vernachlässigen
- unsere Kinder zu früh oder zu spät loslassen
- sie zu früh oder zu spät auf sich alleine stellen
- sie zu früh oder zu spät über sich selbst bestimmen
  und eigenständig entscheiden lassen
- ihnen zu viel oder zu früh, zu wenig oder zu spät
  Freiheit geben
- sie erniedrigen oder falsches Lob aussprechen
- in Konfliktsituationen unsere Macht ausspielen
  oder uns zu schwach zeigen (zulassen, dass sie ihre
  Macht ausspielen)
- bei Kritik nicht das Verhalten, sondern das Kind
  selbst kritisieren

dann fördern wir das Entstehen von Minderwertigkeitskomplexen, die dazu führen, dass sie später kein
Selbstbewusstsein und Selbstvertrauen haben.

Scheidung, Trennung

Trennungen führen zur Auflösung der familiären Strukturen, es fehlen feste Bezugspersonen, feste Bindungen und Verlustängste entstehen.

Ist eine Scheidung automatisch ein Familienbruch? Wenn eine Beziehung zerbricht, bedeutet das nicht unbedingt, dass die Familie auch zerbricht, dennoch sind die Kinder meistens die großen Verlierer.

Scheidungswillige und Scheidungsbefürworter sagen sehr optimistisch, um mit ruhigem Gewissen leben zu können, dass die Kinder nur geringen Schaden nehmen und weniger leiden, wenn man sich in Freundschaft trennt.

Wir hören von vielen, die sich getrennt haben: „Für die Kinder wäre eine Ehe mit Streit schlimmer als eine Trennung." Meiner Meinung nach kann man das nicht so einfach vergleichen und sich für die Trennung entscheiden.

In Gesprächen mit Eltern, die dich getrennt haben und aus meiner eigenen Erfahrung ist schnell festzustellen, dass es in erster Linie gar nicht um die Kinder geht, wenn Paare sich trennen. Sie trennen sich nicht, damit es die Kinder besser haben. Nein, der erste Grund sind sie selbst. Wenn es ihnen nicht mehr passt, trennen sie sich, auch wenn es den Kindern sehr gut geht. Würde es wirklich um das Wohl der Kinder gehen, würden sich viele Paare gar nicht trennen.

Wir benutzen demnach das Wohl der Kinder, um unsere ganz egoistischen Wünsche besser nach außen darstellen zu können und erklären warum diese Wünsche dem Kind nicht schaden. Wir benutzen die Kinder. Auch das ist Energieraub.

Mit Hilfe der modernen Psychologie haben wir uns mit dieser Denkweise, dass für die Kinder nichts schlimmer ist als Streit in der Beziehung, gemütlich eingerichtet.

Nach meiner Erfahrung und meinen Gesprächen mit Trennungskindern oder Erwachsenen, deren Eltern sich trennten wurde mir sehr schnell klar, dass auch bei einer Trennung ohne „Krieg" und mit breitem Lächeln auf dem Gesicht, vor allem die Kinder das Leid tragen.

Ich fragte mich immer mehr, nachdem viele Trennungsmenschen ihr Leid mit mir teilten, warum Studien uns immer wieder „Märchen" erzählen wollen? Ich habe das Gefühl, dass es in vielen Studien gar nicht darum geht, die Sache zu untersuchen, sondern nur darum, uns eine neue Einstellung zu geben, damit wir uns leichter scheiden lassen können. Fast 95% der Trennungsmenschen, mit denen ich redete, erzählten, dass sie unter der Scheidung oder Trennung gelitten hatten. Sie hatten den Streit besser ertragen können als die Trennung, und es ging ihnen nach der Trennung schlechter als vorher mit den kleineren Streitigkeiten zwischen den Eltern. Erstaunlicherweise dachten über 90% der Eltern, mit denen ich redete, das Gegenteil. Sie meinten, dass es den Kindern nach der Trennung besser ginge. Es sei nur schwer am Anfang gewesen, aber dann hätten sich die Kinder daran gewöhnt.

Dass diese Kinder auch nach Jahren noch Alpträume hatten und unglücklich waren – davor verschließen wir unsere Augen. Wir wollen nicht sehen, dass wir den Kindern Schaden zugefügt haben, damit wir es nicht akzeptieren müssen.

Die Meinung der Eltern, die sich trennen, dass es für die Kinder besser ist und ihnen gar nicht so sehr schadet, ist zwar populär, aber nach meinen kleinen Recherchen und Gesprächen irreführend und sehr gemein. Sie dient nur dazu, ohne schlechtes Gewissen unser eigenes Leben, und nicht das Leben der Kinder, neu zu gestalten. Schade, dass wir ausgerechnet in diesem Moment den ebenfalls populären Ansatz der antiautoritären Erziehung, dass man, wenn es um das Wohl der Kinder geht, die Kinder selbst entschieden lässt oder sie zumindest fragen muss, ja, dass wir in diesen wichtigen und sonst so beliebte Grundsatz missachten und dann doch lieber autoritär handeln. Wir entscheiden und die Kinder müssen akzeptieren.

Kinder können echten Schaden nehmen, wenn die Eltern sich trennen und einige tragen den Schaden auch ihr ganzes Leben mit sich.

Es lassen sich ganz klar seelische und körperliche Störungen feststellen, sagte mir ein Psychologe, der meine Beobachtungen in einem Gespräch bestätigte. Er meinte: „Es ist grausam und sogar fahrlässig von den Eltern, solch hochnäsige, egoistische Behauptung aufzustellen, dass eine *gute* Trennung bei den Kindern kaum Schaden anrichtet. Das ist keine Liebe zu den Kindern. Das ist Liebe zu sich selbst und nichts anderes," sagte er genervt. Er nannte Studien, die das Gegenteil beweisen, unseriös und tendenziell.

Manche Trennungskinder, die nun selbst Eltern sind, erzählen mir immer noch von ihrem Leid und ihrer Enttäuschung, gerade jetzt, da sie selbst Kinder haben. Sie sind immer noch sauer auf die Eltern, besonders auf den Teil, der die Trennung vorangetrieben hat, weil sie dabei nicht an sie gedacht haben.

Noch schlimmer ist es für die Kinder, wenn die Beziehung in einer Schlammschlacht endet und sie Angst haben, einen Elternteil zu verlieren. Das war für viele meiner Gesprächsteilnehmer sehr schlimm. Sie lebten ständig mit dieser Angst und das tat ihnen weh. Das machte sie unsicher und sie fühlten sich gegenüber anderen Kindern minderwertig. Ein großes Problem für die Kinder ist auch die Scham. Was werden ihre Freunde sagen? Was wird die Umwelt sagen? Die Mitschüler und Sportkameraden, wenn sie das erfahren? Diese Fragen, die wir uns narzisstischen, erwachsenen Eltern nicht stellen, belasten unsere Kinder sehr. Sie fühlen sich alleingelassen und machen sich Vorwürfe: Vielleicht lag es an mir? Vielleicht hätte ich dies und das besser getan oder nicht getan? Vielleicht ist der Streit neulich zwischen Papa und Mama wegen mir der Grund für die Trennung?

Viele Kinder sagten mir, dass sie dann auch andere Ängste haben. Sie haben zum Beispiel Angst, dass ihre Freunde sie verlassen würden, weil es peinlich ist, dass sie ihr Viertel, ihre Schule, ihre Stadt usw. wechseln müssen und dadurch ihre bekannte Umgebung verlassen.

Auf jeden Fall ist eine Trennung für die Kinder eine große Belastung und da kann uns keine Studien das Gegenteil beweisen. Es geht nicht um „mehr oder weniger gut", es geht nur darum, ob die Trennung die Kinder belastet und ob sie darunter leiden. Die Antwort ist für die große Mehrheit der Kinder „ja" und dann möchte ich wissen, wie so viele negative Emotionen in den Kindern eine Heimat finden sollen, ohne ihnen merklich zu schaden? Warum sollen ausgerechnet bei dem Thema Scheidung alle psychologischen Regeln über den Einfluss von negativen Gefühlen auf den Menschen nicht mehr gültig sein? Wie sollen die Kinder mit den negativen Gefühlen fertig werden, wenn man nicht sehr gezielt und aktiv daran arbeitet? Wie viele Eltern arbeiten gezielt daran, dass es ihren Kindern nach der Trennung besser geht als vor der Trennung, wenn sie doch sowieso davon ausgehen, dass es für die Kinder so besser ist?

Da Kinder, besonders wenn es ihnen schlecht geht, oft dazu tendieren, ihre Eltern zu schützen und viele Geheimnisse und Lügen mittragen, können wir ganz ruhig mit unserer Meinung leben. Wir rauben die Energie der Kinder, um unsere eigenen Wünsche und Träume auszuleben. Das ist auch ein Fall von Energievampirismus.

Der Streit innerhalb einer einzigen Welt soll die Kinder nicht belasten, deswegen trennen wir uns. Doch nach der Trennung bekommen die Kinder den Streit richtig zu spüren und müssen nun auch noch zwischen zwei Welten pendeln.

Bewegungs- und Sportmangel, schlechte und ungesunde Ernährung

Bewegung und Sport sind gesundheits-Fördernd, nicht nur bei Erwachsenen, sondern auch bei Kindern. Bewegungsmangel und schlechte Ernährung können dazu Führen, dass es unseren Kindern schlecht geht und dass sie unglücklich sind.

Schon als Baby ist Bewegung für Kinder extrem wichtig. Durch die Bewegung finden Kinder ihr Gleichgewicht und spüren sich. Reflexe werden aktiviert, Muskeln aufgebaut, der Tastsinn wird stimuliert usw.

Wir Eltern müssen zulassen, dass sich unsere Babys aus eigener Kraft bewegen. Das ist sehr wichtig, damit das Baby seinen Körper spürt. Dadurch wird auch die Seele bearbeitet, sagte meine Oma immer. Sie lehnte ab, dass man einem Baby in seiner Bewegung hilft. Das Baby sollte alles alleine machen und dabei anfangen, seine Erfahrungen mit der Motorik zu machen. Es ist bereits bekannt, dass die Grobmotorik und die Feinmotorik auch mit der Sprachenwicklung zusammenhängen.

Später, wenn die Kinder älter sind, entspannt und beruhigt der Sport und er kann besänftigend auf gewaltbereite Kinder wirken. Sport hilft auch in der Schule. Kinder, die sich öfter sportlich betätigen, lernen auch einfacher und ihre Schulnote sind besser.

> **Bewegungsmangel und schlechte Ernährung gefährden die Kindergesundheit und die Eltern tragen dafür die Verantwortung.**

Fettleibigkeit ist mittlerweile zu einem ernsten Problem geworden, nicht nur für die betroffenen Kinder und ihre Familien, sondern für die gesamte Gesellschaft. Die Kinder und ihre Eltern bewegen sich weniger, essen schlecht und werden immer dicker. Der Verzehr von fettreichen Fertiggerichten, von Fast-Food und Süßigkeiten ist mittlerweile die Standard-Ernährung in vielen Familien. Der Bewegungsmangel trägt dazu bei, dass unsere Kinder übergewichtig werden und davon krank und unglücklich werden. Die Eltern sind dafür verantwortlich. Auch dies ist ein Beispiel, wie manche Kinder mit Hilfe der eigenen Eltern regelrecht zum Unglücklichsein gemästet werden.

Ich habe bemerkt, dass Kinder von sportlich aktiven Eltern häufiger Sport treiben, als Kinder von sportlich inaktiven Eltern. Das heißt, es fehlt Kindern, die sich sportlich kaum bewegen, das Vorbild der Eltern für den Sport.

Die Folgen von Sport- und Bewegungsmangel und der falschen Ernährung, die zum Übergewicht führt, sind immens und sehr schädlich für die Kinder. Sie nehmen Einfluss auf die körperliche, seelische und geistige Entwicklung der Kinder bis ins Erwachsenalter: Schwächung des Immunsystems, Müdigkeit, Haltungsschäden, Probleme im Bewegungsapparat (Arthrose, Bandscheibenleiden, Osteoporose) Herz-Kreislauferkrankungen, Diabetes, Bluthochdruck, Herzinfarkt, Arteriosklerose, Schlaganfall, Rückenleiden, Gliederschmerzen, geringere geistige und körperliche Leistungsfähigkeit, Verschlossenheit, Stresserkrankungen, mehr Risiko sich zu verletzen, da die Kraft, die Schnelligkeit, die Beweglichkeit, Reflexreaktionen sinken usw.

Damit sehen wir welche Verantwortung wir als Eltern tragen, falls wir unsere Kinder nicht dazu motivieren sich zu bewegen und ihnen falsche und schlechte Nahrungsmittel geben.

Der Bewegungsmangel und schlechte Ernährung gefährden tatsächlich und wissenschaftlich bewiesen die Kindergesundheit

Wir lassen die Kinder nicht mehr
Kinder sein

Kinderkaffee,
Kinderbier,
Kindersekt und
Kaugummizigaretten

Eine weitere Art, wie wir Eltern unseren Kindern schaden, ist die neue Mode, bereits Kindern Genussmittel der Erwachsenen anzubieten. So ist es bei vielen Kinderfeiern bereits normal, dass Kinderbier, Kinderkaffee oder Kindersekt angeboten werden.

Diese bewusste Programmierung der Nahrungsmittelindustrie, den Kindern schon jetzt ein Erwachsenenbedürfnis einzuimpfen, wird den Kindern schaden. Zum einen sind alkohol- oder koffeinfreie Getränke niemals 100% frei von Alkohol, Koffein und anderen schädlichen Stoffen, zum anderen gibt es keinen Unterschied im Geschmack zu den Getränken für die Erwachsenen. Dadurch gewöhnen sich die Kinder viel zu früh an diesen Geschmack und werden leichter und schneller zu Alkohol, Kaffee oder anderen Drogen greifen.

Durch die Begriffswahl werden in den Köpfen der Kinder bestimmte Verknüpfungen erstellt, zum Beispiel: feiert man eine Party, so gibt es Bier; sitzt man nett zusammen, trinkt man Kaffee; möchte man cool sein, raucht man eine Zigarette. Später, wenn sie älter sind, greifen sie dann natürlich nicht mehr zu Kinderbier und Kaugummizigarette, sondern trinken „echtes" Bier und rauchen echte Zigaretten.

Alle diese Dinge brauchen unsere Kinder gar nicht, aber wir versuchen, sie in unsere Welt zu ziehen und sie zu kleinen Erwachsenen zu machen, anstatt sie in ihrer Kinderwelt zu lassen.

Das überfordert sie, weil sie gleichzeitig Kind und Erwachsen sein sollen, das erzeugt Druck und Verwirrung. So be-

schneiden wir ihre Kindheit, mit allen negativen Konsequenzen, die damit verbunden sind.

Kinder trinken kein Bier, keinen Sekt, kei-
nen Kaffee und sie rauchen eine keine Zi-
garetten.

Die Sexualisierung von Mädchen durch ihren Kleidungsstil

Es schadet Mädchen, wenn man sie zu früh zu Frauen macht, weil sie kein natürliches, entspanntes, wertschätzendes Verhältnis zu ihrem Körper aufbauen.

Bei Mädchen gibt es noch einen anderen Bereich, in dem sie zu früh aus ihrer Kinderwelt gerissen werden, denn ihre Kleidung wird immer aufreizender. Auch hier lassen die Eltern das Mädchen nicht einfach Kind sein, sondern staffieren es als kleine Erwachsene aus.

Die Kleidung ist so übersexualisiert geschnitten, dass es fast normal ist, wenn die Mädchen ihren Körper nahezu nackt zeigen, den Bauch frei tragen, die gerade erst wachsenden Brüste vorführen und der Po kaum bedeckt wird. Man bringt so das Mädchen schon sehr früh indirekt in Kontakt mit Sex, man sexualisiert es, ohne ihm die notwendige Erotik zu vermitteln. Am Ende weiß das Mädchen nicht mehr, was Sexualität und was Erotik ist.

Zum anderen wissen wir nicht, wer hinschaut. Wir setzen die Mädchen der Gefahr sexueller Übergriffe aus, weil dieser Anblick bestimmte Männer anmacht.

Es schadet den Mädchen einfach, wenn man sie zu früh zu Frauen macht, weil sie kein natürliches, entspanntes, wertschätzendes Verhältnis zu ihrem Körper aufbauen können. Es kann zum einen passieren, dass andere sich über sie lustig machen und sie deswegen Komplexe entwickeln, oder sie lernen früh, dass andere ihren Körper als Objekt wahrnehmen.

Auch in diesem Punkt sollten wir Eltern die Kinder unbeschwert Kinder sein lassen.

Liebeskummer und sexuelle Frustration bei Kindern

Kinder können durch schlecht verarbeitete frühkindliche Liebesgefühle und sexuelle Gelüste unglücklich werden.

In Afrika lernte ich sehr früh, dass man mit der Sexualität der Kinder aufmerksam sein muss. Gespräche mit Erwachsenen ließen mich erkennen, dass auch Kinder Liebesgefühle empfinden. Wenn diese negativ verarbeitet werden, dann können sie zu negativen Folgen führen. Es können sich daraus wirklich tiefe, verletzte Gefühle entwickeln, die dann die weitere Persönlichkeitsformung und Entwicklung der Kinder nicht nur in affektiven Bereichen, sondern auch in seelischen und sogar körperlichen Bereichen stark prägen und beeinflussen.

Viele Personen, besonders Frauen, erzählten mir, dass sie bereits in jüngerem Alter das andere Geschlechter anziehend fanden und verliebt waren. Sie sagten, dass sie im Alter von 8, 9, oder 10, 11, 12 schon Lust hatten, einen Jungen zu küssen oder wünschten, dass er sie streichele, so wie Papa und Mama es machten, oder wie sie es im Fernsehen und Internet sahen.

Etliche die sich bei mir meldeten, wollten mir erzählen, wie ihre schlechten Erfahrungen von damals sie negativ beeinflusst hatten.

Einige sahen ihr Selbstbewusstsein und ihren Selbstwert beeinträchtigt. Viele sagten, wie unangenehm das Küssen gewesen war, weil der Junge aus dem Mund stank, und dass sie seitdem sehr pingelig sind beim Küssen und ihre Männer unbewusst danach aussuchen (sie sollen nicht aus dem Mund stinken). Manche erzählten, dass sie ich schlecht fühlten, als die Jungs ihre Finger dahin steckten, wo sie sie aber nicht haben wollten, und dass sich daraus ein seltsames Schamgefühl entwickelte, das bis ins Erwachsenenalter anhielt.

Eine ältere Dame von fast 60 sagte mir in meinem Coaching, dass ihr noch heute präsenter Körperkomplex ausgelöst worden war durch die Aussage eines elfjährigen Jungen mit dem sie im Bett lag und sich gegenseitig streichelte, wie „Papa und Mama". Sie war neun damals. Irgendwann sagte der Junge ihr, dass sie am Bauch zu fett wäre „Du bist zu fett am Bauch, du hast einen Speckbauch". Das ging ihr nicht mehr aus dem Kopf. Sie schämte sich und fühlte sich auf einmal hässlich und wollte nicht mehr, dass jemand ihren Körper sieht. Ab da fing sie mit Diäten an, was ihre Eltern nie verstanden, da sie eigentlich dünn war. Daraus entstanden dann Bulimie und weitere psychische Störungen.

Ein Mann erzählte mir, dass er mit neun schon anfing, Pornofilme zu schauen. Seine Eltern hatten ihm schon mit sieben einen Fernseher ins Zimmer gestellt und mit neun einen Laptop. Er konnte schauen, was er wollte. Einmal sah er im Fernsehen eine Sexszene und imitiert sie. Er guckte im Internet und sah auch, wie Männer es machten. Er probierte es aus und es gefiel ihm. Er fing an, mehrmals täglich Filme zu schauen und zu masturbieren. Eines Tages, mit zehn oder elf, versuchte er, das vor einem Mädchen zu machen. Das Mädchen sagte ihm, dass es eklig und pervers sei. Sie erzählte es ihren Eltern, die wiederum seine Eltern informierten und er wurde scharf gerügt. Er war tief frustriert. Er verknüpfte dann Masturbieren mit Perversität in seinem Kopf und daraufhin entwickelte sich seine Sexualität negativ, aber auch sein Gefühl zu sich selbst. Nur die Tatsache, dass er früh Lust hatte war sein Verhängnis.

Ich könnte noch mehr Beispiele erzählen. Fakt ist, dass manche Kinder durch schlecht verarbeitete frühkindliche Liebesgefühle und sexuelle Gelüste unglücklich wurden.

Die Kinder reden oft nicht mit den Eltern darüber, weil sie es peinlich finden und tragen somit die Schmerzen, Verletzungen und Niederlagen Jahre mit sich. So entstehen später noch viel schlimmere psychische Probleme.

Erfahrungsberichte: Briefe von Eltern und Kindern

Die Namen wurden geändert, aber die Texte sind unverändert, so wie ich sie bekommen habe. Ich habe sie auch nicht korrigiert, damit sie Original bleiben.

Erfahrungsbericht von Kati, aus Israel, 46 Jahre:
„Mein Vater war ein sehr autoritaerer Mensch und wir hatten eigentlich als Kinder nie das Gefuehl, dass er uns will oder liebt"

Hi Coach,

habe Ihre Anfrage auf gofeminin gelesen.

Ich moechte gerne zu Ihrer Studie beitragen, wenn ich das mit meiner folgenden (Lebens)Geschichte kann.

Meine Eltern sind bereits seit einigen Jahren tot. Ich bin 46 Jahre alt und lebe seit 20 Jahren in Israel. Ich bin Mutter von drei Kindern. Meine beiden groesseren Toechter (11 und 7) sind von meinem ersten Mann. Ich habe dann mit 40 Jahren nach der Trennung vom Vater meiner Toechter einen anderen Mann kennen gelernt und es gewagt, nochmal eine Familie zu "gruenden" und habe mit ihm noch einen Sohn.

Wir haben bis vor 2 Monaten als "gluechliche" patchwork Familie gelebt. Bis mein Mann, der, bis er 48 war, nie eine Familie hatte, beruflich sehr erfolgreich ist und es gewohnt ist Entscheidungen alleine zu treffen ohne sich abstimmen zu muessen - seine Koffer gepackt hat und uns mitgeteilt hat, dass er das Konzept Familie nicht mit seinem Lebensstil vereinbaren kann. Er spiele lieber Tennis wenn er wolle und ginge jetzt erst Mal wieder jeden Abend mit den Jungs aus. Er wolle seine Ruhe!

Alles was ich jemals in meinem Leben wollte war aus der Familie, in der ich groß geworden bin, weg zu kommen und meine eigene Familie zu haben.

Ich habe das nie wirklich geschafft. Bzw. ist jetzt zum zweiten Mal meine eigene Familie zerbrochen und ich bin ehrlich gesagt untroestlich.

Ich suche mir die falschen Maenner aus, um das "Projekt Familie" anzugehen.

Ich bin mir sicher das liegt in meiner Vergangenheit.

Ich bin als juengstes von 4 Kindern aufgewachsen. Mein Vater war Professor – meine Mutter gelernte Kinderkrankenschwester, die sich aber um die Familie und den Haushalt gekuemmert hat.

Mein Vater war ein sehr autoritaerer Mensch und wir hatten eigentlich als Kinder nie das Gefuehl, dass er uns will oder liebt. Wir haben ihn eigentlich einfach nur gestoert, waren nie gut genug in irgendetwas und haben "zu viel Geld gekostet". Er hat auch gerne mal zugeschlagen. In unserem Haus war immer eine latente Stimmung von Angst. Wir wussten nie wann "der Alte" nach Hause kommt und wenn, dann musste man vorsichtig sein. Ich konnte so z.Bspl. als 16 jaehrige leidenschaftsvoll in meinem Zimmer auf meiner Gitarre einen neuen Song einueben und ploetzlich ging das Licht aus und der Strom war abgestellt – da mein Vater davon ausging ich hoere eine CD, hatte er die Sicherungen ausgedreht. Dann saß ich da – voller Angst, dass er in mein Zimmer kommt und zuschlaegt – oder auch nicht – je nach Laune, nehme ich an.

Meine Mutter repraesentierte wohl eher die Spießigkeit der gutbuergerlichen Mittelschicht und ging in ihrer Opferrolle voll auf. Sie hat immer schlecht und hinter dem Ruecken meines Vaters ueber ihn geredet. Das war – obwohl er nicht wirklich ein guter Vater war – fuer mich als Kind widerspruechlich und erschien mir nicht richtig. Aufgelehnt hat sie sich nicht – aber sie hatte Macht ueber ihn, indem sie sich mit ihren Kindern gegen ihn verbuendet hat und er das natuerlich auch "wusste".

Meine Mutter hat sich aber auch mit meinen Geschwistern gegen ein anderes Geschwisterteil verbuendet und schlecht ueber ihre eigenen Kinder zu ihren anderen Kindern geredet. Das habe ich, als ich das gesehen habe als einne ganz großen Verrat empfunden. Es gab keine Loyalitaet in unserer Familie. Ich habe heute nur mit einer meiner Schwestern Kontakt. Wir waren immer Freundinnen. Meine andere Schwester pflegt wie meine Mutter schlecht ueber andere zu sprechen und hat versucht einen Keil zwischen mich und meine Lieblingsschwester zu treiben. Ich habe den Kontakt abgebrochen.

Mein Bruder hat sich mit 46 Jahren das Leben genommen. Fuer mich war das ganz klar "Mord". Mein Vater hat ihn in meinen Augen "umgebracht".

Mein Bruder war ein sehr intelligenter und talentierter Mensch – hat es aber nie geschafft, in der Gesellschaft Fuß zu fassen. Er hat nie Anerkennung von meinem Vater erhalten und alles was er gemacht hat war laecherlich oder nicht richtig.

Meine beiden Schwestern haben beide nie geheiratet. Eine lebt alleine und eine meiner Schwestern (meine Lieblings- schwester) hat eine sehr glueckliche Beziehung zu einer Frau.

Ich habe nie erlebt wie eine Beziehung eigentlich aussehen muesste und habe in der Beziehung zu dem Vater der Ma- edchen einen Mann gefunden, der sehr haeufig boese wurde ueber Kleinigkeiten und mich dann wochenlang ignoriert hat. Ich habe ihn verlassen als meine zweite Tochter ein Jahr alt war.

Der Vater meines Sohnes ist dass, was man in Deutschland als einen totalen Macho bezeichnen wuerde.

Um es kurz auf den Punkt zu bringen, fuer ihn verdient der Mann das Geld, die Frau muss schoen und repraesentativ sein, sich um den Haushalt und Kinder kuemmern und kei- ne weiteren Ansprueche haben.

Ich habe hier in einer totalen Abhaengigkeit von ihm gelebt und dann hat er uns einfach Hals ueber Kopf verlassen. Ich war in der Beziehung eigentlich meistens alleine – jetzt fuehle ich mich ehrlich gesagt sogar noch einsamer und to- tal unliebenswuerdig.

Ich hoffe meine Geschichte hat sie nicht gelangweilt und eventuell kann ich einen Beitrag leisten.

Ich sende Ihnen einen freundlichen Gruss aus Israel.

Kati

Erfahrungsbericht von Tina aus Darmstadt, 38 Jahre, Lehrerin: „Die angeblich so selbstlose Liebe meiner Eltern machte mich unfähig und fertig"

Hallo Dantse,

ich möchte so gern meine Erfahrung darstellen, damit die Leser sehen, wie die Erfahrung aus der Kindheit einen Mensch verfolgen kann, wenn er sich nicht davon distanziert.

Ich bin ziemlich unglücklich in meiner Beziehung und mit der Erziehung meines eigenen Kindes.

Erst nach dem ich mit dir geredet habe und mir dazu Gedanken gemacht haben, ist mir klar geworden, dass ich meinem Mann so behandele, wie meine Mutter meinen Papa behandelt hat.

Ich bin mit Worten so verletzend, genau wie meine Mutter es auch ist. Ich benutze sogar fast die gleichen Wörter.

Ich verstehe nun, was mein Freund meint, wenn er sagt, dass meine Mutter gar nicht zulässt, dass er wichtig wird. Meine Mutter ist immer präsent, macht viel für mich, gibt mir viel und so habe ich nie das Gefühl gehabt, dass ich wirklich einen Mann brauche. Ich brauchte meine Mutter und fertig. Dadurch konnte ich meinen Männern nie die Chance geben zu zeigen, was sie für mich tun können, aber dann habe ich sie kritisiert, dass sie für mich nicht da sind. Ich erwarte immer, dass sie alles wie meine Mutter machen, das heißt mir geben, ohne dass ich frage oder brauche. Aber das Problem ist, dass ich es hasse, wenn Mama einfach mich weiter, wie ein Kind behandelt. Ich komme aus diesem Teufelskreis nicht raus.

Hier ist in Stichpunkten die Sache mit meiner Kindheit und Eltern.

Ich weiß nicht, womit ich anfangen soll... Meine Mutter war immer für mich da. Sie hat mich umsorgt und mir viel Aufmerksamkeit gegeben. Als Kind hatte ich mich dafür geschämt, dass sie im Gegensatz zu anderen Müttern so alt war. Als ich dann älter war, war es mir peinlich, dass sie immer im „Interviewstil" mit meinen Freunden und Bekannten kommunizierte.

Meine Eltern als Paar gab es selten. Sie traten immer als Familie auf. Es wurde oft gestritten. Dabei ging es häufig um den Haushalt, um das ewige Fernsehen meines Vaters und seine Familie, von der sich meine Mutter abgelehnt fühlte.

Meine Eltern hatten viele gemeinsame Rituale: Wenn mein Vater von der Arbeit kam, gab es Kaffee und Kuchen/Brötchen, alle Mahlzeiten wurden zusammen eingenommen und sonntags machten wir Familienausflüge nach dem Kirchgang. Ca. alle 8 Wochen fuhren wir zu meiner Oma mütterlicherseits und ab und zu zur Mutter meines Vaters. 1x im Jahr gingen meine Eltern zum Tanzen.

Wenn ich Geburtstag habe, feiere ich momentan mit Freunden und Familie getrennt. Früher haben meine Eltern mei nen Geburtstag organisiert. Ich ließ sie es auch mit 35 noch tun und dachte es wäre Liebe. Aber mein neuer Freund lehnte das ab und meinte wir (ich und er) müssen unsere Geburtstage organisieren und die Eltern einladen. Meine Eltern sahen es als Beleidigung und kamen nicht. Nun kommen sie nur nachmittags zum Kaffeetrinken, wenn mein Freund auf der Arbeit ist und jammern immer, dass ich mich mit fast 40 von ihnen distanziert habe. Ich könnte kotzen.

Bevor ich mit meinem Freund zusammen war (mit 35), verbrachte ich alle Feiertage bei meinen Eltern; nur wir drei und dabei ging alles nur um mich. Eine Stimme sagte mir immer, dass das nicht normal ist. Ich sollte mein Leben haben und meine Eltern ihres.

Momentan telefoniere ich fast jeden Tag mit meiner Mutter. Sie ruft mich ständig an. Mit meinem Vater ab und zu, d.h. ca. 1x/Woche.

Wenn ich sie besuchen will, freue ich mich manchmal, manchmal empfinde ich es aber auch mehr als Pflichtübung. Überwiegend fühle ich mich während des Besuchs gut, aber mich verletzen die spitzen Bemerkungen meiner Mutter. Nach dem Besuch habe ich gemischte Gefühle: Ich bin froh, dass ich sie besucht habe, andererseits ärgere ich mich über bestimmte Bemerkungen.

Die Meinung/Haltung meiner Eltern zu meinem Freund kenne ich und ich versuche die Dinge anzunehmen, die ich für richtig halte. Ich denke aber, dass ich mich unbewusst beeinflussen lasse, auch wenn ich es nicht will.

Sie freuen sich für mich, wenn in der Schule alles gut klappt, wenn ich Kontakte mit Kollegen und Freunden pflege. Sie freuen sich für mich nur dann, wenn ich Erfolge habe.

Ihre Liebe zeigen sie mir durch die Mühe, die sie sich geben, wenn ich zu Besuch komme, indem sich alles um mich dreht, aber vor allem durch Geschenke und Reisemitbringsel. Sie schenken mir zu viel, und obwohl ich auch gut verdiene, schenken sie mir immer noch Geld. Das Problem dabei ist, dass sie bei den kleinsten Problemen singen, wie ich undankbar bin. Nun verstehe ich, dass sie mir so viel geben, um mich abhängig zu halten.

Wenn ich überlege, was mich heute hindert im Leben vorwärts zu kommen, sehe ich die Eigenschaften, die ich von meinen Eltern übernommen habe: Ich habe viele von meiner Mutter: Ihre Kontrollsucht. Mama ist dominant, herrschsüchtig, kann mit Worten verletzen, ist rassistisch. Diese Eigenschaften, die ich unbewusst übernommen habe, haben meine Beziehungen kaputtgemacht und machen auch gerade meine jetzige kaputt. Aber erst jetzt ist mir das alles klar geworden, weil ich mich mit meiner Kindheit auseinandergesetzt habe. Mein Vater hat es mit sich machen lassen aber mein Freund nicht.

Papa kann sich nicht durchsetzen, er ist ein Mitläufer, kann mit Worten verletzen, nimmt keine Rücksicht auf Feiertage, wenn er schlechte Laune hat, er übt keine Solidarität mit mir, nimmt es mit der Treue nicht so genau. Er hatte sich eigentlich aus meiner Erziehung zurückgezogen. Er hat nur

Geld nach Hause gebracht, aber war für mich nie eine Erziehungsautorität. Alles läuft zu Hause, wie Mama es will, auch wenn sie dabei das Wort „wir" benutzt.

Ich war immer darüber traurig, dass er stets ein Ohr hatte für meine Cousine und Cousins, aber nicht für mich. Wenn ich ihm heute etwas anvertraue, erzählt er alles Mama. Ich wünsche mir, dass er nicht mehr so parteiisch für Mama ist; dass er sich neutraler verhält. Und dass er Mama mal die Meinung geigt, stattdessen unterwirft er sich, womit er ihre Macht noch stärkt.

Ich würde mir wünschen, dass meine Mutter versucht, mich zu verstehen, und dass sie sich selber in Frage stellt; sie ist von ihrem Denken und Handeln so überzeugt, dass sie gar nicht auf die Idee kommt, dass es falsch sein könnte. Es wäre schön, wenn sie Fehler einsehen könnte und sich entschuldigt. Auch würde ich mich freuen, wenn sie sich weniger in meinem Leben einmischt. Aber ich schaffe es nicht, ihr das zu sagen. Ich habe ein schlechtes Gefühl, weil sie so viel für mich getan hat. Ich werfe ihr vor, dass sie sich selber nicht in Frage stellt. Sie meint, immer im Recht zu sein. Sie macht ihrer Meinung nach alles richtig, der andere macht alles falsch.

Sie verletzt mich immer wieder mit Worten und drückt mir ihre Meinung auf, auch wenn ich sie gar nicht danach frage. Als ich mit einem Afrikaner zusammen war, hat sie mich als „Negerhure" betitelt.

Ich mache ihr den Vorwurf, dass sie meinen Vater nicht wertschätzt. Mein Vater hat sie als schwachen Mann, Schwächling, Muttersöhnchen, „schlappen Fürsten" beschimpft. Und unverständlicherweise beschimpfe ich meinen Freund mit ganz genau den gleichen Wörtern.

Als ich Kind war, war meine Mutter die Allerbeste: meine Freundin, meine Seelsorgerin, meine Krankenschwester, Opfer der Familie meines Vaters und Opfer der Fremdgeherei meines Vaters.

Heute ist sie für mich die personifizierte Hassliebe, weil ich ihre Vorzüge kenne, aber ihre negative Seite schwer tolerieren kann; manche Sachen sind einfach nicht akzeptabel.

Was mir auch auffiel, ist, dass meine Eltern immer ständig Programm haben. Sie unternehmen viel nach Außen und ich glaube nun zu wissen warum. Daheim können sie nichts mit sich selbst anfangen. Mein Vater ist ständig am Computer, nörgelt, guckt nur Fernsehen und ich weiß, dass er im Bett schlapp ist. Es ärgert mich heute, dass er seiner Familie hörig ist. Er zeigt seine Männlichkeit nur mit Geld und Kaufen.

Ich hatte eine sehr behütete Kindheit und wurde stets gefördert (Flöte, Tanzschule): Ich habe viel bekommen, aber im Gegenzug erwartete man von mir schulische Leistung und Anpassung. Meine Eltern haben viel mit mir zu Hause für die Schule geübt. Wenn ich eine 3 schrieb, war zu Hause Weltuntergangsstimmung. Meine Mutter war sehr fürsorglich, sie erfüllte mir fast jeden Wunsch, aber dadurch wurde ich abhängig von ihr, was mich heute behindert richtig erwachsen zu sein.

Meine Mutter kauft immer irgendetwas, wenn sie meint, ich könnte das gebrauchen, aber ohne mich zu fragen. Am Anfang war es schön und sie war glücklich. Aber als ich schon erwachsen war, war es mir peinlich und ich wollte das nicht mehr. Sie war dann beleidigt. Irgendwann ließ ich einfach alles zu. Auch bringt sie aus Urlauben immer was für mich mit. Meine Mutter ruft fast jeden Tag an. Als ich im Juni mit Kind und Mann auf Grand Canaria war, schenkte sie mir drei weitere Tage auf der Insel, was meinem Freund aber nicht gefiel, da er fand, dass meine Mutter sich in unserer Beziehung sehr viel einmischt. Seitdem ist die Beziehung in Eimer.

Nun habe ich mich entschieden mich abzunabeln und endlich kein Kind mehr von meinen Eltern zu sein, sondern einfach ihre Tochter, die erwachsene Tochter.

Liebe Grüße und viel Erfolg

Erfahrungsbericht von Jens aus Hamburg, 37 Jahre, LKW-Fahrer: „Der Selbstmord meiner Schwester half mir mich richtig abzunabeln"

xxxxx@hotmail.de> schrieb am 16:08 Samstag, 16.Januar 2014:

So werde ich meine Kinder auf jeden Fall nicht erziehen.

Ich habe mich sehr gefreut, als ich deine Anzeige im Internet gelesen habe. Wenn meine Geschichte helfen kann, dann sehr gerne.

Ich bin 37, verheiratet, Vater von 3 Kindern und von Beruf LKW-Fahrer. Ich habe noch zwei Geschwister, Benno und Lisa. Mein Vater ist Osteuropäer (Polen) und meine Mutter ist Dänin.

Erst bei meiner letzten Therapie vor 4 Jahren habe ich es endlich geschafft, mich von Papa und Mama zu lösen.

Nach Außen würde ich sagen, dass meine Kindheit wunderbar war und ich die liebsten Eltern der Welt gehabt habe und habe: sie waren nicht streng, locker, ließen uns tun, was wir wollten. Wir konnten schon sehr früh entscheiden, was wir wollen, wann wir ausgehen, wie lange wir außer Haus bleiben. Sie kauften uns alles, was wir wollten. Dennoch sind wir alle drei seelisch sehr instabil geworden. Sehr fragil. Ich habe schon alles probiert: Horoskop, Hellseher,

Karten, Ratgeberbücher, Yoga, Feng Shui uvm., aber es ist mir nicht besser geworden.

Ich fühlte mich oft müde und ausgelaugt, ich hatte oft fast täglich Bauchschmerzen, Halsschmerzen, Erkältungen, die ich ganz schwierig wieder wegbekam. Ich fühlte mich unwohl, antriebslos, schlecht gelaunt und gereizt, ohne zu wissen warum. Ich war ständig unzufrieden mit mir, mit meinem Aussehen, meinem Körper, meinen Leistungen. Ich wollte etwas haben. Hatte ich es, interessiert es mich nicht mehr und ich wollte das nächste. Solange ich das nicht hatte, dachte ich, dass ich deswegen unzufrieden bin. Ich jammerte bis ich das hatte, aber die Zufriedenheit fand ich nicht. Ich war ständig frustriert, voller Komplexe und, und, und.

Ich hatte nicht die Zeit, mir alles durch den Kopf gehen zu lassen. Und obwohl mein erster Psychologe die Ursache in meiner Kindheit sah, wollte ich bzw. konnte ich die Erziehung meiner Eltern nicht in Frage stellen. Nein, ich hatte Angst zu erfahren, dass meine Eltern vielleicht Fehler gemacht haben. Ich wollte es nicht wissen, bis sich meine Schwester das Leben nahm. Bis dahin schob ich die Gründe meiner Unzufriedenheit auf andere Personen. Ich machte meine Beziehungen, meine Freunde verantwortlich oder es waren Dingen, die ich gern hätte aber nicht besaß, die mich unglücklich machten. So dachte ich zumindest. Meine seelische Schwäche mit meinen Eltern in Verbindung zu bringen lehnte ich vehement und kategorisch ab.

Wie gesagt, erst nach dem Tod meiner Schwester wurde mir alles klar. Sie hinterließ ein Schreiben worin stand: „... Liebe Eltern, eure Liebe hat mich erdrückt. Eure ständige Hilfe hat mich unfähig gemacht. Aus schlechtem Gewissen – da ihr mir alles gabt und immer für mich da wart – konnte ich euch nicht sagen, wie es mir geht. Aber das war nicht richtig. Ihr habt mit „zu viel Geben" und „zu viel Fürsorge" unseren Kritikwillen betäubt, unsere Verteidigung lahmgelegt. Wir sind von Tag zu Tag immer abhängiger von euch geworden. Wir wurden immer schwächer und komischerweise wurdet ihr immer stärker..."

... Danach machte ich eine harte Therapie, wo ich mich das erste Mal bereit erklärte, meine Kindheit näher zu betrachten. Es war krass. Ich bin sicher, dass meine Eltern uns aus Liebe so erzogen haben. Fakt aber ist, dass sie uns dadurch zu denen gemacht haben, die wir geworden sind; nämlich zu Unfähigen.

Ich habe die Therapie erfolgreich absolviert und es geht mir sehr gut und erstaunlicherweise habe ich eine noch bessere Beziehung zu meinen Eltern. Meine Kinder werde ich anders erziehen. Mehr Zeit mit ihnen verbringen, anstatt ihnen zu schnell die „Freiheit" zu geben, lieber konsequent als lasch sein und sie vor allem nicht mit zu vielen materiellen Geschenken an uns festbinden.

Jens

Erfahrungsbericht von Petra, 32 Jahre, Single, Ärztin (wegen Depression nicht berufstätig): „Meine Kindheit und besonders die Erziehungsfehler meiner Mutter sind mit schuld an meiner Depression"

Wenn Du jetzt wieder ein Kind wärst, wie würdest du gerne deine Kindheit haben?

Ich hätte gerne, dass meine Eltern, vor allem meine Mutter, mit mir spielen, sich mit mir beschäftigen. Dass sie gerne mit mir spielen und nicht weil sie es müssen. Wenn meine Mutter mal mit uns spielte, ein Brettspiel oder so, war sie unaufmerksam, es war ihr zu kompliziert und sie ging schnell wieder. Basteln, sagte sie, könne sie nicht, malen, alles konnte sie nicht. Ich möchte, dass sie mir Dinge erklärt und mit mir redet, so richtige Gespräche, Erziehungsgespräche.

Dass man mir sagt, was richtig und was falsch ist. Dass Handlungen Konsequenzen bekommen, positiv und negativ. Dass man mir Werte vermittelt und mich nach Werten erzieht.

Dass mir meine Eltern nicht Angst machen, sondern mir die Angst nehmen. Ich hatte oft Angst. Ich hatte Angst davor, dass jemand unter dem Bett ist. Jeden Abend schauten wir unter die Betten, ob alles ok war. Die Tür musste offen bleiben, sonst schlief ich nicht, ich hatte Angst. Und wenn sie zu war, dann formten sich Dinge in meinem Zimmer zu

Angst machenden Gestalten. Ich hatte Angst davor, in den Keller zu gehen.

Nie nahm mir jemand meine Angst. Nein, man machte uns Angst. Wenn wir nicht in einen Raum gehen durfte, machte mein Vater das Licht dort aus und sagte, da ist dunkel, da dürft ihr nicht rein und sagte irgendwelche Dinge, wodurch wir Angst bekamen. Auch meine Geschwister machten mir Angst, alles lustig, ist klar.

Und ich möchte, dass man mich ernst nimmt. Respektvoller Umgang mit Problemen. Wenn ich weine, dann hat das einen Grund. Wenn ich wütend bin, dann hat das einen Grund. Dass man ernsthaft zu meinen großen Geschwistern sagt, dass sie dies oder das nicht tun dürfen.

Ich würde mir mehr Ordnung und mehr Struktur wünschen, im Tagesablauf, im Haus. Bei uns war immer Chaos. Meine Mutter ist ein Messi. Meinen Ordnungssinn habe ich von meinem Vater.

Dass man gemeinsam zu Abend isst. Vieles wurde getrennt gemacht, weil jeder von jedem genervt war und meine Eltern es nicht schafften, Ordnung und Manieren und Respekt in den Haufen zu bringen. „Der schmatzt." „Der klappert mit der Gabel." „Die macht ihr Bein immer so." Keine Toleranz, keine Gelassenheit.

Ich würde mir wünschen, dass nicht alles so hektisch ist und unter Druck. Alles war immer mit Druck. Mach schneller, beeil dich, als wären wir im Krieg. In einer Großfamilie ist viel los, ja. Aber das heißt nicht, dass man so stressen muss, alles laut und hektisch.

Dass man sich ausreden lässt. Dass man überhaupt normal miteinander redet, und nicht immer nur versucht, Energie zu saugen, den anderen nieder zu machen, zu jammern, zu lästern, sich aufzuspielen, zu prahlen.

Ich würde mir wünschen, dass man mich fragt, was ich will. Was ich wirklich will, weil man mir Gutes tun will. Und nicht, um einen Punkt im Tagesablauf abzuhaken, und ich mit schlechtem Gewissen dastehe, als Last, weil ich drei Minuten gebraucht habe, bis ich mich entschieden habe und dann irgendwas nahm, damit die Sache vom Tisch ist.

Ich würde mir wünschen, dass mir meine Mutter bei meinen Problemen hilft. Mich beruhigt, für mich da ist. Dass sie mich durch all meine schwierigen Phasen unterstützend begleitet, in der Kindheit, in der Pubertät. Frau werden, Jungs.

Ich würde mir wünschen, dass man mich nicht zum Mädchen macht, sondern zur Frau. Immer im Hinterkopf, dass ich irgendwann eine Frau sein werde, sein soll. Ich würde mir wünschen, dass man sanft mit mir umgeht, wenn es um Probleme, um Erklärungen, um Entscheidungen geht. Mehr Ruhe, mehr Gelassenheit. Vor allem seitens meiner Mutter.

Wie hättest Du gerne gehabt, dass sich deine Eltern in dieser Zeit dir gegenüber verhalten? Was hätten sie machen sollen, welche Worte hättest Du gerne gehört?

Mutter:

Lob, Erklärungen, Dinge geben von Herzen, also Liebe zeigen und nicht nur knuddeln und kuscheln und dieses „Komm her, mein Teddybär, mein Miezchen", sondern mir Gutes tun und nicht Dinge für mich tun, die ihr gut tun. Sanftheit, weibliche Erziehung, was macht man als Frau, was nicht, was sagt man, was nicht, Sauberkeit, Ordnung, Pflege, Struktur, wahres Interesse an mir und meinen Gefühlen zeigen, meinen Interessen, meinen Geschmack respektieren, meinen Willen respektieren, bei Problemen Lösungen finden und nicht nur irgendwas schnell gesagt, um der Sache aus dem Weg zu gehen, ist doch nicht so schlimm, geht wieder vorbei, ist nicht wichtig. Dass sie mich in Schutz nimmt und nicht alles zulässt von den älteren. Dass sie klare Worte benutzt. Dass sie nicht lästert, denn das macht sie, auch über andere ihrer Kinder. Dass sie mich nicht provoziert und ärgert, sondern einfach normal und ernst ist, trotzdem gerne humorvoll. Dass sie mich meinen eigenen Willen, Vorlieben und Geschmack entwickeln lässt. Mich belohnt, wenn ich etwas gut gemacht habe, etwas geschafft habe. Durch Worte, durch Taten. Dass sie mir erklärt, dass ich schön bin, so, wie ich bin. Dass sie mir in Ruhe Dinge beibringt. Dass sie nicht nur kocht und Haushalt macht, sondern sich mit mir beschäftigt. Und nicht nur so, wie es ihr gefällt, was sie gerne tut, sondern was mir gut tut.

Vater:

Angst nehmen, stärken, ermutigen, das zu tun, was ich will, mir sagen, dass ich es schaffe, egal, was es ist. Ernste Gespräche mit mir führen, wenn etwas nicht in Ordnung ist, loben, bestrafen, etc. Ich muss dazu sagen, dass mein Vater vieles in meiner Kindheit gar nicht mitbekommen hat, auch in meiner Jugend. Er war arbeiten, und wenn er zu Hause war, hatte er immer viel zu tun, musste sich um vieles kümmern, ich hatte ja auch ältere Geschwister, besonders meine Brüder machten ständig Ärger. Meine „Erziehung" machte zum Großteil meine Mutter. Mein Vater bekam vieles nicht mit, was in der Familie passierte, siehe meine Magersucht und Bulimie.

Heute leide ich an Depression und alle Therapeuten sehen darin einen Zusammenhang mit meiner Erziehung. Ich habe seitdem ich denken kann immer das Gefühl gehabt, dass meine Mutter unglücklich und frustriert ist. Sie kann keine Liebe zeigen. Darunter habe ich schon immer gelitten. Meine Kindheit und besonders die Erziehungsfehler meiner Mutter sind mit schuld an meiner Depression.

Erfahrungsbericht von Unbekannt, 19 Jahre: „Meine Kindheit bestand aus Missbrauch durch meinen Onkel und Mama half mir nicht"

XXXXXX@web.de> schrieb am 8:21 Sonntag, 19.Januar 2014:

Hallo Dantse, ich finde sehr gut, was Sie hier machen.

Hier mein Erfahrungsbericht für das Kinderratgeberbuch. Vielleicht hilft meine Geschichte anderen Menschen.
Meine Kindheit bestand aus Missbrauch vom Onkel.
Täglich angebrüllt, ich durfte keine Freunde haben.
Lief rum wie ein Junge, durfte nicht selbst wählen was ich trug.
Baden war einmal die Woche im Dreckwasser meiner Eltern.
Bei Besuch durfte ich das Kinderzimmer nicht verlassen.
Getränke und Co. wurden weggesperrt.
Ich musste mir alles erarbeiten durch viel Hausarbeit.
Alles musste nach Größe und Farbe sortiert sein.
Ich hatte quasi fast nichts.
Das war mein kleiner Ausschnitt, die Folgen:
Daumennuckeln. Einzelgänger. Ungewollte Magersucht.
Selbstwertgefühl kaum vorhanden. Reiz-Magen-und-Darm.
Schnell gereizt, phasenweise.

Erfahrungsbericht von Melanie aus Stuttgart: „Bin ich wirklich ein Dummerchen? Mit sieben Fraß ich alle meine Fingernagel, mit Fünfzehn wurde ich magersüchtig, Bulimie und Selbstverletzung Folgten"

Ich wuchs als zweitjüngstes Kind einer Großfamilie auf. Meine Mutter wurde selbst von ihrer Mutter minderwertig und schlecht behandelt, hat Zeit ihres Lebens ein negatives Selbstwertgefühl und liebt sich nicht. Mein Vater ist mit Minderwertigkeitskomplexen behaftet, zeigt jedoch Selbstliebe.

Ich war ein friedvolles und liebevolles Kleinkind. Da mein jüngerer Bruder ständig schrie und Aufmerksamkeit brauchte, lernte ich früh, ruhig zu sein und meine eigenen Bedürfnisse zurück zu stecken. Nur so bekam ich die Anerkennung meiner Mutter, später sollte ich als „bravstes Kind von den sieben" bezeichnet werden. Meine Zurückhaltung zeigte sich auch darin, dass ich erst im Alter von dreieinhalb Jahren zu sprechen begann.

Ich hatte als Kind ein ausgeprägtes Schamgefühl. Bereits als Pampersträgerin verrichtete ich mein Geschäft in einer stillen Ecke – und wurde dafür ausgelacht. Schadenfreude, Provokation, Sticheleien, Lästerei, Lügen und Streitigkeiten waren und sind tägliche Vorkommnisse in meiner Familie. Ganz weit vorne mit dabei ist hierbei stets meine Mutter.

Ich gab viel, um Aufmerksamkeit und Anerkennung zu bekommen. Für meinen kleinen Bruder tat ich alles, ich gab ihm und half ihm, meine Mutter nannte mich blöd. Ich gab auch meinen anderen Geschwistern ständig. Wenn etwas von mir verlangt wurde, tat ich das freudig. Selbst wäre ich nie auf die Idee gekommen, etwas von jemandem zu verlangen.

Ich hatte als Kind einen ausgeprägten Gerechtigkeitssinn und teilte vieles, was ich bekam, mit Geschwistern und Freunden. Meine Mutter nannte das dumm. Ich lernte Egoismus und Ungerechtigkeit.

Sowohl ich als auch meine Geschwister waren „Heulkinder". Mangels Aufmerksamkeit und Liebe litten wir alle unter Aufmerksamkeitsdefiziten und Verlustangst und weinten bereits, wenn die Mutter für eine Stunde aus dem Haus war. Mit sieben weinte ich mich über Wochen hinweg jeden Abend in den Schlaf. Vordergründig weinte ich, weil ich ein bestimmtes Spielzeug nicht bekommen sollte, tatsächlich war es die fehlende Zuneigung.

Sätze, die ich häufig in der Kindheit hörte, waren „Stell dich nicht so an", „Heul nicht herum", „Bist du blöd, oder was?", „Das kannst du nicht", „Du bist zu langsam", Bei Vorführungen „Der andere war aber schon richtig gut", „Bist du ein Dummerchen?", „Sei still", „Lass mich jetzt in Ruhe", „Ja, später", „Nein!".

In großer Runde war meine Mutter stets auf ihre Unterhaltung bedacht. Wenn ich dann etwas von ihr wollte, bekam ich selten Aufmerksamkeit. Manchmal unterbrach sie ein Gespräch für mich, um mir dann genervt zuzuhören und sich nach kurzer Zeit wieder ihrem Gesprächspartner zuzuwenden. Manchmal nahm sie mich dann auf ihren Schoß, um mich dennoch nicht zu beachten. Ich wollte immer bei meiner Mutter sein, obwohl ich nie bekam, was ich suchte.

Ich wurde in Angst erzogen, ich hatte vor vielem Angst, am meisten vor dem Bösen. Ich hatte in der Nacht Angst vor Kleidern, die an meinem Schrank hingen und in meiner Phantasie zu bösen Gestalten wurden. Ich hatte Angst davor, dass mich jemand verfolgte, wenn ich abends die Treppe hinaufging, dass mich jemand am Fuß packte und zu Fall brachte. Ich hatte Angst vor meinem Vater, der aufgrund fehlenden Selbstbewusstseins und Durchsetzungsvermögen bisweilen hart und aggressiv war.

Meine Mutter tat alles für mich, was ihr gefiel. Sie machte mir Zöpfe und zog mir hübsche Kleider an. Sie schenkte mir Dinge, die ihr gefielen. Sie tat nie irgendetwas, was mir wirklich gefallen hätte. Sie spielte nie mit mir, sie bastelte nie mit mir. Und wenn sie es doch tat, dann nur für kurze Zeit, ihr Egoismus verhinderte, dass sie sich mir jemals voll zuwenden und mir frei geben konnte.

Vieles, was meine Wahl war, wurde nicht akzeptiert. Viele Dinge tat ich nur, weil mir meine Mutter mit Abneigung drohte. Irgendwann wusste ich nicht mehr, was ich wollte, konnte keine Entscheidungen mehr treffen.

Für meine Mutter war ich ähnlich einer Anziehpuppe. Sie zog mir Kleider mit Schleifen und Rüschen an – und das noch im Alter von zwölf. Meine Mutter sagte mir nie, dass ich schön sei. Das, was schön war, waren die Kleider an mir. Und wenn die ihr nicht gefielen oder nicht zu hundertzwanzig Prozent perfekt saßen, bekam ich ein niederschmetterndes Urteil zu meinem Aussehen. Das, was ich durch diese Urteile über mich lernte, war, dass ich zu dick war, zu lange Beine hatte, zu schlechte Haut, einen zu krummen Rücken, zu kleine Brüste, zu kräftige Oberschenkel, zu breite Schultern. Meine Eltern, speziell meine Mutter, lobten mich nie für das, was ich leistete und konnte. Es wurde nur das, was andere leisteten und waren, anerkannt und erwähnt. Ich fühlte mich minderwertig

Mit fünfzehn wurde ich magersüchtig, Bulimie und Selbstverletzung folgten.

Erfahrungsberichte von Liami, 29 Jahre: „Tagesbuch des Leidens, das Kindheitswort „Fettechen" machte mein Leben zur Hölle"

Warum sag mir meine Eltern nicht, dass ich schön bin? Dass ich nicht fett bin? Warum nennt mich meine Mama immer „mein Fettechen"?

Seit ich Kind war, hieß es immer: Fettechen macht das, Fettechen komm her, du Fettechen, was isst du da gerade? Pass auf nicht noch fetter zu werden, Dickbäuchchen hat es dir geschmeckt? Typisch Liami, hast du ein Baby im Bauch?

Wenn sie mich schon fett sieht und Fett mein Name geworden ist, warum musste sie mir dann immer nur fettes Essen servieren? Kuchen, Wurst ohne Ende, Sahnesauce, Torten, Käse? Ja, sie wollte vielleicht jemanden an ihrer Seite haben, die fetter ist als sie, um sich lustig zu machen? Vielleicht war es für sie die beste Lösung, damit sie sich selbst ertragen konnte? Mit 6 fühlte ich mich, wie der hässlichste Mensch der Welt. Fingerkauen war mein Hobby. Mit 9 fing ich an gelegentlich zu kotzen und das jedes Mal, wenn ich Fettechen genannt wurde. Auf jeden Fall habe ich dieses Wort „Fettechen" gehasst, wie den Teufel und dieses Wort zerstörte mein Leben und machte mich so unglücklich, obwohl ich mit 19 gar nicht fett war, kotzte ich und verletzte mich weiter.

Ein Auszug aus meinem Tagesbuch

14.08.2004 (da war ich 19)

Ich habe das Kotzen gerade eben beerdigt. – Hoffe ich zumindest. Und wenn ich es jetzt einmal wieder geschafft habe, hoffe ich ebenfalls, dass es nicht so schnell (ich bin realistisch!) (am Besten wäre natürlich nie) wiederkommt. Ja, was kann ich sagen? Habe Schmerzen im Bauch. Zwerchfell tut weh. Vom Kotzen. Weil ich ja nicht den Finger in den Hals stecke, sondern Druck mit Zwerchfell und Muskeln auf meinen Magen ausübe. Ich kann nicht mehr. Hilfe, man, bin ich abgebrüht. Ich weiß jetzt auch, warum ich für den Georg keine Gefühle habe. Abgesehen davon, dass ich echt nicht weiß, ob ich mich in ihn verlieben könnte, geht das zurzeit sowieso nicht. Ich kann mich ja nicht in jemanden verlieben, wenn ich mich selbst nicht mag. Und das ist zurzeit der Fall. Ich bin mit mir nicht im Reinen. Habe nichts zu tun und weiß nichts mit mir anzufangen. Dann esse ich, dann schlafe ich, dann esse ich, dann rauche ich, dann pisse ich, dann kacke ich, dann schlafe ich, dann esse ich, dann esse ich, dann esse ich, dann esse ich, dann mache ich Kreuzworträtsel, dann esse ich, dann esse ich, dann schaue ich mir Lebensmittelprospekte an, dann esse ich, dann esse ich, dann esse ich, dann KOTZE ICH. Fertig aus. Soweit bin ich wieder.

Ein weiterer Aufschrieb, ohne Datum (ca. 2004):
Leb doch so weiter wie die ganze Zeit! Leben? Lebe ich noch? Ich mache überhaupt nichts mehr aus meinem Leben. Ich verachte meinen Gott. Jesus. Kein Respekt mehr. Vor

*nichts. Schon gar nicht vor dem Essen. Fressmaschine. Ich
habe keine Lust mehr.*

*Es kann doch nicht sein, dass ich alle paar Tage in ein Loch
falle und wieder fresse und kotze. Außerdem bin ich gerade
krank. Wie kann man nur so schlecht zu seinem Körper
sein? Habe Halsschmerzen und Husten und fresse und rauche. Ich sage jetzt nicht einfach: Das muss sich ändern. Ich
schaffe das sowieso nicht. Am Wochenende soll es regnen.
Habe schon Angst vor dem Wochenende. Bin mir auch gerade nicht mehr so sicher mit Frank. Ich beschwere mich
nie, wenn mir etwas nicht passt. Lasse alles über mich erge-
hen, auch, wenn ich keine Lust auf Sex habe. Ich glaube, ich
fange an, an ihm Sachen zu vermissen, die ich bei Paul hatte. Weiß noch nicht was, aber ich habe da so ein Gefühl.*

*Wo ist nur die Powerfrau, die lernt, Hausaufgaben macht,
Oboe übt, ins Orchester geht, Nachhilfe gibt, Inline Skates
fährt, nicht zu viel isst, schlank oder eher dünn ist? Ich bin
das unsicherste, unsteteste Mädchen überhaupt. Die Gesellschaft meiner Mutter ist nicht gut. Ich hänge zu sehr an
ihr. Mit ihr ist alles so einfach. Ich kann mit ihr reden,
Quatsch machen, wandern gehen. Aber in ihrer Gegenwart
esse ich auch viel.*

*Ich fixiere mich zu sehr auf andere. Was andere tun und
lassen. Mache mich total abhängig. Soll ich mich heute ra-
sieren oder nicht? Das bedeutet so viel wie – sehe ich den
Frank, oder nicht? Immer warte ich auf ein Zeichen von
ihm, wann er Zeit hat. Immer geht alles von ihm aus. Habe
überhaupt kein eigenes Leben mehr. Mache nichts. Sitze*

nur herum, ärgere mich über mich selbst. Esse, kotze, rauche, schlafe. Wundere mich, dass mir meine Zahnfüllungen
herausfallen. Die Säure, die meinen Körper – meinen Mund
– zerfrisst. Ich kann nicht mehr. Liami, du musst zu dir
kommen. Lesen, lachen, Sachen machen.

Lasse mich immer zu sehr von allem treiben. Wie in einem
Fluss. Angebote von anderen nehme ich an. Ich selbst aber
bleibe eine formlose Gestalt. Immer anpassbar, verformbar.
Begeistere dich mal wieder für etwas. Kümmere dich um
dein Leben. Du kannst nicht den Tag damit verbringen, zu
essen, traurig zu sein und in der Angst zu leben, nicht kacken zu können, weil du noch weg musst. Versuchs einfach
mal. Iss heute nichts mehr. Du kannst dich nicht so gehen
lassen. Du siehst doch, was mit dir passiert. Nicht, dass ich
glaube, fett zu werden. Aber deine eigene Unzufriedenheit
wird dich ungenießbar für andere machen. Und nichts essen tut sicher nicht mehr weh, als fressen, kotzen, rauchen
und ein schlechtes Gefühl dabei haben.

Aufschrieb (ohne Datum, ich schätze 2006, da war ich 21):

Ich hasse es, alleine zu sein. Ich könnte zurzeit der glücklichste Mensch sein. Bin es auch. Ich habe einen Menschen
gefunden, den ich liebe, der mich liebt. Immer noch ist da
dieses komische Gefühl, diese Ungewissheit. Ich kann es
noch nicht glauben, dass jemand so gut zu mir ist. Mich
braucht, mich so liebt, wie ich bin. Ich genieße es so, wenn
ich bei ihm bin.
Und sonst? Im Rest meines Lebens zerstöre ich mich selbst.
Ich nenne es „den einfachsten Weg gehen im Leben". Ist es

aber nicht. Es ist der schwierigste, schmerzhafteste, den ich oft einschlage. So wie heute. Ich habe wieder gefressen. Durfte nicht kotzen, wollte es auch nicht. Pille, Antibiotikum.

Frühstück: Halbes Brötchen, Obst

Später: Obst

Mittagessen: 2 Teller Suppe, 2 Teller Salat, 2 Teller Nudeln mit Gulasch

Später: Joghurt, Obst, Kuchen

Abends: Käselaugestange

Nachts: Eine Schüssel Salat, 2 Brötchen, Wurst, Wurst, Wurst, Wurst, Tzatzikisalat, Wurst mit Ketchup (Wurst, die mir nicht schmeckt, die ich sonst nie esse), 1 großes Magnum, Schokolade, Nuss-Nougat-Creme, Brause, Brause und noch mehr Brausepulver.

Ekelhaft. Wenn man keine Probleme hat, macht man sich welche. Keine Zigaretten unter der Woche mehr. Was habe ich eben getan? Geraucht. Wenn man keine Probleme hat, macht man sich welche. Geheult, kann nicht kacken. Bauch wie eine Schwangere. Haut am Bauch spannt schon. Bin ich dumm? In gewisser Weise schon. Kann es niemandem sagen. Frank sollte Schluss machen. Komme mit diesem Doppelleben nicht zurecht. Stummer Schrei. Er ist zu gut für mich. Mache all das Gute kaputt. Stimmungsschwankungen durch die Pille? Vielleicht ist das bei mir so. Morgen mache ich es anders. Ich kann doch nicht immer sagen, dass es besser wird. Habe Angst, dass es wieder so wird, wie letzte Sommerferien. Oder wie an Weihnachten 04/05. Wie und wem soll ich es denn sagen? Frank? Will mich nicht immer so zeigen müssen, als ob ich zu unselbstbewusst, nicht „fertig" bin. Unfähig, mein Leben zu gestalten. Mein Leben angenehm zu leben. So mit meiner Zeit umgehen, wie jeder andere. Die Möglichkeiten hätte ich. Anstatt ein Buch zu lesen, fernzusehen oder so, setze ich mich in die Küche und fresse. Dummes Geschöpf. Komplexe. Angst davor, dick zu sein. Ich habe Angst vor der nächsten Zeit. Davor, dass ich mich nicht einmal zusammenreißen kann, um das zu tun, was mir gut tut. Davor, zu versagen. Zu zeigen, dass ich es nicht auf die Reihe bekomme. Was? Alles. In erster Linie, schlank zu sein. Glücklich zu sein, mit dem, was ich alles habe und immer wieder bekomme. Von ihm. Geschenke in Form von Worten, Gesten, Zärtlichkeit, Liebe.

Und wenn ich dann angefangen habe zu essen, schaltet sich mein Gehirn aus. Bewusstes Essen. Kann ich nicht immer. Versagerin. Genau das ist das Wort, vor dem ich die meiste Angst habe. Ich bin eben noch lange nicht fertig gefertigt. Total manipulierbar. Angst macht mich klein. Wenn ich keine Angst hätte, zuzunehmen, würde ich gar nicht fressen. Ich weiß, dass ich von diesen heutigen 10.000 kcal nicht zunehmen werde. Aber ich glaube daran und diesen Glauben kann ich einfach nicht wegdrücken. Was hast du heute Abend so gemacht? – Ich habe geschrieben. Meine übertriebenen, sinnlosen, bösen, verletzenden Gedanken niedergeschrieben. Wird alles wieder gut. Wird alles wieder gut. Frank, ich liebe dich. Ich bewundere dich dafür, dass du es immer wieder schaffst, einen so glücklichen Menschen aus mir zu machen. Liami in love.

Erfahrungsbericht Nick, 16 Jahre, Schulabbrecher, seit 4 Jahren in ständiger Therapie: „Das Internet zerstörte mein Leben, mit 12 Fingen meine KannibalismusFantasien an"

Im Chat:

Ich: hallo, du willst mit mir über meine Anzeige reden?

Antwort: ja

Ich: wie heißt du denn?

Antwort: Nick

Ich: Hallo Nick, wie geht es dir?

Nick: so lala

Ich: nicht so gut meinst du?

Nick: kann man sagen

Ich: wie alt bist du?

Nick: 16 aber nicht mehr lange

Ich: wie kamst du auf mich?

Nick: habe Ihre Anzeige im Internet gelesen

Ich: du kannst mich duzen, Nick. Was beschäftigt dich?

Nick: na ja wollte einfach so reden

Ich: bist du krank?

Nick: wieso?

Ich: Du schreibst mit mir jetzt. Es ist 10. Du solltest doch in der Schule sein

Nick: nee

Ich: nee, dass du nicht krank bist?

Nick: zur schule gehe ich nicht mehr

Ich: machst du dann eine Ausbildung

Nick: abgebrochen

Ich: warum?

Nick: keine Lust

Ich: einfach so keine Lust? Und was sagen deine Eltern

Nick: wohne nicht mehr bei ihnen

Ich: warum?

Nick: wohne in einem betreuten Wohnheim

Ich: wie lange schon?

Nick: ein Jahr

Ich: warum? Willst du nicht mehr zu deinen Eltern?

Nick: nee

Ich: warum?

Nick: will nicht halt

Ich: wie kamst in dieses Wohnheim?

Nick: Der Arzt wollte es so

Ich: der Arzt wollte es so, aha. Warst du dann vorher krank?

Nick: bin immer noch

Ich: welche Krankheit denn?

Nick: psychisch.

Ich: kannst du mir vielleicht davon erzählen?

Nick: was willst du hören?

Ich: warum du sagst, dass du psychisch krank bis

Nick: ich bin es halt, so wie sie sagen

Ich: warum sagen sie das?

Nick: weil ich mich selbst verletze und andere auch

Ich: wie lange tust du das schon?

Nick: ich weiß nicht

Ich: wie hat es angefangen?

Nick: ich weiß nicht.

Ich: was sagen sie denn, wie es angefangen hat?

Nick: sie sagen, dass es vom Internet kommt

Ich: warst du viel im Internet?

Nick: ja

Ich: was haben deine Eltern gesagt?

Nick: sie haben mir doch den Laptop geschenkt

Ich: ich verstehe. Mit dem Laptop bist du dann viel im Internet gewesen?

Nick: Ja aber auch vorher schon

Ich: wie alt warst du?

Nick: als ich den Laptop bekommen habe oder als ich das erste Mal im Internet war?

Ich beides

Nick: Laptop war ein Geburtstagsgeschenk, ich war 8 oder 9. Im Internet schon mit 5 oder so.

Ich: durftest du allein ins Internet gehen?

Nick: ja

Ich: haben Papa oder Mama nicht geschimpft, als du so viel im Internet warst?

Nick: ich war allein in meinem Zimmer

Ich: wie viel Mal warst du im Internet in der Woche?

Nick: ich war jeden Tag im Internet

Ich: jeden Tag?

Nick: ja.

Ich: wie lange am Tag?

Nick: schon morgens früh, vor der Schule und nach der schule auch

Ich: deine Eltern haben nichts gesagt?

Nick: morgens vor der schule, wenn sie schlafen und am Tag waren sie oft **nicht da.**

Ich: was machen deine Eltern?

Nick: beide sind Ärzte

Ich: sie waren nicht mal an deinem Laptop, um zu sehen, was du so machst?

Nick: nicht wirklich.

Ich: wolltest du nicht mit Papa spielen?

Nick: er sagte immer, dass er müde ist und seine Ruhe will. Über diese Arschlöcher möchte nicht reden. Sie haben mir mein Leben zerstört

(Ich konnte seine Aufregung spüren)

Ich muss weg.

Ich: nick du wolltest mir doch noch viel erzählen

Nick: ich muss weg. Ich darf eigentlich nicht an den Computer, wenn sie mich erwischen

Ich: kannst du mich dann anrufen? Oder ich rufe dich an. Wann pass es dir denn?

Nick: ich rufe dich dann

Ich: okay hier ist meine Nummer 017xxxxxxx.

Am gleichen Tag am Abend rief er tatsächlich an und erzähle mir zusammengefasst seine Geschichte. Ich versuche, soweit ich kann, alles in seinen eigenen Worten wiederzugeben:

„Ich hasse meine Eltern. Ich hasse sie, ich hasse sie. Hätten sie mir den scheißen Laptop und das Handy nicht gekauft wäre ich nicht so gewesen. Ich habe immer nur Videos gesehen und Spiele gespielt. Dann einmal kam eine Werbung und ich musste ok klicken, damit sie wieder weggeht. Aber danach kamen Bilder von Frauen und Männer, die nackt waren und komische Sachen machten. Am Angang gefiel mir das nicht, aber diese Werbung schaltete sich immer wieder allein. Ich konnte nichts tun. Mit der Zeit fing ich an auch an mir rumzumachen, wie sie auch und Irgendwann mal wollte ich mich auch verletzen, um mein Blut zu lecken, wie sie auch. Das Internet zerstörte mein Leben, mit 12 fingen meine Kannibalismusfantasien an …"

Ich verzichte darauf, die Geschichte weiter zu erzählen aber es war so, dass er sich so seine Fantasien von Kannibalismus entwickelten. Und irgendwann mit 12 oder 13 fing er an, die Schule zu schwänzen und sich ständig schmerzvoller Befriedigung zu unterziehen. Mit 14 dann versuchte er, mit seinen Zähnen ein Stück von sich abzutrennen und zu essen. Das tat ihm so weh, dass er vor Schmerzen laut schrie. Die Eltern wurden alarmierte und im Krankenhaus wurde dann die seelische Störung festgestellt. Er durfte seitdem nicht mehr zu den Eltern.

Erfahrungsberichte von Robert, 36 Jahre, Bauingenieur: „Die exzessive körperliche Gewalt meiner Mutter machte mich extrem gewalttätig und gefühlskalt"

Hallo Herr Dantse,

Ich arbeite seit 8 Wochen mit dir. Gerne schreibe ich dir meine kurze Geschichte auf, die du für dein Buch nutzen darfst.

Meine Mutter hat mich ständig geschlagen und schon mit sieben habe ich angefangen mich zu wehren und sie zurück zu schlagen. Mit 12 haben wir richtig gegeneinander gekämpft mit blauen Flecken. Alles war schlimmer, als sie einen neuen Freund hatte, der mich hasste und ich ihn auch. Er war auch gewalttätig, aber er hat mich nie geschlagen. Er schlug meine Mutter brutal und meine Mutter schlug zurück. Eines Tages schlug er meine Mutter und vergewaltigte sie. Ob es wirklich so war, kann ich nicht 100% bestätigen aber so empfand ich es. Meine Mutter weinte zum ersten Mal seitdem ich sie kannte und der Mann war weg.

Als ich 17 war, kam es wieder zu einer heftigen komischen Schlägerei. Zum ersten Mal war ich stärker als meine Mutter. Ich spürte in mir die Lust sie zu vergewaltigen, wie der Mann vor zwei Jahren. Ich wollte, dass sie auch weint. Dass sie endlich mal für mich weint. Dass sie Leid und Schwäche zeigt. Ich war wie im Wahn. Sie lag auf dem Boden und verteidigte sich. Ich wollte einfach, dass sie nachgibt und akzeptiert, dass ich stärker bin. Je mehr sie sich verteidigte, desto stärker wurde mein Verlangen. Kurz bevor ich meine Hose auszog, kam ich wieder zu mir. Ich schrie vor Wut, stand auf, ging in mein Zimmer, packte eine paar Sache und verschwand. Ich kam nie mehr zurück. Diese Erfahrung beeinflusste meine Beziehungen zu Frauen. Ich wollte sie immer nur gewaltsam nehmen. Erst eine lange Therapie und dein Coaching halfen mir, dieses unschöne Gefühl in den Griff zu bekommen. Aber, wie du weißt, fühle ich mich bis heute, mit 36, noch nicht ganz frei. Ich bewege mich fast nur noch im SM-Milieu, wo ich Sex mit Männern habe, obwohl ich nicht schwul bin. Ich spüre keine Liebe, kein Gefühl. Ich möchte auch nicht geliebt werden. Das fühlt sich komisch an, sehr komisch.

Erfahrungsbericht von Carmen, 32 Jahre, ein Interview:

„...Dass sie mir einmal im Leben sagt, dass sie mich liebt, dass sie stolz auf mich ist, dass sie mich in den Arm nimmt, dass sie auch mal irgendwie sagt, oh heute siehst du aber hübsch aus! Das erwarte ich von Mama."

Wann warst du das letzte Mal bei deinen Eltern? Wie oft bist du da? Sind die immer beide da, wenn du da bist?

Heute war ich das letzte Mal dort, höchstens einmal die Woche, meistens eher alle zwei Wochen. Manchmal ist nur meine Mutter da, manchmal nur mein Vater, teilweise beide.

Wie oft telefonierst du mit deinem Vater und/oder mit deiner Mutter in der Woche?

Mein Vater gibt mich meistens gleich weiter an meine Mutter wenn ich anrufe, weil er keine Zeit hat. Mit meiner Mutter so einmal die Woche, aber sie ruft mich eigentlich nie an, es muss schon von mir ausgehen.

Wenn du sie besuchen willst, wie fühlst du dich davor?

Inzwischen freue ich mich darauf, weil unser Verhältnis besser geworden, sie hat auch meistens gute Laune wenn ich komme.

Wie fühlst du dich während des Besuches?

Wenn sie gut gelaunt ist fühle ich mich glücklich, wenn die Stimmung nicht so besonders ist, fühle ich mich sehr unwohl und nicht erwünscht, ich gehe dann normalerweise auch relativ schnell wieder, bzw. gehe noch zu meinem Vater ins Büro und rede dann lieber mit ihm.

Wie fühlst du dich nach dem Besuch?

Wenn alles gut lief, fühle ich mich sehr gut, wenn die Stimmung gedrückt war, fühle ich mich sehr traurig.

Wie wichtig ist für dich die Meinung deiner Eltern und welchen Einfluss haben sie auf dich, dein privates Leben, deine Arbeit?

Die Meinung meiner Eltern ist mir schon sehr wichtig,

Meine Mutter ist z.B. zu vielen meiner Freunde am Anfang sehr unfreundlich gewesen, ich hatte dann das Gefühl das sie mich bei der Wahl meiner Freunde beeinflussen will, sie hat immer gesagt ich soll mir einen Arzt oder einen Anwalt suchen, der viel Geld nach Hause bringt.

Ich habe aber auf mein Herz gehört, das Geld war mir nicht wichtig.

Ich denke auch, dass meine Mutter mir meinen Job als Teamleiterin nicht wirklich zutraut.

Wann und wie freuen sie sich für dich und zeigen es? Wie zeigen sie dir, dass sie dich lieben?

Meine Mutter zeigt es nicht wirklich, dass sie sich für mich freut. Bzw. hat sie mal gesagt, dass das toll ist, als ich den neuen Job hatte. Mein Vater freut sich auch nicht so richtig, aber wenn ich ihm z.B. erzähle, dass ich befördert worden bin, sagt er z.B.: „Echt!" und lächelt dabei.

Dass sie mich lieben… vielleicht dadurch, dass mir meine Mutter immer zuhört, wenn ich sie anrufe, oder dass sie extra einen speziellen Kuchen backt, den auch ich essen kann (weil ich nicht alles vertrage). Sie hat beim Tapezieren geholfen, ich denke irgendwie, dass sie mir dadurch ihre Liebe zeigt.

Bei meiner Mutter dachte ich auch lange Zeit, also früher, dass sie mich nicht liebt, mein Exmann hat mal zu mir gesagt, ich bin aber nicht sicher ob das stimmt, das mein Vater zu ihm gesagt hätte, meine Mutter mag mich nicht besonders, weil ich meinem Vater so ähnlich bin.

Mein Vater freut sich immer sehr, wenn ich komme, ich habe das Gefühl, dass ihn das glücklich macht, wenn ich da bin, irgendwie spüre ich, dass er mich liebt, ich habe das Gefühl, dass er ein bisschen stolz auf mich ist.

Wenn du dich jetzt siehst, wie du bist und dich mit deinen Eltern vergleichst: Welche Eigenschaften hast du mehr von welcher Seite?

Viele negative Eigenschaften. Es gab wenig positive.

Meine Angst, und die vielen Gedanken, die ich mir über das, was andere Menschen denken könnten, mache, habe ich von meiner Mutter. Das geringe Selbstbewusstsein spiegelt sich ein bisschen in ihr.

Von meinem Vater habe ich die Gutmütigkeit und die Freundlichkeit, er liebt Tiere, ich auch.

Mein Vater ist manchmal sehr cholerisch und neigt dazu sich aufzuregen, er vertritt seine eigene Meinung nicht, sondern stimmt schnell der Meinung von anderen zu, ich denke um seine Ruhe zu haben. Er ist meiner Meinung nach manchmal ein bisschen faul, er hilft meiner Mutter überhaupt nicht im Haushalt.

Wenn er mit meiner Mutter schlecht auskommt, sucht er die Schuld immer bei ihr.

Meine Mutter ist oft, ich würde sagen meistens, schlecht gelaunt, man sieht das auch sofort an ihrem depressiven Gesicht, beide sind nicht sehr herzlich.

Ich wäre gerne so Selbstbewusst und klug wie mein Vater, aber er hat sich kaum um mich gekümmert. Meine Mutter wollte alles machen, alles kontrollieren und mein Vater zahlte nur. Schade.

Meine Mutter ist sehr fleißig und klug, ich denke diese Eigenschaften hat sie mir auch weitergegeben.

Was würdest du von deinem Papa erwarten, was fehlt dir? Deine Wünsche an ihn.

Dass er einmal sagt, das, er stolz auf mich ist, auf das was ich geworden bin und erreicht habe, trotz der vielen Steine, die auf dem Weg waren, dass er mich mal in den Arm nimmt, dass er vielleicht mal anruft und fragt wie es mir geht.

Wenn du deinem Vater Vorwürfe machen dürf-test/könntest/müsstest, welche würdest du machen? Mache hier bitte ehrlich deinem Ärger Luft.

Ich bin sehr traurig dass ich in die Streite mit meiner Mutter mit einbezogen wurde, dass er mit mir darüber gesprochen hat.

Dass er mich auf seine Seite gezogen hat und meine Mutter für mich die Böse war. Dass er in der Versammlung nicht für Klarheit gesorgt hat, als meine Mutter nicht mehr mitkam, sondern die Leute auf uns zukamen und wir „kleinen Kinder" antworten mussten, was mit unserer Mutter los ist.

Ich denke manchmal, vielleicht hätte er mehr für meine Mutter da sein müssen, sich mehr nach ihren Gefühlen erkundigen müssen, auch wenn sie nicht drüber spricht, es nicht einfach abzutun, sondern dran zu bleiben, weil er sie liebt.

Dass er mir nicht genügend Kraft gegeben hat, damit ich keine Angst vor den anderen Menschen habe.

Was würdest du von deiner Mama erwarten, was fehlt dir, deine Wünsche an sie.

Dass sie mir sagt, dass sie mich liebt, dass sie stolz auf mich ist, dass sie mich in den Arm nimmt, dass sie auch mal irgendwie sagt, oh heute siehst du aber hübsch aus!

**Wenn du deiner Mutter Vorwürfe machen dür-
fest/könntest/müsstest, welche würdest du machen Mache
hier bitte ehrlich deinem Ärger Luft.**

Ich bin wütend, weil sie oft so gemein zu meinem Vater
war, weil sie schlecht über ihn redete, weil sie uns immer
sagte, er sei ein Versager, uns erzählte, dass er im Job gehänselt wurde, weil er nichts konnte, dass Bilder von ihm,
auf denen er klein und fett war, ohne sein Wissen in der Öffentlichkeit verbreitet wurden. Ich bin wütend, weil sie so
laut geschrien hat, dass ich immer alles mitbekommen habe. Heute würde ich sagen, dass sie ihn gemobbt hat. Ich
bin wütend, dass ich ständig das Gefühl habe, dass sie unglücklich ist, dass sie nie mit mir das Gespräch gesucht hat,
als diese Ängste in mir hochkamen, vor Krankheiten usw.,
dass sie mich fast nie in den Arm genommen hat, und mir
keine Wärme gegeben hat. Ich bin wütend, dass sie einmal
zu mir gesagt hat, sie will mich nicht mehr dahaben.

Ich finde es nicht gut, dass sie mir ständig geraten hat, bloß
keine Kinder zu kriegen und mir damit das Gefühl gegeben
hat, dass ich ungewollt bin.

**Beschreibe, wie du deine Eltern als Kind gesehen hast
und wie du sie nun als Erwachsene siehst? Was hat sich
verändert?**

Mein Vater war immer meine Bezugsperson, weil ich bei
ihm das Gefühl hatte, dass er mich wollte und auch geliebt
hat. Ich habe ihn sehr angehimmelt. Meine Mutter hat bei
mir durch ihre viele *Traurigkeit auch Traurigkeit ausgelöst,* ich
habe mir als kleines Mädchen immer sehr gewünscht, dass
sie glücklich ist.

Jetzt sehe ich das alles etwas neutraler, da ich es nicht mehr so viel mitbekomme.

Nach deinem Urteil, lieben sich deine Eltern?

Nein, ich denke nicht, dass meine Mutter meinen Vater liebt, ich denke, sie ist nur mit ihm zusammen, weil sie denkt, von ihm abhängig zu sein. Umgekehrt denke ich, dass mein Vater meine Mutter sehr wohl liebt.

Erfahrungsbericht: Kindheitserfahrung eines 15-Jährigen mit Gewalt, ausgerechnet an Weihnachten

Es war an einem Sonntag im Dezember. Zusammen mit meiner Familie war ich morgens in der Kirche und nachmittags gingen wir auf eine Benefizveranstaltung des Musikvereins. Mein Vater blieb zu Hause an dem Tag, er war krank. Meine Mutter unterhielt sich den ganzen Nachmittag angeregt, meinem Bruder und mir war langweilig.

Nach der Aufführung inspizierten wir also den Saal und das Gebäude, schauten einmal hinter diese Tür und in jenen Raum und sahen uns die Bühnenkonstruktion genauer an. Meine Mutter war sauer, als sie uns auf der Bühne sah.

Nach der Weihnachtsfeier verlangte meine Mutter von uns, dass wir unserem Vater erzählen sollten, was wir angestellt hatten. Wir sagten, dass wir uns das Gebäude angesehen hätten. Meine Mutter sagte, dass das nicht stimme, sondern wir an der Bühnen- und Scheinwerferkonstruktion Faxen gemacht hätten. Wir waren genervt von unserer Mutter, sahen uns ungerecht behandelt und wollten sie daher provozieren. Deshalb sagten wir, dass wir ein Wettrennen auf der Scheinwerferkonstruktion gemacht hätten. Unser Vater wurde wütend, schrie uns an und sagte, dass wir rotzfrech seien und er sich solche Provokation nicht bieten lasse. Als wir gelassen sagten, dass wir sie provozieren, weil sie uns auch provozieren, wurde er noch wütender.

Ich erinnere mich an seinen roten Kopf, sein aggressiv-verzerrtes Gesicht, wie er spuckte beim Reden. Ich spürte, dass wir zu weit gegangen waren, doch es war zu spät. Mein Bruder bekam einen heftigen Schlag mit einer Latte auf die Backe und rannte blutend weg. Ich wollte ebenfalls aus dem Raum laufen, doch mein Vater hatte bereits den Handfeger in der Hand und ich bekam eine Tracht Prügel. Danach beschimpfte er uns als Fehlgeborene, Ratten, wir gehörten zum Teufel, niemand könne uns lieben. Die Schläge hatten mir nicht so wehgetan, aber die Wörter taten sehr weh und tun immer noch weh.

Wenn ich traurig bin, sage ich mir, dass niemand mich lieben kann. Ich bin schlecht. Was kann ich tun, damit ich diese Worte nicht weiter höre? Sie machen mich kaputt. Wenn ich nur daran denke, habe ich keine Kraft mehr etwas zu machen. Mein Papa ist wieder lieb geworden, aber die Worte gehen nicht weg. Ich merke nur, dass ich auch verbal so gewalttätig bin. Ich kann mich, wenn ich sauer bin, nur mit Beleidigungen der schlimmsten Sorte verteidigen. Ich spüre Wut in mir, aber ich weiß nicht, woher das kommt. Es geht mir nur gut, wenn ich getrunken und geraucht habe. Was für ein Leben?

Spezial: Eltern und Haftung bei schlechter Erziehung

Eltern müssen belangt werden und Schadensersatz leisten, dafür dass sie durch ihren Erziehungsstil ihre Kinder krank gemacht haben

Kinder sind den Eltern schutzlos ausgeliefert. Beschimpfst oder beleidigst du einen Passanten, kann er dich anzeigen und du wirst bestraft. Wer schützt dann die Kinder vor täglichen Beschimpfungen oder Beleidigungen von den Eltern?

Warum müssen das Opfer selbst oder die Allgemeinheit für Fehler zahlen, die wir Eltern gemacht haben?

Wenn der Bundesgerichtshof entscheidet, dass Kinder für Eltern trotz fehlenden Kontakts zahlen müssen, müssen wir auch überlegen, ob nicht Schadensersatzansprüche gegen Eltern angebracht wären, wenn Kinder kaputt, unfähig und zu gesellschaftlichen Problemen geworden sind, weil ihre Eltern sie verlassen haben oder nie anwesend waren.

Wenn per Gesetz Kinder für ihre Eltern aufkommen müssen, wenn diese nicht mehr können, ist für mich nur logisch, dass die Eltern per Gesetz auch für die Kinder aufkommen müssen, wenn diese, wegen Schäden, die erwiesenermaßen aus ihrer Kindheit stammen, nicht mehr können.

Man kann heute nicht sagen, ich wusste nicht, dass…

Die Menschen von heute haben alle Informationen darüber, was den Kindern schaden kann und wie Kinder unglücklich werden. Es gibt Fachleute, Fachliteratur, wissenschaftliche Studien darüber, trotzdem schaffen wir es nicht, unseren Kindern eine glückliche Zukunft zu gewähren. Das ist eine Verletzung der Sorgepflicht von Menschen, die sich als die intelligenteste Generation seit es die Welt gibt und die klügsten Lebenswesen der Natur sehen. Wir haben keine Entschuldigung dafür und können heute nicht sagen, dass wir zum Beispiel nicht wussten, dass Kinder zu schlagen, sie den ganzen Tag vor den Fernseher oder vor Computerspiele zu setzen, sie ständig zu beschimpfen, keine Grenzen aufzuzeigen, ihnen die Liebe zu verweigern oder sie zu überbehüten, dazu führen könnte, dass die Kinder morgen ihr halbes Leben nur in Therapien verbringen. Nein, heute können wir nicht mehr sagen, dass wir es nicht wussten. Wenn man einen Schaden auf der Straße verursacht, weil es geregnet hat und man nicht wusste, dass die Straße rutschig ist, muss man trotzdem dafür haften. Auch wenn ich das Schild „Einbahnstraße" nicht gesehen habe und deswegen in falscher Richtung fahre, ist und bleibt meine Handlung trotzdem eine Gesetzeswidrigkeit. Ich muss selbst dafür sorgen, dass ich die Gesetze kenne, würde die Polizei sagen und mir Strafe verordnen. Unwissenheit schützt vor Strafe nicht! Unkenntnis schützt vor Schaden nicht. Genauso ist es auch bei der Kindererziehung. Die Kindheit eines Kindes ist so wichtig, dass wir Eltern mit unseren Taten und Handlungen während dieser Phase sehr sorgfältig umgehen müssen. Die Kinder sind 100% auf uns angewiesen, sind uns gegenüber schutzlos und müssen sich 100% auf uns verlassen können. Wir gestalten in dieser Phase des Lebens der Kinder ihre Zukunft.

Nachdem wir nun gemeinsam gelesen haben, warum unsere Kinder immer unglücklicher werden und wie wir mit unseren Handlungen dies befördern, ist die Forderung berechtigt, dass Eltern mithaften müssen für Schäden, die entstanden sind, weil sie die Kinder nicht richtig erzogen haben.

Viele Erwachsene leiden heute und schaffen es nicht mehr, die Kontrolle über ihr Leben wieder zu erlangen, weil sie eine schlechte Kindheit hatten. Nicht alle schaffen es durch Therapien zurück ins Leben, zurück zum Glück zu kommen.

Mithaften heißt für mich zum Beispiel, dass die Eltern sich an Therapiekosten beteiligen, oder diese gar voll tragen, dass sie die Kosten übernehmen, wenn Kinder durch diese unglückliche Kindheit seelisch und körperlich so zerstört und kaputt sind, dass sie in der Gesellschaft nicht mehr ankommen, keinen Beruf ausüben können und somit manche Ausgabe selbst nicht mehr zahlen können. Das sind nur ein paar Beispiele von vielen.

Es geht darum, dass die Eltern per Gesetz gezwungen werden, mehr für ihre Kinder, das heißt für die Gesellschaft, zu tun. Zwar werden viele sagen, man kann Kinder nicht per Gesetz erziehen, was auch wahr ist, aber man kann durch bestimmte Aktionen die Eltern dazu bringen, sich mehr mit der Erziehung ihrer Kinder zu beschäftigen. Wir alle sehen, dass manche Gesetze zum Schutz der Kinder die Lage der Kinder wirklich verbessert haben. Wir sehen heute, dass die Gewalt an Kindern drastisch abnimmt. Mit einem Gesetz kommt automatisch auch eine Sensibilisierung, die sehr notwendig ist. Ja, es geht darum, die Sensibilisierung und Aufmerksamkeit zu wecken und das Gesetz kann das sehr gut ausrichten.

Viele Menschen, die heute Therapien machen und von Psychologe zu Psychologe pilgern, sich ständig mit Horoskopen, Esoterik, Yoga, Feng Shui beschäftigen, sind zum großen Teil nur Opfer des Erziehungsstils der Eltern.

Es kann nicht sein, dass Eltern sich erlauben können, mit Kindern zu tun, was sie wollen und sich heraushalten, wenn die Kinder leiden. Mit ein bisschen Bemühung und gesunder Liebe können wir zwar nicht alles beseitigen, aber unseren Kindern wichtige Werkzeuge geben, mit denen sie Morgen erfolgreich gegen kommende Schwierigkeiten kämpfen werden. Ja, das können wir, und wenn man es nicht kann, muss man es lernen, wer das nicht tut, sollte auch dafür haften. Er sollte für die Folgeschäden haften und nicht die Opfer (Kinder) und die Allgemeinheit.

.

Aufstand der Kinder - BAND 2:

Tipps, Tricks und Geheimnisse für eine liebevolle Erziehung von Kindern und Erwachsenen, mit praktischen, anwendbaren Fallbeispielen mit sofortigen positiven Ergebnissen, auch bei harten Fällen

Jetzt haben wir viel darüber gelernt, was wir falsch machen. Im zweiten Band geht es darum, wie wir unsere Kinder stark, gesund, und glücklich machen und sie für alle Eventualitäten des Lebens ausrüsten.

In diesem Buch erfährst du Lösungen, die du noch nicht kennst und erfährst neue, unkonventionelle, afrikanisch inspirierte Ansätze, die sehr effektiv sind und dir im Alltag helfen.

Anhand vieler praktischer Fallbeispiele werde ich zeigen, wie Erziehung gelingen kann. Ich biete Lösungen zu vielen alltäglichen und grundlegenden Fragen aller Eltern, zum Beispiel:

- Wie beugt man vor, dass Kinder später anfällig sind für Depressionen?
- Wie „zähme" ich ein Kind, das mich terrorisiert?
- Wie bekommt man kleine Diktatoren in den Griff?
- Wie erreicht man, dass Kinder auf einen hören?
- Wie bringe ich meinen Kindern Respekt bei?
- Wie kann ich meinem Kind helfen, seine Ängste zu überwinden und selbstbewusst zu sein?
- Wie kann ich meinem Kind beibringen, sich selbst zu lieben und sich so zu akzeptieren, wie es ist?
- Wie bringe ich meinem Kind bei, mit Druck aus Gesellschaft, Schule, Freunden oder Sport zurechtzukommen?
- Wie bringe ich meinem Kind bei, klare Grenzen zu setzen, aber gleichzeitig offen und freundlich zu sein?
- Wie gehe ich mit meinen Kindheitserfahrungen um?
- Wie verarbeite ich negative Erlebnisse und Prägungen?
- Wie nabele ich mich von meinen eigenen Eltern ab, um mein Kind frei vom alten Familienballast erziehen zu können?
- Was soll ich beachten, damit ich meine negativen Erfahrungen nicht weitergebe und mein Kind dadurch negativ programmiere?

Der zweite Band wird voraussichtlich im Herbst 2016 erscheinen. Nähere Informationen unter www.indayi.de

Weitere Bücher des Autors

Dantse Dantse (Text)
Marah-Noussi Dantse (Bilder)

„Der weise, alte Fuchs Sikati und der undankbare, dicke Hase Hansi. Warum Füchse Hasen jagen und sich Hasen in Erdlöchern verstecken"

indayi edition, 2015

erhältlich als Taschenbuch in Farbe oder schwarz-weiß und als eBook

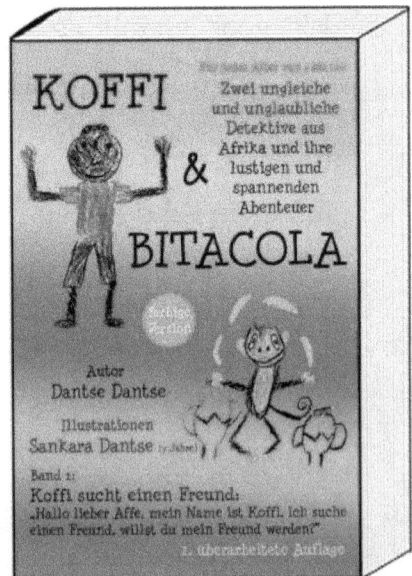

Dantse Dantse (Text)
Sankara Dantse (Bilder)

**„Koffi & Bitcola – zwei ungleiche und unglaubliche Detektive aus Afrika und ihre lustigen und spannenden Abenteuer.
Band 1: Koffi sucht einen Freund"**

indayi edition, 2015

erhältlich als Taschenbuch in Farbe oder schwarz-weiß und als eBook

Dantse Dantse

„Einstieg 1: So macht Ernährung uns krank und blöd: Welche Lebensmittel verursachen und verstärken welche Krankheiten? Chemikalien, gefährliche E-Stoffe, krebserregende Gifte in Lebensmitteln. Warn-Ratgeber.

indayi edition, 2015
erhältlich als eBook

Dantse Dantse

„Einstieg 2: Ohne Medikamente auskommen: Iss & trink dich gesund! Eine Ernährung, die heilt, fit und jung macht: bitter, basisch, vitamin-, mineralstoff- und antioxidantienreich. Giftstoffe vermeiden.

indayi edition, 2015
erhältlich als eBook

Dantse Dantse

„Gesund & geheilt mit der Lebensmittelapotheke: Fit, vital und jung ohne Medikamente!

Das komplette Selbsthilfe-Handbuch: Krebs, Gifte und Zusatzstoffe erkennen und vermeiden"

indayi edition, 2015
erhältlich als Taschenbuch und als eBook

Dantse Dantse

„Reggae Love – wenn die Liebe weint: Drei weiße Frauen, ein schwarzer Mann

Band 1: Die lustige und spannende Suche nach der weißen Frau Visa"

indayi edition, 2015
erhältlich als Taschenbuch und als eBook

Dantse Dantse

„Reggae Love – wenn die Liebe weint: Drei weiße Frauen, ein schwarzer Mann

Band 2: Der dramatische Liebeskampf"

indayi edition, 2015
erhältlich als Taschenbuch und als eBook

www.ingramcontent.com/pod-product-compliance
Lightning Source LLC
LaVergne TN
LVHW051447080426
835509LV00017B/1687